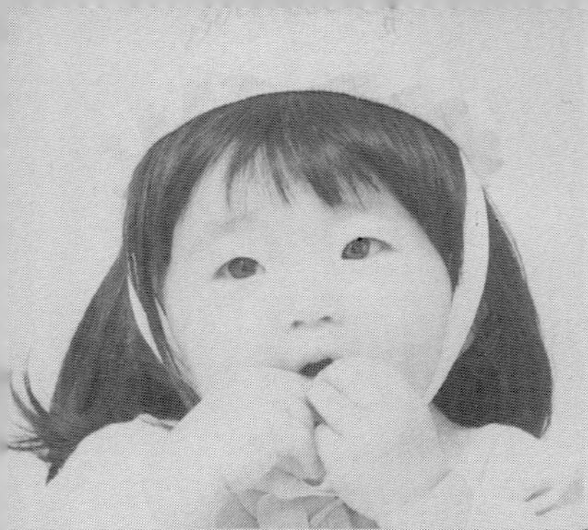

삼성아동교육문화센터 새책 41

사례관리의 이해

영유아보육과
사회복지의 통합적 접근

박은미 / 정익중 공저

박영사

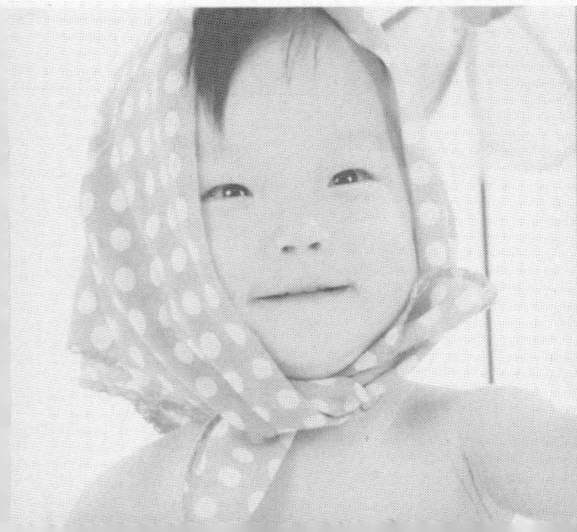

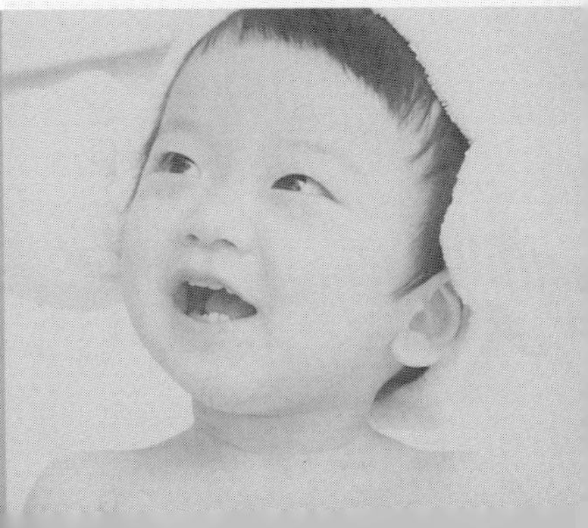

서 문

어떻게 하면 클라이언트가 자신의 욕구를 가장 효과적으로 충족시키고 자신이 가진 문제를 해결하도록 지원할 수 있을까? 어떻게 하면 제한된 인적·물적 자원으로 가장 큰 효과를 얻을 수 있을까? 누구에게는 서비스가 집중되고, 누구는 필요한 서비스를 받지 못하는 형평성의 문제를 어떻게 하면 개선할 수 있을까?

원조 전문직(Helping Profession)에 있는 실천가와 정책가가 끊임없이 던져온 이 질문들에 대한 최근의 해답은 '사례관리'인 듯하다. 사회복지뿐만 아니라 보육, 교육, 정신보건, 간호 등 다양한 영역에서 사례관리를 활용하고 있으며, 여러 실천영역에서 개별 클라이언트에 대해 공동의 노력을 할 필요가 있을 때에도 사례관리를 접근방법으로 활용한다. 그런데 사례관리를 이해하기가 쉽지 않다. 다양한 영역에서 다양한 욕구와 문제에 대하여 다양하게 적용되고 있기 때문이다. 활용되는 실천영역이 다르고, 각각의 실천영역에서 만나는 클라이언트가 다양한 만큼, 사례관리의 모습도 각기 다르게 보이기도 한다.

이 책은 영유아보육현장에서 어떻게 사례관리가 적용될 수 있는지에 관한 이해를 돕고자 집필되었다. 최근 우리나라에서는 저출산 고령화 사회를 맞이하여 국가적 차원의 노력이 진행되고 있다. 아동기의 중요성을 인식하게 되었고, 인적 자원인 아동에게 사회적 투자를 해야 한다는 점이 강조되면서,

조기에 예방적 접근으로 포괄적이고 집중적인 개입을 하여 아동의 잠재력을 최대한 개발하는 것이 개별 아동의 권리 보장의 측면에서뿐만 아니라 사회적으로도 중요한 과제가 된 것이다. 이에 따라 드림스타트와 같은 영유아와 아동을 대상으로 하는 사례관리 전담기관이 전국적으로 설치되기 시작하였고, 2011년 말 기준으로 3,985개소에 이르는 지역아동센터에서 2012년부터 사례관리를 전면 도입하게 되었다. 그 외에도 시소와그네, 위스타트 등 민간 사례관리 전담기관이나 사례관리를 핵심 방법론으로 도입한 아동복지기관이 증가하고 있다. 이들 사례관리 전담기관이나 관련기관에서 사회복지사뿐만 아니라, 보육교사, 간호사 등의 전문인력이 다학제간으로 활동하고 있으며, 영유아보육현장에서도 사례관리의 일환으로 서비스 제공을 요청받는 일이 많아졌다.

하지만 아직 영유아를 대상으로 하는 사례관리나 영유아보육현장의 사례관리를 이해하는 데 도움이 될 만한 참고서는 부족한 실정이었다. 그래서 삼성어린이집의 포괄적 보육서비스 사례관리자들에게 슈퍼바이저로 활동해 온 저자들은 1999년부터 축적해 온 삼성어린이집 포괄적 보육서비스의 사례관리 경험이 현재 진행되고 있는 영유아보육현장과 사회복지현장의 사례관리자와 실무자들에게 도움이 될 것으로 믿고 이 책을 집필하게 되었다. 저자들은 실천현장에서 직접 사례관리 서비스를 제공하는 실무자에게 필요한 이론과 기술을 간결하게 제공하고자 노력하였으며, 사례와 양식, 부록을 통하여 어떻게 적용되는지 이해하고, 쉽게 활용할 수 있도록 하였다. 네 개의 장과 부록으로 구성하였는데, 1장과 부록은 정익중 교수, 2장과 4장은 박은미 교수, 3장은 공동으로 집필하였다. 모쪼록 영유아보육현장과 사회복지현장에서 아동과 함께하며 최선의 노력을 하는 많은 실무자와 이들의 사례관리에 관심이 있는 분들이 사례관리를 이해하고 활용하는 데 작은 도움이나마 되기를 기대해본다.

끝으로, 이 책이 마무리되기까지 많은 분의 도움이 있었기에 감사의 마음을 전한다. 오랫동안 수많은 인적·물적 자원을 투입해서 축적해 온 귀한 사례관리 경험을 기꺼이 나누도록 허락하신 삼성복지재단의 선한 의지와 이 책의 집필을 위한 물심양면의 지원에 감사드린다. 그리고 사례와 사진자료

양식 등을 제공해주신 삼성어린이집의 사회복지사분들과 시소와그네의 의정부센터에도 특별히 감사드린다. 또한, 이 책의 출판을 기꺼이 허락하신 박영사의 안종만 대표님과 편집을 위해 수고해주신 전채린 선생님께도 진심으로 감사드리는 바이다.

2012년 4월

박은미 · 정익중

차　　례

제 1 장　영유아보육과 사례관리

제 2 장　사례관리의 기초

부록: 1 영유아 문제행동 사정을 위한 선별도구-무료

부록: 2 영유아 문제행동 사정을 위한 선별도구-유료

제 1 장

영유아보육과 사례관리

1. 새로운 아동서비스의 필요성

21세기는 지식기반사회로서 지식과 정보가 가치 창출의 핵심요소로 작용하게 되는 시대이다. 지식과 정보의 생산, 축적 및 활용 여하에 따라서 국가경쟁력이 좌우된다. 지식기반사회에서는 지식과 정보를 능수능란하게 창출하고 활용할 수 있는 인력이 핵심적으로 요구된다. 이러한 인력의 필요성은 증가하고 있지만, 저출산 고령화로 생산인구는 점점 감소하고 있고 이에 따라 생산인구 각 개인의 생산력 증대가 중요하게 간주되고 있다. 따라서 교육, 직업훈련 등 인적 자원에 대한 적극적 투자의 필요성이 점차 중요하게 인식되고 있다. 고소득층 자녀들은 학습을 지원하는 가정환경과 부모의 경제력으로 지식기반사회에 필요한 학습기회를 얻게 되지만 저소득층 자녀들은 이런 기회가 박탈되어 성장한 후에 좋은 직장과 고소득을 가질 기회가 현저히 감소하게 된다(Miller, 2005). 아동이 자아를 형성하여 판단력이 생기기도 전에 빈곤의 대물림이 이미 삶의 방향으로 결정되어 버리는 불공평한 상황이 전개될 수 있는 것이다. 만약 가족이 아동양육을 제대로 할 수 없다면 사회나 공동체가 이런 기회를 부여하여 기회의 평등이 가능하도록 해주는 것이 사회정의에 부합한다(정익중, 2008).

최근 우리나라는 절대빈곤층이 차상위계층 이상으로 상승하여 빈곤을 벗어나는 빈곤탈출률이 불과 6%로 나타나 빈곤이 만성화되고 있다(김대일, 2004). 이러한 빈곤의 함정 현상이 계속되면 계층의 양극화가 심각해져 사회불안을 증가시키게 된다. 또한, 아동기의 빈곤경험은 정상적인 발달과업을 성취하는 데 장애를 가져올 뿐만 아니라 그 장애들이 누적되어 성인이 되어서까지 부정적인 영향을 미쳐 빈곤이 세대간에 대물림되는 결과를 낳기도 한다(허남순 외, 2005). 이러한 빈곤의 대물림 현상을 사회통합의 차원에서 적극 대처할 필요성이 증대되고 있다.

다행히 인적자원 개발의 중요성과 이러한 아동 관련 문제에 대한 인식이 확산되고 아동인권에 대한 보장 요구가 확대됨에 따라 아동 한 명 한 명의 가치가 소중해지면서 아동정책의 사회적 투자(social investment)로서의 필요성이 점점 증가하고 있다. 선진국에서는 1990년대부터 아동에 대한 조기개입의 중요성을 인식하고 미래 국가성장동력에 대한 사회적 투자를 아동정책으로 수렴해 나가고 있다. 우리나라의 경우, 참여정부에 들어와서 처음으로 국가의 전략적 우선순위로서 아동에 대한 사회적 투자를 강화해 나가는 작업을 진행하고 있다. 아동투자를 국가정책 아젠다의 핵심으로 배치하여 재정투입을 할 경우, 초기비용의 부담은 발생하지만 궁극적으로 경제성장의 원동력으로 작용한다(Lynch, 2005). 아동에게 사회적 투자를 확대하는 이러한 정책 방향은 전체 아동의 기본역량을 강화하고 신체적·정서적 건강을 확보하여 인적자원의 고도화를 뒷받침하고, 취약위기 아동에게는 균등한 기회를 보장하고 사회정의를 실현하여 양질의 인적자본 형성과 미래 성장동력의 기반을 공고히 하게 될 것이다. 이러한 방향은 경제개발과 사회개발의 상호보완적 관계를 증진하여 아동정책의 효율성 및 지속가능성을 높이며, 아동정책의 생산적 기능을 강화함으로써 사회적 투자의 선순환구조를 만들면서 계속 확대될 수 있을 것이다(정익중, 2007, 2008).

2. 아동서비스 패러다임의 변화

우리나라도 적극적 '사회투자국가(social investment state)' 개념을 아동서비스에 적용하려고 노력하고 있다. 사회투자국가란 경제사회발전의 원동력을 물적 자본뿐만 아니라 인적·사회적 자본에 대한 투자에서 찾음으로써 국민의 경제활동에 대한 참여기회를 극대화해 빈곤을 예방하고 기회의 평등을 달성하려는 정책을 추구하는 국가를 말한다(안상훈 외, 2007). 사회투자국가는 시장

실패에 대한 단순한 응급처방이 아니라 경제성장을 촉진하는 적극적인 사회정책과 사회통합을 매개하는 경제정책의 화학적 결합을 그 특징으로 한다. 이는 재분배와 단순한 소비지원을 넘어서 인적자본의 근본적인 육성을 통해 지식기반사회의 새로운 위험으로서 지식이나 기술의 저하를 완화하는 전략을 추구한다. 특히 미래사회의 역군이 될 현재 아동세대에 대한 예방적 사회투자에 정책의 우선순위를 두는 특징을 갖고 있다. 우리나라에서 아동안전대책 등 보편적 아동서비스를 도입·확대해 나간 것도 이러한 범주에 포함되는 것이다. 이렇게 요보호아동의 보호에서 부분적으로 탈피하여 아동기의 인적자본 형성을 위한 적극적이고 미래지향적인 사회투자가 참여정부에서 본격적으로 시작되었다. 아동발달계좌(CDA: Child Development Account)의 디딤씨앗통장, 드림스타트 등 아동에 대한 보다 적극적인 사회투자를 단행하게 되었다. 아울러 기존의 소극적이고 사후대처적인 기초생활보장 성격에서 공평한 출발을 보장하는 사회투자 성격으로 아동서비스의 전반적 패러다임을 전환해 나가는 작업이 시도되었다(<그림 1>).

이전에는 일반적으로 문제가 일어나기 전에 이의 발생 자체를 막는 예방

출처: 정익중, 2008

그림 1 아동서비스의 패러다임 변화

보다는 이미 발생한 문제의 더 심각한 형태로의 악화를 막는 치료 혹은 재활에 더 큰 관심을 보여 왔다. 그러나 문제가 이미 일어나 손상이 벌어지고 난 후 사후처방적 접근만으로 문제의 근본해결을 가져올 수 없다. 예방적 접근은 경제적인 면에서 비용 효과적이고 장기적으로도 효과가 있는 것으로 밝혀지고 있다(Garces, Thomas & Currie, 2002). 참여정부 이후부터는 아동안전대책, 빈곤아동·청소년종합대책, 드림스타트, 디딤씨앗통장 등을 통해 문제가 발생하기 전에 개입하는 예방적 접근을 시도하고 있다.

과거의 아동서비스정책을 평가해 보면, 법과 이념에 있어서는 보편적 아동복지를 추구하고 있지만, 일반아동에 대해서는 어린이날을 제정하여 아동을 위한 축하행사를 하는 것 이외에 특별한 것이 없는 수준이고, 실제 실행되고 있는 사업은 보호자가 없는 아동, 빈곤아동, 피학대아동 등 요보호아동에 대한 사업이 거의 전부를 차지하는 선별적 서비스 형태를 띤다(김현용, 1994; 문선화, 2002). 참여정부 이전에는 시설아동, 소년소녀가정세대 아동, 가출 및 학교이탈청소년 등 보호가 필요한 취약위기아동에 대한 정책을 중심으로 추진했으나 미흡한 실정이었고 결식아동 및 피학대아동에 대한 보호 강화정책 등도 사후대책의 성격이 강했다. 관련 서비스의 전달체계도 지방자치단체, 학교, 민간기관 등으로 다원화되어 있으나 연계체계가 미약하여 복지·건강·교육·상담이 연계된 통합적 서비스가 제공되지 못하였다. 서비스도 수요자중심의 전달체계를 구축하기보다는 기관이나 시설중심의 전달체계를 구축하였다.

아동발달에 요구되는 서비스는 광범위하고 포괄적이어서 어느 한 기관에 의해서 독자적으로 제공될 수 없고 다양한 서비스 전달주체가 개입된다. 따라서 아동서비스 전달과정에서 기관간 연계체계 확립의 필요성은 끊임없이 제기되어 왔지만, 기관들의 구심점이 되는 중심축이 없어 서비스가 분절적으로 제공된다는 문제점을 갖고 있다. 하지만 드림스타트 센터가 전국적으로 진행되면서 보건·복지·교육 등의 통합적 서비스체계를 구축할 수 있는 단초가 마련되었다.

또한, 바우처(voucher)제도는 다양한 분야에서 서비스와 재정에 효율성을 달성하고 소비자의 선택권을 강화하기 위하여 널리 사용되는 것으로 2007년 7월부터 지역사회서비스 혁신사업의 일환으로 아동인지능력향상서비스, 아동비만관리서비스 등이 바우처제도의 형태로 시행되면서 아동서비스 분야에서도 바우처에 대한 관심이 높아지고 있다. 보건복지부에서는 "국민의 수요에 부응하는 다양하고 질 좋은 사회서비스 보장"이라는 목표를 위하여 바우처를 적극 도입·확대할 계획이다. 따라서 서비스의 수요자에게 원하는 서비스 제공자를 선택하도록 함으로써 공급자를 지원하는 방식으로 전개되던 기존의 사업방식에서 탈피하여 일정한 소비자 주권을 실현하는 수요자 중심 전달체계의 방향으로 변화하고 있다. 즉, 공급기관의 일방적인 서비스 제공이 아니라 수요자의 가격 및 서비스에 대한 선택폭이 넓어지게 된 것이다.

우리나라 아동복지법은 아동을 어떠한 종류의 차별도 받지 않고, 안정된 가정환경에서 행복하게 자라나야 하고, 모든 활동에 아동의 이익이 최우선적으로 고려되어야 한다는 이념 아래 아동이 건강하게 출생하여 행복하고 안전하게 자라나도록 그 복지를 보장하는 것을 목적으로 하고 있지만, 실제로는 여전히 요보호아동 중심의 선별적 서비스를 전개하고 있다(오정수·이혜원·정익중, 2006). 이후에는 좀 더 모든 아동과 그들의 부모들을 대상으로, 아동권리에 관한 국제협약과 어린이헌장, 청소년헌장에서 규정하는 아동의 생존권·발달권·보호권·참여권 등 제반 권리보장에 필요한 포괄적 아동정책을 제공해야 한다. 아동정책이 아동의 보호자까지 그 대상으로 삼아야 하는 이유는 부모가 자녀에 대해 전적으로 책임져야 하기 때문이 아니라 아동의 일차적 보호자인 부모들이 아동에게 가장 직접적인 영향을 미치는 존재이기 때문이다. 따라서 부모의 양육능력을 강화하는 것이 아동의 건강한 삶을 유지시키는 것은 물론 아동문제를 예방하는 데 도움이 된다. 같은 맥락에서 아동이 다니는 어린이집·유치원·학교나 거주하는 지역사회도 중요한 정책대상으로 간주되어야 한다(박보희, 2002).

일반적으로 빈곤아동을 위한 정책만으로는 빈곤아동의 문제를 완전히 해결하기 어렵다. 따라서 빈곤아동을 위한 사회적 안전망을 내실화하는 작업과 함께 일반아동을 위한 보편적 서비스를 확충하는 작업이 동시에 이루어져야 한다. 이를 통해 빈곤아동의 복지를 증진함과 동시에 일반아동이 위기아동으로 전락하는 것을 예방할 수 있다(정익중, 2008).

요약하면 참여정부 이후부터 아동서비스는 기존의 요보호아동 대상의 선별적 서비스 중심에서 일반아동 대상의 사전예방적 서비스로 패러다임이 전환되고 있으며, 미래사회 성장동력으로서 아동에 대한 사회적 투자 강화에 중점을 두고 있는 것을 그 특징으로 들 수 있다. 이러한 새로운 패러다임에 근거한 아동서비스는 1997년 시작된 교육인적자원부의 학교사회복지시범사업, 1999년 시작된 삼성복지재단 삼성어린이집의 포괄적 보육서비스, 2003년 시작된 전 교육과학기술부의 교육복지투자우선지역사업, 2004년 시작된 위스타트 운동본부의 위스타트마을만들기, 2007년 시작된 보건복지부의 드림스타트 사업 등이 있다.

3. 영유아보육 현장에서의 사례관리의 의의

(1) 영유아보육 현장에서의 사례관리의 필요성

사례관리의 등장배경을 살펴보면 1970년대 미국은 국가에서 제공되는 사회복지 서비스 자원은 점차 축소되는 반면 클라이언트의 욕구는 다양해지는 현상이 나타났다. 이에 저비용 고효용을 위한 재가보호를 지향하게 되었고 이에 따라 클라이언트 가족의 기능 강화가 주목받기 시작하였다. 하지만 이주노동자의 유입 등으로 지역사회가 다원화되면서 빈곤, 실업, 이혼, 가정폭력, 아동학대, 학교폭력 등 다양하고 복합적인 욕구와 문제에 직면한 클라이언트와 가족에게 효과적이며 효율적인 서비스를 제공할 수 없게 되면서 새로운 방식의 서비스전달체계가 필요하게 되었다. 이러한 배경에서 발달한 것이 바로 사례관리이다(한국아동복지학회, 2008).

사례관리의 개념은 학자나 실천분야에 따라 다양하지만, 일반적으로 복합적인 욕구나 문제를 갖는 클라이언트를 대상으로 지역사회의 다양한 기관 및 자원을 동원하여 지속적이며 효과적이고 효율적인 사회복지서비스를 제공하는 통합적 실천방법으로 정의할 수 있다. 사례관리는 중·장기적인 보호의 필요성을 가진 대상자에게 장기적으로 보호와 서비스의 연속성을 보장해 줄 수 있으며, 다양하고 복합적인 욕구를 가진 대상자에게 포괄적인 접근을 통하여 효과적으로 서비스를 제공하는 것이다. 사례관리자는 대상 아동 및 보호자(이하 클라이언트)에게 필요한 제반 서비스를 조정하여 효과적이고 효율적으로 서비스를 제공해야 하는데 사례관리는 이처럼 복합적인 욕구를 가진 클라이언트를 위해 지역사회 내 존재하는 다양한 서비스를 연계, 조정 및 통합하여 이를 지속적이고 포괄적으로 제공하는 것을 의미하고 있다(황성동, 2008).

오늘날 사례관리는 서비스 제공의 중복이나 누락을 방지하고 효율적인 서비스 제공을 위해 서비스 제공자들간의 협력적 측면을 강조하는 행정적, 관리적 특성이 있으며 대상자와의 관계 속에서 지속적인 보호와 직접적인 상담 및 치료를 강조하는 직접적 개인의 특성을 모두 포함하는 개념으로 받아들여지고 있다. 결국, 사례관리는 개별 대상자의 복합적인 욕구에 초점을 두고 기관의 목적보다는 대상자의 목적에 기반을 두며 개별화된 서비스 계획에 기반을 둔 실천이라고 말할 수 있다(김윤 외, 2009).

사례관리는 클라이언트에 대한 보다 효율적이고 효과적인 서비스 전달을 목적으로 사례관리를 담당하는 전문가인 사례관리자가 다양한 문제를 가진 클라이언트의 욕구를 해결하기 위해 클라이언트와 함께 서비스에 대한 실현 가능한 계획을 세우고 공식·비공식 자원과 서비스를 연계·조정하여 클라이언트가 자신의 문제를 스스로 해결할 수 있는 능력이 생길 때까지 계속 수행하도록 점검·평가해 나가는 하나의 서비스 과정이라 할 수 있다(김선실, 1997). 문제행동아동에 있어 사례관리의 필요성은 그 문제가 아동에 국한되는 것이 아니라 또래관계, 가족문제, 어린이집 부적응 등과 함께 관련되어 나타나고 있다는 점에 있다. 특히 문제행동아동의 조기개입을 통한 예방과 더불어 이에 대한 장기적인 보호 관리를 필요로 한다는 점에서 사례관리 접근이 더욱 유용하다 하겠다. 영유아보육현장에서 사례관리는 다음과 같은 이유에서 그 필요성이 더욱 증대되고 있다.

1) 욕구 중심적 실천

사례관리는 현존하는 서비스에 개인의 욕구를 맞추는 것이 아니라, 서비스를 대상 아동의 욕구에 적합하도록 만드는 데 적극적이다(장인협, 2001). 즉, 기존의 서비스에서 시작하기보다 욕구에서 시작한다. 아동은 어느 한 가지의 욕구보다는 잠재적인 욕구를 포함하여 복합적인 욕구를 지니는데, 이와 같은 인식에서 사례관리는 대상 아동의 전반적인 욕구 충족을 목표로 한다.

또한, 과거의 사회서비스는 중앙공급식의 일률적인 형태가 대부분이기 때문에 다양한 개인적 특성을 충분히 반영해 주지 못했다. 이러한 균일적, 획

일적인 서비스는 욕구가 다양화되고 고도화되어 가는 오늘날의 현실에 더는 부합되지 않는다. 사례관리는 선택 기회의 증대, 대상 아동과 보호자의 참여 강조, 장기적인 욕구 관리 등의 방법을 통해 사회서비스를 보다 반응적으로 개발하는 데 적극적이다.

2) 옹호 기회의 증대

기존의 구도에서는 실천가가 욕구 사정, 서비스 전달, 관리 책임을 동시에 지기 때문에 대상 아동과 서비스 제공자의 입장을 모두 고려해야 했다. 그러나 사례관리에서는 욕구 사정 책임과 서비스 제공 책임이 분리될 수 있고, 한 명의 실천가가 아동의 전반적인 욕구를 충족시키는 형태보다는 다양한 사람들이 공동으로 한 명의 아동에게 서비스를 전달하는 형태를 취하고 있다. 이렇듯, 대상 아동의 욕구와 서비스 제공자의 관심을 분리해 생각할 수 있게 됨에 따라 실천가들은 서비스 제공자에 대해 대상 아동을 대변하기가 더욱 수월하게 되었다(장인협, 2001).

3) 보호의 연속성과 책임성 증대

문제행동이 개선되기 위해서는 대개 1~2년간 장기적인 서비스를 제공하게 된다. 따라서 서비스를 제공받는 아동들에게 보호의 연속성을 보장해 주는 것이 무엇보다 중요하다. 사례관리자들은 욕구를 지속적으로 모니터링하고 검토하여 변화하는 욕구에 서비스를 적합하게 한다. 장기적인 욕구에 적합한 서비스를 지속적으로 연결해 주기 위해서는 사례관리자라는 한 명의 전문가가 서비스 전달 과정 전반을 책임지는 것이 바람직하며, 그 결과 대상 아동에 대한 전문적 실천가의 책임성도 증대된다.

4) 기관 내, 기관간 통합 증대

아동의 복합적인 욕구를 충족시켜 주기 위해서는 과거보다 기관 내, 기관간의 협력과 조정 작업이 중요하다(장인협, 2001). 사례관리자는 욕구에 적절한 서비스 체계를 개발하기 위해 다양한 기관 및 다양한 전문가와 협상할 능력을 갖추고 있을 뿐 아니라, 이를 용이하게 수행하기 위해 필요한 정보, 자원 체계를 구축해 두고 있어야 한다.

(2) 영유아보육 현장에서의 사례관리의 목적

사례관리는 사회복지 분야에서 클라이언트에게 효과적인 서비스를 전달하려는 목적으로 등장하게 되었다. 사례관리의 목적은 클라이언트의 다양하고 복합적인 욕구를 충족시킴으로써 사회적 기능과 자립을 극대화하는 데 있다(Moxley, 1989). 이 목적을 달성하기 위해서는 대상 아동의 욕구를 충족시킬 수 있는 적합한 환경을 마련하여 주는 것을 기본원칙으로 한다. 사례관리의 목표는 서비스 전반에 걸쳐 오랜 시간 동안 적절한 보호와 관리가 지속될 수 있도록 하는 것이다. 사례관리의 목적을 구체적으로 제시하면 다음과 같다(Bulletin, 1982; 이근홍, 1998에서 재인용).

첫째, 일정한 장소나 기간 내에서 지속적으로 서비스를 제공하는 보호의 연속성을 보장하는 것이다.

둘째, 일정기간 동안 혹은 개인의 일생을 통하여 욕구가 변화할 경우, 서비스가 개인 욕구의 모든 영역에 제공되도록 보장하는 것이다.

셋째, 서비스 이용자의 적격성, 기준, 규정, 정책, 절차 등과 관련된 서비스 접근의 장애물을 극복함으로써 개인이 필요한 서비스에 쉽게 접근할 수 있도록 원조하는 것이다.

넷째, 서비스가 클라이언트의 욕구에 적합하게, 적시에, 적절한 방식으로, 중복되지 않게 제공될 수 있도록 보장하는 것이다.

이와 같은 사례관리의 목적을 충족시키기 위하여 사례관리자의 활동을 중심으로 사례관리의 목적을 살펴보면 다음과 같다(Moore, 1990).

① 클라이언트가 서비스와 자원들에 가능한 한 쉽게 접근하도록 클라이언트 자신의 생활기술을 최대한 증진시킨다.

② 클라이언트의 복지와 기능화를 증진시키기 위해 사회적 지지망과 관련하여 사회복지 서비스 제공자들의 능력을 개발한다.

③ 가능한 한 가장 효율적인 방법으로 서비스의 지원이 전달될 수 있도록 하고 동시에 서비스의 효과성을 증진시킨다.

④ 환경의 이용을 원활히 하기 위해 각 개인의 잠재 가능성을 개발하고 그 활용을 극대화한다.

⑤ 가족들과 일차집단들의 보호능력을 극대화한다.

⑥ 일차적인 보호자원들과 공적 보호체계들을 통합한다.

⑦ 개인들과 일차적 집단들의 욕구를 충족시키기 위한 공적 보호체계의 능력을 극대화한다.

사례관리의 궁극적인 목적은 클라이언트가 직면한 장애를 극복하기 위해서 직·간접적 서비스를 충분히 제공하고, 클라이언트를 자원과 연결함으로써 클라이언트가 사례관리자의 도움 없이도 자원들과의 연결을 유지할 수 있도록 하는 것이다(신현석, 2004). 즉, 보호의 연속성, 서비스 전달의 비용-효과성의 증대, 서비스에 대한 접근성과 책임성의 증진, 일차집단의 보호능력 향상 그리고 클라이언트의 사회적 기능의 향상 등으로 요약될 수 있다.

이상과 같은 전통적 사례관리의 목적을 중심으로 포괄적 보육서비스의 사례관리의 목적을 정리하자면 다음과 같다. 어린이집 내에서 복합적인 욕구가 있는 대상 아동에게 이들의 비공식적 지원체계인 가족, 친족, 또래 등과 공식적 지원체계인 국가 및 공공기관이 보유하고 있는 각종 자원을 통합하여 이들에게 더 다양하고 효과적인 서비스를 전달하고 기존의 자원을 효율적으로 활용하고 개발함으로써 아동과 그 가족의 사회적 기능을 향상하고 삶의 질을 높이는 것을 목적으로 한다.

(3) 영유아보육 현장에서의 사례관리의 중요성

사례관리는 서비스들의 통합, 조정을 주요 내용으로 하기 때문에 하나의 서비스에만 한정되어 제공되지 않는다. 사례관리하에서의 보육도 보육서비스 단 하나만으로 이루어지는 것이 아니라 다양한 서비스가 어린이집 세팅하에 통합되고 조정되는 것을 의미한다. 이러한 맥락에서 보육서비스를 가장 먼저 시작한 것이 삼성어린이집의 포괄적 보육서비스이다. 포괄적 보육서비스는 어린이집에 다니는 영유아와 그 가족을 대상으로 다양한 서비스를 서로 연관되고 통합된 방식으로 제공하는 것을 말한다. 즉, 저소득 가정의 어린이를 위한 보육서비스는 어린이집에서 생활하는 영유아의 보호와 교육에만 국한되는 것이 아니라 영유아의 부모나 형제들에게까지 서비스를 제공하는 것을 의미한다. 또한, 이러한 서비스의 종류는 매우 다양하여 부모에게 취업을 위한 직업 훈련이나 정보제공, 취업알선, 부부갈등이나 가족의 정서적 불화를 치료해 주는 등 심리적, 정서적, 사회적 서비스를 통합적으로 제공한다. 포괄적 보육서비스는 어린이집에 재원하고 있는 저소득 가정 영유아의 보호와 교육, 부모를 위한 부모교육 및 지원, 지역사회와의 연계를 통한 사회복지서비스의 내용을 포함하는 통합적 서비스라고 정의할 수 있다.

포괄적 보육서비스는 도입 초기에는 아동지원, 부모지원, 지역사회연계의 세 영역에서 각각의 사업 중심으로 프로그램이 전개되었다. 그러나 보다 효과적인 포괄적 보육서비스의 적용을 위해 선택과 집중이 필요하게 되었고, 이를 위해 2008년부터 사례관리 기법을 강화하게 되었다. 최근 사회복지 분야에서는 서비스 중심이 아닌 수혜자 중심의 포괄적 서비스 제공의 중요성이 부각되고, 이에 대한 사례관리의 효율성과 집중에 대한 효과들이 제시되면서 사례관리는 사회복지 실천방법에서 최상의 실제로서 주목을 받고 있다. 삼성어린이집에서도 아동을 위한 포괄적 보육서비스의 효과적 적용을 위해 그동안 전개된 개별 프로그램 중심에서 아동 중심의 서비스로의 패러다임을 강화하고, 서비스가 필요한 아동에게 더욱 집중적인 포괄적 보육서비스를 제공하고자 사례관리를 다시 강화하게 되었다.

영유아보육현장에서 사례관리가 중요한 이유는 문제가 발생하기 전 혹은 문제가 심각해지기 전에 예방적인 차원에서의 개입서비스가 가능하기 때문이다. 문제가 없다는 것이 서비스가 필요하지 않다는 것이 아니라, 문제가 없기 때문에 포괄적 보육서비스를 통하여 더욱 건강하게 발달할 수 있다는 관점을 지향한다. 영아기에는 발달단계별로 보았을 때 문제가 쉽게 눈에 띄지 않거나, 아직 문제라고 인식될 수준이 아닌 경우가 많다. 가령 예를 들면, 영아기에 주양육자와 적절한 애착관계를 형성하지 못하는 것은 그 당시로만 보면 별문제가 아닌 것처럼 보일 수 있다. 그보다는 초등학교 시기에 학교부적응이 훨씬 큰 문제로 보일 것이다. 하지만 영아기의 부적절한 애착관계가 후에 초등학교 시기의 학교부적응을 유발하는 중요한 요인임은 기존의 실증연구에서 밝혀진 바이다. 개입서비스의 효과성 측면에서 보면 초등학교 시기에 학교부적응을 개입을 통하여 해결하기는 쉽지 않다. 왜냐하면, 그 아동의 경우는 벌써 오래전부터 그런 문제 발생의 위험요인에 처해왔기 때문에 문제가 발현된 다음에 개입을 통하여 10년 이상 진행된 문제를 해결하는 것은 힘들기 때문이다. 하지만 영아기의 애착관계는 간단한 부모교육과 부모와의 접촉을 통하여 해결될 수도 있다. 포괄적 보육서비스는 장기적인 안목을 가지고 예방을 통해 궁극적으로 문제 해결을 지원하는 체계를 지향한다.

생태체계적인 관점에서 포괄적 보육서비스는 아동의 발달적 욕구를 충족하기 위하여 아동을 대상으로 하는 보육서비스를 제공하는 기능 외에도 부모, 가정, 지역사회의 욕구까지도 포괄하는 서비스이다. 어린이집에서 양질의 보육 서비스를 제공한다고 하더라도 아동에게 가장 직접적인 영향을 주는 체계는 가정이므로 주양육자에게 양육기능상의 문제나 충족되지 못한 욕구가 있다면 아동의 성장과 발달에 부정적인 영향을 미치게 될 것이다. 그러므로 아동에 대한 보육서비스 이외에 특히 양육기능상의 문제나 어려움이 있는 가정에 대해서는 이들이 필요한 서비스를 제공함으로써 아동의 건강한 성장과 발달을 도모하고자 하는 것이다. 아동의 가정환경에 개입함으로써, 어린이집의 보육서비스가 추구하는 방향과 일치하는 양육환경을 가정에서도 제공하도록 하고 궁극적으로는 어린이집을 퇴소한 이후에도 장기적으로 보육서비스의 효과가 지속될 것으로 기대된다. 아동을 양육하게 되는 가정환경에 개입함으로써 보호자와 함께, 즉 부모가 가진 취업의 욕구와 자아실현의 욕구, 심리사회적인 안정을 유지하기 위해 보육의 욕구를 갖고 있는 부모에게 서비스를 제공하고, 가정의 경우에는 부모의 취업을 통해서 소득을 유지하고 자녀양육을 지원함으로써 가족의 기능을 보호할 뿐 아니라 지지적인 역할을 통해서 가정의 기능을 강화할 수 있도록 권한을 부여하는 서비스의 일종이다(Kadushin & Martin, 1992, 삼성아동교육문화센터, 2006에서 재인용).

임원선(2004)은 생태체계이론의 개념인 '환경 속의 인간'을 적용하여 "포괄적 보육서비스는 어린이집을 이용하는 아동의 욕구와 문제에 적극 대처할 뿐만 아니라 아동의 성장 · 발달에 가장 큰 영향을 미치는 가족구성원에 대한 서비스와 아동과 가족의 생활근거지인 지역사회에 대한 서비스를 통해 아동의 건전한 성장과 발달을 도모하는 체계적이고 종합적인 보육서비스"라고 하였다.

위에서 기술한 포괄적 보육서비스를 효과적으로 제공하기 위해서는 사례관리방법이 적용될 필요성이 있다. 사례관리방법은 복합적인 문제 때문에 서로 다른 서비스를 필요로 하는 클라이언트를 사회복지사가 지속적으로 관찰하고 평가하면서 클라이언트의 문제 해결에 가장 유용하고 효과적인 서비스를 시기적절하게 연계해 주고 제공해 주는 전문적인 서비스이다(권진숙, 전석균, 1999; 장인협, 우국희, 2001; 삼성아동교육문화센터, 2006 재인용). 따라서 사례관리는 인간을 둘러싼 환경체계에 관한 종합적인 사정이 가능한 생태체계이론 등이 주요 이론적 기반으로 활용되면서 한 명의 클라이언트를 둘러싸고 있는 환경체계에 대한 정확한 사정이 이루어져야 클라이언트의 다양한 욕구에 대응할 수 있는 서비스 접근이 이루어질 수 있을 것이다. 또한, 강점관점에 따라 클라이언트의 강점을 강화시키기 위해 가능한 모든 자원을 활용하여 클라이언트의 역량을 향상시켜 가장 신속하게 클라이언트에게 권한을 부여할 수 있다. 무엇보다 강점관점은 문제에 관한 관심보다는 해결점을 발견하는데 초점이 있기 때문에 클라이언트에게 '무엇이 문제인가'에서 '무엇을 할 수 있는가' 혹은 '어떠한 대안이 가능한가'로의 사고전환이 가능하여 미래를 바라보고 도전을 통해 극복할 수 있는 사회복지 실천이 이루어질 수 있다.

아동과 가족의 관계는 불가분의 영향을 미치기 때문에 어린이집에서 진행하는 아동 사례관리는 가족과 그 주변 환경, 더 나아가 지역사회를 고려한 통합적 접근이 이루어질 수 있도록 생태체계적인 관점에서의 조기 사례관리가 매우 중요한 것이다. 즉, 영유아기에 발생할 수 있는 아동과 가족의 문제들에 대해 조기에 발견하여 사회복지사에 의해 전문적으로 사례관리가 진행된다면 사전에 문제를 예방할 수 있고 강점관점에 따라서 아동과 가족의 잠재능력과 긍정적 힘을 향상시켜 궁극적으로 아동의 건강하고 전인적인 성장발달을 도모할 수 있을 것이다.

제 2 장

사례관리의 기초

사례관리는 최근 우리나라 사회복지 실천현장에서 활발하게 적용되기 시작하였으며, 사례관리 전담 기관들도 설치되고 있다. 다양한 사회복지 실천현장에서 사회복지사들이 본인의 주 업무를 사례관리로 인식하고 있고, 자신을 사례관리자로 여기고 있다. 그런데 사례관리는 다양한 대상에 대해서 다양하게 접근하고 있어서 사례관리가 무엇인지 이해하기는 쉽지 않다.

본 장에서는 영유아보육현장에서 사례관리를 실천하기 위한 이론적 기초로서, 사례관리의 개념 및 지침 등을 살펴보고, 사례관리의 유형과 모델을 정리해보도록 하겠다.

1. 사례관리의 개념

(1) 사례관리의 정의

사례관리는 변화하는 클라이언트의 욕구에 더욱 적절하게 대응하기 위하여 시작되었다. 그런데 사례관리가 적용되는 사회가 급격하게 변화하고 있다. 새로운 서비스 전달체계가 생겨나고 있으며, 정치적인 영향도 커지고 있고, 활용 가능한 자원의 범위도 달라지고 있다. 또한, 사회가 변화하면 클라이언트의 욕구와 문제들이 변화하게 되고, 이에 따라 사례관리자의 기능도 변화하게 된다.

미국을 예로 들면, 시대적 변화에 따라 사례관리의 주요 기능이 변화해왔다. 1970년대 미국 정신보건 분야에서의 사례관리는 다양한 서비스가 필요한 복합적인 욕구를 가진 클라이언트에게 적절한 방법으로 서비스를 전달하기 위해 필요한 것이었다(Woodside & McClam, 2006: 2-4). 클라이언트가 복합적인 욕구를 가졌기 때문에 직접적인 서비스 제공만으로는 이를 충족시킬 수가 없었고, 이러한 클라이언트의 욕구를 충족시키기 위해서는 클라이언트에게 다양한 서비스들을 연계하는 과정이 필요했던 것이며, 서비스 연계가 사례관리의 핵심적인 기능이었다.

1980년대에는 초점이 변화하였는데, 서비스 전달을 위해 연계하는 것보다는 서비스 조정의 역할이 강조되기 시작하였다. 많은 전문가와 클라이언트가 무엇인가를 통제한다는 느낌이 드는 '관리'라는 용어의 사용에 거부감을 갖게 되었기 때문이다. '관리'라는 용어로는 실제로 사례관리가 클라이언트를 참여하게 하거나 역량강화하는 것을 강조하고 있다는 점을 적절히 표현하지 못한다는 점이 지적되었다. '관리'보다는 '서비스 조정(service coordination)'이나 '보호 조정(care coordination)'이라는 용어가 사례관리의 새로운 목표에 더 맞는 것으로 여겨졌다. 사례관리는 서비스를 클라이언트에게 연계하고 그 과정을 모니터하는 것이 강조되는 방법론이므로 '사례관리'보다는 '서비스 조정'이라는 용어가 더 적절한 용어라는 주장이 제기되었다. 예를 들면 어떤 아동이나 가족을 '관리가 필요한 사례'로 본다는 것에 거부감을 갖게 되었으며, 실천가들이 사례관리자보다는 서비스 조정가로 자신을 규정하게 된 것이다(Woodside & McClam, 2006: 2-4).

1990년대 후반부터 2000년대 초반까지 미국의 많은 사례관리자가 주요 역할로 인식한 것은 두 가지였는데, 서비스를 연계·모니터링하는 것과 직접 서비스를 제공하는 것이었다. 또한, 사례관리라는 용어와 관련해서 클라이언트를 '사례'로 간주하고 그들을 '관리'하는 것으로 자신들의 역할을 규정하는 것은 부적절하며, 사례관리에 대한 전통적인 개념, 즉 '사례'를 '관리'하는 것 이상의 확대된 개념 정의가 필요함이 강조되었다.

오늘날 사례관리는 서비스 연계와 조정, 그리고 직접 서비스 제공이라는 두 가지 핵심적인 역할 이외에 보다 광범위하게 새로운 기능들을 포함하여 정의되고 있다. 사례관리는 창조적이고 집합적인 과정으로서, 클라이언트의 사회적 기능을 최고의 상태로 향상하기 위하여 사정, 자문, 교육, 모델링, 옹호하는 기술을 활용한다(Mullahy & Jensen, 2004; Vanderplasschen *et. al.,* 2004;

Woodside & McClam, 2006: 4에서 재인용).

사례관리자의 목표는 사례로서 클라이언트를 관리하는 것이 아니라, 자신들의 삶을 스스로 관리하기 위해서 도움이 필요한 클라이언트들을 도와주고 전문가의 도움이 필요하거나 위기가 발생할 때 지원을 해주는 것이다. 이를 위해, 사례관리자들은 정보를 수집하고 사정하며 서비스를 모니터링한다. 다른 전문가들과 함께 작업하며 기관의 서비스들을 클라이언트에 적절하게 배치하고 자원을 할당하며 질적인 서비스가 제공되도록 점검한다. 또한, 직접 서비스를 제공하며 클라이언트를 위해 서비스를 만들어내기도 한다. 이처럼 사례관리자는 더욱 확장된 개념의 서비스 전달체계의 일부로 간주되고 있으며, 복합적인 문제와 욕구를 가진 장기적인 서비스가 필요한 클라이언트를 지원하는 전문가로 규정되고 있다. 실제로 사례관리자의 다양한 측면을 반영하여 사례관리자, 서비스 조정가, 상담가, 사회복지사, 서비스 제공자, 보호 조정가, 개별사회복지사라는 직책을 가지고 자신들의 직무를 수행하고 있으며 직접 서비스를 제공하기도 하고 서비스를 조정하거나 관리하기도 한다(Woodside & McClam, 2006: 4-5).

사례관리는 수행되는 주요 기능과 강조되는 역할을 반영하며 이상과 같이 변화했는데, 사례관리의 개념에 대한 이해를 돕기 위하여 몇 가지 대표적인 정의를 살펴보도록 하겠다.

목슬리(1989: 11-12)는 사례관리에 있어서 네 가지 주요 개념을 강조하면서 '사례관리란 서비스, 기회 및 혜택을 더욱 잘 조정하기 위한 클라이언트-수준의 전략이라고 정의될 수 있으며, 사례관리의 주요 성과는 여러 기관의 서비스들을 통합하는 것(Goldstein, 1981)과 보호의 지속성을 확보하는 것(Johnson & Rubin, 1983)'이라고 하였다.

첫째, '클라이언트-수준(client-level)'이라 함은 사례관리자가 특정 클라이언트나 클라이언트 집단과 함께 일한다는 것이다. 개별 클라이언트는 각기 다른 욕구를 가진 독특한 존재이며 사례관리자는 이들 클라이언트의 욕구를 파악하기 위하여 클라이언트와 밀접한 관계 속에서 함께 한다.

둘째, '서비스의 조정'은 사례관리자가 클라이언트의 목표에 맞도록 기관들이나 서비스들을 움직여야 한다는 것을 의미한다. 각각의 기관들은 각기 다른 목적을 가지고 있을 수 있다. 사례관리자는 서비스들을 '조정'하여 클라이언트를 보호하기 위해 서로 연계하며 같은 방향으로 움직여 나아가도록 한다. 사례관리의 결과로서, 서비스나 기관들은 함께 조화를 이뤄 작업해야 하며 서로 다른 목적을 가져서는 안 된다(Goldstein, 1981).

셋째, '통합'이란 사례관리자가 각기 다른 기관들이 제공하는 많은 서비스를 하나로 결합하여 일치성을 갖도록 한다는 것을 의미한다(Goldstein, 1981). 하나의 계획을 수립하고 이 계획 내에 많은 서비스를 담아냄으로써 통합을 이룰 수 있다.

넷째, '보호의 지속성'을 확보해야 하는데, 여기에는 두 가지 차원이 있다. 횡단적인 차원과 종단적인 차원을 의미하는데, 횡단적인 차원이란 어떤 시점에서든지 서비스가 클라이언트의 욕구를 적절하게 충족하기 위하여 포괄적인 보호 체계를 갖추고 있어야 한다는 점이며, 종단적인 차원이란 클라이언트의 욕구가 지속되면 보호도 중단 없이 지속해야 한다는 것을 의미한다(Test, 1979).

이처럼 목슬리는 사례관리를 역동적인 전략으로 보았으며, 단기적으로는 복잡한 기관들이 존재하는 서비스 현장에서 클라이언트의 다양한 욕구를 체계화하여 확인하고 충족시키는데 초점을 두며, 장기적으로는 클라이언트가 성장, 발달, 변화하며 부딪치는 새로운 도전이나 변화, 욕구에 대응하는 것에 초점을 두어야 한다는 점을 강조하였다. 사례관리란 복합적인 욕구가 있는 클라이언트의 복지와 기능을 최대한으로 향상하기 위하여 공식적·비공식적 지원 체계와 활동들을 조직화하고 조정하며 유지하는 것으로 정의되며, 이에 따라 아래와 같은 목표를 가진다(Moxley, 1989: 17).

① 클라이언트의 지지체계와 서비스 활용능력 향상
② 클라이언트의 기능과 복지를 향상하기 위한 사회적 연계망과 서비스 공급자의 능력 개발
③ 가장 효율적인 방식으로 서비스를 전달함으로써 서비스 효과성 향상

한편, 미국사회복지사협회에서는 '사회사업 사례관리란 클라이언트와 가족의 욕구를 전문적으로 사정하고, 클라이언트의 복합적인 욕구를 충족시키기 위해 다양한 서비스 조합(package)을 적절하게 배열하고 조정하고 모니터링하고 평가하며 옹호하는 서비스 제공 방법'이라고 정의한 바 있다(NASW, 1992;

Powell & Tahan, 2008: 10에서 재인용). 현대사회에 들어서면서 클라이언트의 욕구는 점차 복잡하고 다양해지며 심각한 양상을 띠게 되었다. 그러므로 개별 클라이언트의 욕구를 충족시키기 위해서는 한두 개의 프로그램이나 서비스가 아니라 다양한 서비스를 제공할 필요가 발생하였다. 사례관리는 이들 서비스의 묶음, 즉 일련의 서비스들을 조정하고 연결하는 일종의 기제이다. 복합적인 욕구가 있는 클라이언트를 대상으로 하는 서비스 제공 방법으로서 사정, 서비스들의 배열, 조정, 모니터링, 평가, 옹호를 사례관리의 핵심적인 기능으로 제시하고 있다.

또한, 미국사례관리학회에서는 '사례관리를 개인의 건강상 욕구를 충족시키기 위하여 여러 가지의 가능성과 서비스들을 사정하고, 계획하고, 촉진하고, 옹호하는 집합적인 과정'이라고 정의하면서 '의사소통과 이용 가능한 자원을 활용함으로써 성과의 질을 향상하고 비용대비 효과를 높인다'는 점을 강조하였다(CMSA, 2002; Powell & Tahan, 2008: 10에서 재인용). 이 정의에 따르면, 사례관리의 목적은 개인의 건강상 욕구를 충족시키는 것이며, 이를 위해 사례관리자는 서비스들을 사정하고, 계획하고, 촉진하고, 옹호한다.

이상과 같은 정의들은 사례관리에 대한 수많은 정의 중 일부이며, 미국에서는 1970년대부터, 전 세계적으로는 1980년대부터 적용되기 시작한 사례관리에 대한 정의는 매우 다양한데, 문헌상에 나타난 사례관리에 대한 정의들은 크게 두 가지로 구분될 수 있다(Gursansky, Harvey & Kennedy, 2003: 6-8).

먼저, 일반적인(generic) 것으로 사례관리를 설명하는 것이다. 대상이 되는 표적집단이나 현장의 특수성은 언급하지 않고, 실천의 과정과 과업, 기능에 대해 강조하며, 개별적으로 고안된 서비스라든지, 조정, 연계, 서비스 연계망, 효율성, 비용대비 효과 등을 언급하며 정의한다.

예를 들면, 웨일 등(1985: 2)은 사례관리를 '클라이언트가 지지적이고, 효과적이며, 효율적이며, 비용대비 효과가 높은 방식으로 필요한 서비스를 확실하게 받도록 서비스 네트워크 내에서 상호작용하는 과정이며 논리적인 단계의 조합(a set of logical steps)'이라고 정의한 바 있다(Vourlekis, 1992: 2). 사례관리는 클라이언트에게 필요한 서비스를 제공하도록 논리적 단계를 밟아 나가는 과정으로서 지지적이며 효과적이고 효율적인 방식이라는 점이 강조되고 있다. 또한, 서비스가 클라이언트에게 확실하게 제공되도록 서비스간 연계망을 구축하고 적극적으로 상호작용한다.

오스틴(1993: 16)은 사례관리를 '개별 클라이언트의 보호에 대한 욕구를 충족시키기 위한 가장 포괄적인 프로그램을 보장하기 위하여 서비스 전달체계를 연계하고 조정하는 기제'로 보았다(Gursansky, Harvey & Kennedy, 2003: 6-7). 오스틴의 정의에서도 서비스 전달체계간의 연계와 조정이 강조되고 있으며, 연계와 조정의 목적은 클라이언트에게 필요한 모든 서비스가 포괄적으로 제공되는 것이다.

그다음은 사례관리를 임상적 실천, 혹은 진보된 실천으로 규정하는 것이다. 이러한 유형의 정의에서는 사례관리자의 특별한 임상적 과제나 깊이 있는 조정에 대한 책임성 등을 강조한다. 대체로 이들 정의에서 대상이 되는 표적집단은 진행중인 복잡한 문제를 가지고 있으며, 개입 전략을 수립하기 위해서는 관련되는 전문적 배경이 언급된다.

이러한 정의의 예로, 정신보건 분야의 임상사례관리에 초점을 둔 칸터의 정의가 있다(1989: 361). 그는 '사례관리는 생리적 · 심리적 기능에 초점을 두는 전통적인 정신의학적 접근과 조화를 이루어 정신장애인의 물리적 · 사회적 환경의 전반적인 유지를 통하여 신체적 기능 유지, 개인적 성장, 지역사회 참여와 정신질환으로부터의 회복, 혹은 적응을 목표로 하는 정신보건 실천방법'이라고 정의하였다(Gursansky, Harvey & Kennedy, 2003: 7).

우리나라에서는 '한 사람의 사례관리자가 복합적 욕구가 있는 클라이언트에게 다양한 서비스 자원(공급체계)을 연결하여 클라이언트가 사회생활상의 어려움을 극복할 수 있도록 돕는 사회복지실천의 한 방법(정순둘, 2005: 13-14)' 혹은 '만성적이고 복합적인 문제를 가진 개인 및 가족과 함께 일하면서, 그들과 자원 제공자들의 기능을 향상하고자 하는 것(권진숙 · 박지영, 2009: 15)'이라고 정의된 바 있다. 이들 정의에서는 사례관리의 대상을 복합적이고 만성적인 욕구가 있는 클라이언트로 규정하고, 사례관리를 이들에게 다양한 서비스 자원을 연결하여 자신들의 기능을 향상시키고 어려움을 극복할 수 있도록 하는 사회복지실천방법론으로 보고 있다.

요약하면, 사례관리란 복합적이거나 만성적인 욕구와 문제를 가진 클라이언트를 대상으로, 클라이언트와 함께하는 개별적이고 포괄적인 사정을 통하여 서비스 목표를 계획하고, 목표를 효과적이며 효율적으로 달성하기 위하여,

직접 서비스를 제공하거나 공식적 · 비공식적 자원과 서비스를 조정, 연계, 모니터, 평가, 옹호함으로써, 궁극적으로는 클라이언트가 자신의 삶을 스스로 관리할 수 있도록 지원하는 실천방법이라 하겠다.

요약 사례관리의 정의

대상 : 주로 복합적이거나 만성적인 욕구와 문제를 가진 클라이언트
방법 : 클라이언트와 개별적이고 포괄적인 사정을 하고, 이에 기초하여 서비스 목표를 계획한 후, 이를 효과적이며 효율적으로 달성하기 위하여, 직접 서비스를 제공하거나 공식적 · 비공식적 자원과 서비스를 연계 · 조정 · 모니터 · 평가하고 옹호
목표 : 클라이언트의 지지체계와 서비스 활용 능력을 향상하고, 사회적 연계망과 서비스 공급자의 능력을 향상하고 서비스의 효과성을 향상
목적 : 클라이언트가 자신의 삶을 스스로 관리하면서 삶의 질을 향상 또는 유지

(2) 사례관리의 특성

앞서 설명한 바와 같이, 기본적으로 사례관리는 하나의 문제에 초점을 두기보다는 클라이언트와 관련된 다양한 이슈와 강점, 관심들에 대해서 초점을 둔다(Summers, 2006: 37). 예를 들면, 결식이 우려되는 아동을 의뢰받았을 때, 사회복지사는 결식 여부를 파악하여 결식아동으로 지정한 후 끼니를 거르지 않도록 현재 자신이 맡고 있는 결식아동 지원체계 내에서 급식을 제공할 수 있다. 그러나 사례관리자가 이 사례를 맡게 된다면, 수동적으로 요청한 문제에 대해서 반응하여 결식에 대한 문제에만 개입하기보다는 보다 적극적으로 포괄적인 사정을 하여 통합적인 서비스 계획을 수립한다. 이 아동이 어떤 상황에서 식사를 거르게 되는지, 보호자들이 식사 이외의 보살핌은 적절하게 하고 있는 것인지, 가족 내에는 이 아동 이외에 식사를 거르는 가족원들은 없는지, 결식과 관련된 문제뿐만 아니라, 아동과 가족의 다른 문제점이나 욕구, 강점은 무엇인지도 파악하고 아동과 가족이 가진 공식적 · 비공식적 자원들도 파악한다. 그리하여, 매일 저녁에 도시락을 배달해 주는 것이 필요한지, 부모교육을 통해서 자녀에게 제때 식사제공을 하도록 지원하는 것이 필요한지, 혹은 부모가 식사 준비를 거의 해놓으면, 아동이 스스로 차려 먹을 수 있도록 할

것인지, 또는 지역아동센터에서 부모가 돌보지 못하는 시간에 돌보면서 식사 이외에 정서적 지원이나 학습지원도 하도록 하는 것이 필요한지, 일정 기간 위탁가정에 배치되는 것이 필요한 상황인지 등 어떤 서비스가 적절한 것인지 결정한다. 아동과 가족의 욕구와 문제뿐만 아니라 강점과 자원을 사정하고 이에 기초하여 서비스를 계획한 후, 필요한 서비스들을 연계하고 이들 서비스가 적절하게 제공되고 있는지 모니터링하여 서비스 목적을 달성하면 종결하게 된다. 사례관리는 이처럼 클라이언트의 총체적인 상황을 사정(assessment)하고 사정에 기초하여 발견된 욕구와 문제에 개입하는 과정이다(Summers, 2006: 37). 이런 과정에서 가능하면 클라이언트의 강점이 전반적으로 향상되어야 하고, 사례관리의 궁극적인 목적인 클라이언트의 삶의 질이 향상되는 것이다.

사례개입의 또 다른 주요 목적 중의 하나는 예방인데, 사례관리 개입을 하지 않는다면, 장차 상황이 더 악화하여 더 큰 비용을 가져올 수 있는 사례에 대하여 체계적으로 사례관리 서비스를 제공함으로써 예방 효과를 가져올 수 있다. 결식아동의 사례에서 단순히 급식지원만 하지 않고, 사례관리자가 개입하여 아동과 가족의 욕구와 문제, 강점과 자원에 기초하여 사정하고 서비스 계획에 따라 서비스를 제공한다면, 결식 이외에 심각한 아동학대 문제, 가족 내 노인이나 장애인의 결식 문제 등도 파악되어 개입됨으로써 아동학대를 예방하여 아동이 더 심각한 발달상의 문제를 가져오지 않을 수 있고, 혹은 가족원 중에 방임되고 있는 노인이나 장애인 문제를 사전에 예방할 수 있을 것이다.

또한, 사례관리는 클라이언트에게 제공되는 서비스에 투입되는 예산이 가장 현명하고 효율적인 방식으로 지출되도록 하는 과정이어야 한다(Summers, 2006: 38). 일반적으로 사례관리에 투입되는 예산은 공적 재원인 경우가 많다. 사례관리자의 중요한 책무 중 하나는 공적 예산이 가장 효과적이며 효율적으로 집행되도록 하는 것이다. 사례관리자는 클라이언트에게 무엇이 필요하고, 가중되는 욕구와 문제들을 어떻게 예방할 수 있는지 결정함으로써, 가장 효율적이고 효과적으로 예산을 중복과 누락 없이 투입하게 된다. 결국, 사례관리를 통해서 개인은 개별화된 서비스 계획에 기초한 서비스를 받게 되며, 사회적으로는 가장 효과적으로 예산이 투입됨으로써 공적 책임성과 효율성이 담보되는 것이다.

한편, 사례관리는 치료가 아니라는 점도 강조된다(summers, 2006: 48-49).

치료자로서의 역할을 수행하는 모델도 있지만, 일반적으로 사례관리자는 치료를 하지는 않는다. 심리 내면의 갈등을 표출하고 다루는 것을 의미하는 치료를 하는 것은 사례관리자의 목표가 아니다. 대부분의 사례관리자는 이러한 작업을 할 준비가 되어 있지 않다. 사례관리 과정에서 이러한 클라이언트의 심리 내적인 문제를 대하면 사례관리자는 이런 작업을 전문적으로 할 수 있는 기관에 의뢰하게 된다. 위기상황인데 자신의 치료자에게 연락할 수 없을 때 사례관리자에게 연락한다. 물론 클라이언트가 치료자에게 가서 이 문제를 다루는 방법을 습득할 때까지 경청하며 원조하는 것은 사례관리자의 기본적인 역할이지만, 치료 회기를 갖고 개입하는 것은 사례관리자의 역할이 아니다.

치료자의 역할보다는 다른 많은 문제를 발견하고 독립적이며 적절하게 적응하기 위한 작업습관을 익히게 하고, 좋은 대인관계 기술을 연습하도록 하며, 적절하게 행동하는 기술을 배우도록 하는 것이 사례관리자의 역할로서 중요하다. 때로는 이러한 기술습득을 위해 특정 기관에 의뢰하기도 하지만 대체로 사례관리의 과정에서 사례관리자는 클라이언트를 만날 때마다 이런 기술습득을 지원한다.

핵심체크 **사례관리의 특성**

- 특정 문제 하나에 초점을 두기보다는 강점 관점으로 클라이언트의 다양한 이슈와 욕구, 관심에 초점!
- 가장 효율적인 방식으로 예산을 투입!
- 치료 보다는 예방적 접근에 초점!

(3) 아동을 위한 사례관리의 원칙

최근 사례관리에서 가장 강조되고 있는 또 다른 특징 중의 하나는 사례관리를 통해서 클라이언트에게 희망을 품게 하고, 자기결정권을 증진해야 한다는 점이다(Summers, 2006: 51 – 52). 사례관리자는 이를 위해 "아동을 중심으로 하고 가족에 초점을 둔(child-centered and family focused)" 서비스를 제공하는데, 이는 사례관리자가 모든 아동을 개별적으로 존중하며, 개별 아동을 위한 계획을 수립할 때 파트너로서 가족을 포함해야 한다는 것을 의미한다. 아동이 원가정 혹은 자신의 지역사회에서 벗어나지 않도록 하고, 지역사회 중심의 서비스를 제공해야 한다는 점이 강조된다.

이와 관련하여, 미국의 보건복지국에서 강조하고 있는 두 가지 모델이 있는데, 이는 회복 모델(recovery model)과 탄력성 모델(resiliency model)이다. 회복 모델에서는 정신 장애를 보는 관점을 '점진적인 피폐나 평생 지속되는 만성적인 질병'으로부터 '회복과 생산적인 삶'의 관점으로 바꾸었다. 다양한 조사연구에서 정신장애인들은 부적절하게 고안된 서비스를 받거나 회복하는 데 도움이 되는 서비스를 받지 못해서 회복되지 못하는 것으로 나타났다. 사례관리자는 클라이언트의 욕구를 충족하고 잘 고안된 서비스에 쉽게 접근할 수 있도록 해야 하며, 클라이언트의 자기 인생에 대한 개인적인 비전과 자기결정이 항상 반영되고 클라이언트를 '아픈 사람(문제가 있는 사람)'이 아니라 '건강한 사람'으로 봐야 한다는 점이 강조된다. 또한, 일부 예외적인 경우를 제외하고 대부분은 클라이언트의 가족이 포함되어야 한다. 회복 모델에서는 클라이언트가 자기결정권을 더 많이 갖게 하고, 권한을 부여하며 역할 기능이 향상되도록 한다. 대체로 클라이언트를 건강하고 기능적인 사람으로 본다.

탄력성 모델을 따르면, 아동은 자신의 과거가 어떻든지 간에 '자신이 소중하다'는 점을 확실히 느끼도록 해주는 사람을 그들의 인생에서 만나게 될 때 위기에서 탄력적으로 벗어나게 된다고 한다. 즉, 위기에 있던 아동은 이와 같은 지지를 통해 건강한 삶으로 되돌아오게 된다. 특히 아동과 함께 하는 사례관리자는 이와 같은 중요한 메시지를 반드시 전해야 하는데, 사례관리자 자신뿐만 아니라, 가족원, 교사, 상담가, 사회복지사, 이웃 등 아동의 인생에서 이러한 역할을 해줄 사람들을 찾아내야만 한다. 탄력성 모델에서는 아동의 삶과 상황에 대하여 긍정적 관점을 갖고 적극적으로 강점을 찾아내고자 한다. 모든 사람과 마찬가지로 아동은 '자동복원 기제(self-righting mechanism)'를 가지고 있다고 믿는데, 이는 아동은 자기 자신만의 고유한 힘과 생각을 사용해서 문제로부터 스스로 벗어날 수 있다고 믿는 신념이다. 사례관리자는 아동의 강점을 실제로 찾아내서 말해주고, 아동이 자신의 강점에 대해서 인식하도록 가르쳐줌으로써 '자동복원기제'를 촉진할 수 있다.

핵심체크 아동의 탄력성 증진에 도움이 되는 서비스

- 아동에게 다른 사람들을 돕는 것과 같은 의미 있는 활동에 참여할 기회를 제공하기
- 높은 기준과 기대를 가지고 아동과 의사소통하기
- 일관성 있는 지지와 보호를 제공하기
- 친사회적인 관계 형성을 증진하기
- 행동하는 데 있어서 분명한 경계를 설정해 주고 일관성 있게 이를 관찰하기
- 성공할 수 있는 생활기술을 가르쳐주기

또한 아동과 함께하는 사례관리자들이 관심을 둬야 하는 매우 중요한 활동 중의 하나는 독서이다. 독서는 아주 중요한 활동임에도 서비스를 계획할 때 자주 빠진다는 점이 조사연구들에 의해서 지적되고 있다. 고위험군 아동들이 독서에 취미를 갖도록 하는 것은 인지기능의 향상, 학업성취 등 여러 가지 측면에서 매우 중요하다. 또 다른 중요한 활동은 아동이 다른 사람에게 무엇인가를 주거나 도움이 되거나 다른 사람을 배려하는 상황을 경험할 기회를 제공하는 것이다.

사례관리자는 클라이언트가 단지 어떤 서비스를 필요로 하는지가 아니라, 생산적이고 귀한 삶을 위하여 무엇을 원하고 있는지에 관심을 둬야 한다. 이를 위해서 주의 깊게 경청하고 아동이 꿈과 희망을 품도록 격려해야 한다. 사례관리자는 클라이언트에게 자신이 미래에 바라는 자신의 삶을 계획해 볼 기회를 주어야 한다는 점이 새로운 모델에서 강조되고 있으며, 이들 모델은 평생 지속되어 온 질병이나 문제로부터의 회복을 강조하고 있다. 사람들은 저마다 질병이나 현재의 어려움에서 벗어나는 능력이 있으며, 사례관리자들은 클라이언트와 함께 즉각적인 치료나 서비스 제공보다는 그 이상을 계획해야 한다. 클라이언트에 대해서 장기적인 관점을 가져야 하며, 클라이언트 인생 전반에 대한 포괄적인 그림을 그려야 하고, 각각의 클라이언트의 특별한 욕구를 충족시킬 수 있는 특별한 개입 방안을 고안해 낼 수 있어야 한다.

요약 아동을 위한 사례관리의 원칙

- 아동에게 꿈과 희망을 품게 하고, 아동의 자기결정권을 증진해야 한다.
- 아동을 만날 때마다 아동이 소중한 존재임을 느낄 수 있는 메시지를 전해야 한다.
- 아동의 삶과 상황에 대해 긍정적 관점을 가지고 적극적으로 강점을 찾아야 한다.
- 아동은 자동복원기제를 가지고 있으며, 사례관리자가 아동의 강점을 찾아내서 아동이 이를 인식하도록 도와줌으로써, 자동복원기제를 촉진한다.
- 독서 활동을 강조하고 촉진한다.
- 다른 사람을 배려하고 도와줄 수 있는 상황과 기회를 제공한다.

2. 사례관리의 지침

(1) 사례관리의 지침

사례관리가 아동과 가족에게 실제적인 도움이 되도록 효과적인 실천을 하는 데 도움이 될 만한 지침은 다음과 같다(Summers, 2006: 46-47).

① **사전에 계획한다** : 위기 발생 전에 계획해야 한다. 사정과정에서 클라이언트에 대해 파악된 내용과 만일 개입하지 않았을 때 발생 가능한 위기를 예측해서 계획을 수립함으로써, 위기가 발생하기 이전에 위기를 유발하는 상황을 감소시킨다.

② **책임감을 가진다** : 클라이언트와 지역사회에 대해서 책임감을 가진다. 하겠다고 말한 것은 해야 하며, 신속하게 해야 하고, 자신이 한 것은 주의해서 기록한다.

③ **낙관적으로 임한다** : 클라이언트에 대해서 낙관적이어야 한다. 클라이언트가 향상될 것이고, 어느 정도의 독립심은 있다고 기대해야 하며, 성공할 것이라고 강조하고, 긍정적인 피드백을 줄 기회를 놓치지 않도록 한다. 개입과정을 너무 복잡하거나 다루기 어렵게 만들지 말고 점진적인 상황으로 만들어서 클라이언트가 감당할 수 있도록 한다.

④ **클라이언트를 참여시킨다** : 클라이언트 스스로 자신의 삶에서 어떤 문제와 이슈에 우선순위를 둘 것인지 결정하도록 하며, 클라이언트의 의견과 서비

스에 대한 피드백, 계획들을 반영한다.

⑤ **클라이언트가 있는 곳으로 간다** : 입 다물고 사무실에 있어서는 안 되며, 클라이언트가 상호작용하고 있는 곳으로 가서 살펴보고 상호작용할 때 필요한 새로운 기술들을 가르쳐준다.

⑥ **독립심을 증진한다** : 아무리 사소한 것이더라도, 클라이언트가 보여준 독립심에 대해서 자부심을 느꼈다는 표현을 해야 하며, 독립심의 역할모델이 되어주고, 독립심을 격려하며, 독립심을 유지할 수 있도록 기술들을 가르쳐준다.

⑦ **많은 자원을 개발한다** : 가능하면 많은 수의 자원을 개발하며 어떻게 하면 클라이언트에게 좋은 자원을 찾을 수 있는지 알아야 한다. 지역사회에 어떤 기관들이 존재하며 그 기관들의 핵심적인 기능은 무엇인지 알아야 한다. 지역사회 비공식적 자원도 살펴보고 이 사람들과 좋은 관계를 형성하도록 한다. 사례관리자가 지역사회로 눈을 돌리게 되면, 자원목록에 새로운 자원을 추가할 수 있게 될 것이다.

핵심체크 사례관리를 위해 필요한 기본 지식(Summers, 2006: 46)

① 개인과 가족의 역동 : 인간발달, 심리학 개론, 가족과 결혼, 이상심리학 등과 같은 과목을 통해서 습득
② 사회적, 심리적, 생리적, 경제적 요인들간의 관계(인간의 상황과 욕구를 평가하기 위한 이론적 기초인 생태학적 모델 등에서 습득)
③ 자신이 속한 기관의 주요 기능과 정책
④ 자신의 속한 기관의 서비스 전달에 영향을 주는 정부 및 지자체의 정책, 법, 규정
⑤ 자신이 속한 지역사회의 전체 서비스와 자원들

핵심체크 사례관리를 위해 필요한 기본 기술(Summers, 2006: 46)

① 사람들이 성장하도록 효과적으로 함께 일하는 기술
② 전문가, 준전문가, 공무원, 클라이언트 및 그들의 가족 등 다양한 사람들과 함께 일하는 기술
③ 클라이언트의 욕구를 파악하는 기술
④ 잘 구조화되고 정확하게 기록하는 기술
⑤ 서비스를 수립하는 데 클라이언트가 리더십을 갖도록 허용하는 기술
⑥ 클라이언트의 욕구를 충족시키기 위해서 지역사회 내에서 자원을 창의적으로 개발하는 기술

(2) 서비스 제공 기관에서의 사례관리의 지침

사례관리에서는 클라이언트에게 서비스를 제공하는 기관이 있다(Summers, 2006: 49). 사례관리 전담기관은 아니지만, 특별한 서비스가 필요할 때 사례관리 기관으로부터 서비스를 의뢰받는 기관으로서 이들 기관에도 사례관리자라는 직책이 있는 경우도 있다. 서비스 제공 기관의 사례관리자는 클라이언트에게 제공되는 서비스에 대한 감독책임을 가진다. 이들 기관의 사례관리자들은 의뢰 사유를 분명히 하고, 사례관리 전담기관의 '주 사례관리자(general case manager)'와 클라이언트의 진전, 목적달성 여부 등에 대해서 의사소통하고, 서비스나 개입 계획이 변화될 필요가 있는 상황이 발생하면 함께 논의한다. 클라이언트는 서비스 제공 기관에서 정기적으로 보게 되기 때문에 이곳에서 서비스를 받고 있는 동안에 발생하는 클라이언트의 문제와 욕구에 대해서 서비스 제공 기관의 사례관리자들 역시 다루게 된다.

예 사례관리 전담기관과 서비스 제공 기관(가상)

- 사례관리 전담기관 : **드림스타트센터(빈곤아동 사례관리 전문기관)
- 서비스 제공 기관 : **어린이집(보육서비스 기관)
- (가상)사례 : 드림스타트에 2세 민아가 인테이크되었다. 민아는 할머니와 함께 생활하고 있는 빈곤 조손가정의 아동으로서 할머니는 최근 건강상태가 악화되고 우울증이 나타나게 되어 민아에게 적절한 보살핌을 주지 못하게 되었다. 이에, **드림스타트 사례관리자는 할머니에게 의료적 서비스와 가사지원서비스를 연계하는 한편, **어린이집의 사례관리자에게 민아의 보육서비스를 요청하였다. 서비스 제공기관으로서 이 사례관리에 참여하게 된 **어린이집의 사례관리자는 민아의 발달상의 변화와 생활에 대해 교사와 간호사, 영양사 등과 의사소통하고 직접 관찰한다. **어린이집의 사례관리자는 **드림스타트 사례관리자와 민아와 할머니의 상황에 대해 정기적으로 공유하며 계획된 목표를 달성해 나아간다.

3. 서비스 수준별 사례관리 유형

사례관리 기관들은 클라이언트의 욕구와 기능할 수 있는 능력에 맞춰서 각기 다른 수준의 사례관리 서비스를 제공하기도 하는데, 기관마다 다른 이름으로 분류하기도 하고, 더 세부적으로 분류하기도 하지만 일반적으로 아래와 같이 세 가지 수준으로 나눌 수 있다(Summers, 2006: 45-48).

(1) 행정관리형 사례관리

이 수준의 사례관리는 클라이언트가 기능수준이 높고 원조체계를 찾도록 도울 일이 거의 없는 경우에 제공된다. 대체로 처방전을 정기적으로 받으면 되거나 긴급하게 예약을 하거나 새로운 서비스를 받을 일이 있기는 하지만, 대부분은 스스로 해결할 수 있다. 초기 의뢰받은 이후 서비스 제공이나 사후관리는 최소한으로 필요하며, 사례관리 대상군으로 유지만 된다. 대개 자립적으로 기능하며, 의뢰된 서비스를 잘 활용한다. 클라이언트에게 어떤 일이 생기면 이 사례를 맡을 수 있는 여력이 있는 사례담당자가 개입할 수도 있다. 이 수준에 속하는 클라이언트는 늘 같은 사례관리자를 보게 되지 않을 수도 있다는 것을 의미한다. 우리나라에서는 대체로 단순사례관리라고 표현하기도 한다.

(2) 자원조정형 사례관리

행정관리형 사례관리의 다음 수준인데, 계획을 수립하거나 개입을 받는데 어느 정도 문제를 겪는 클라이언트에게 제공된다. 대체로 행정관리형 사례관리를 받는 클라이언트보다 더 많은 도움이 필요하며, 더 많은 지원이 필요한 만성적인 어려움을 가지고 있다. 그러나 심각한 위기 상황에 부닥친 것은 아니며, 적절한 지원을 받으면 입원이나 위기를 반복해서 겪지는 않는다. 대체로 주거나 투약, 치료 등과 같은 다양한 서비스나 도움을 많이 필요로 하지만 제공되는 서비스를 받으면 잘 지낼 수 있는 경우이다. 사례할당은 많이 받는 편이다. 이 수준의 클라이언트 중에 특별히 힘든 시기에는 집중관리형 사례관리 서비스를 받게 되기도 하며, 스트레스가 심한 시기를 넘기면 다시 자원조정형 사례관리 수준으로 내려온다.

(3) 집중관리형 사례관리

문제를 악화시키지 않고 지역사회 내에서 생활하기 위해서 상당한 지도 감독과 지원이 필요한 클라이언트는 집중적인 사례관리를 받게 된다. 일반적으로 사례할당은 적게 받는 편이며, 개인적인 관심을 더 집중적으로 받는다. 자주 응급상황이 되거나 자신이나 다른 사람에게 위험한 위기에 노출된 고위험군 클라이언트가 이 수준의 사례관리에 배정된다. 집중관리형 사례관리는 대체로 하루 24시간 서비스가 제공 가능해야 하고, 이용 가능한 지원체계가 확실하게 수립되도록 집중적인 관여가 필요하다.

4. 사례관리의 모델

다양한 기준에 따라 다양하게 사례관리 모델이 분류되어 소개되고 있는데, 우드사이드와 맥클램(2006: 60－70)은 현대 사례관리 모델을 역할-기반 사례관리 모델, 기관-기반 사례관리 모델, 책임성-기반 사례관리 모델 등 세 가지로 분류하고 있다. 각각을 간략히 소개하면 다음과 같다.

(1) 역할 - 기반 사례관리 모델

역할-기반 사례관리는 사례관리자가 수행하는 역할에 초점을 두고 모델을 분류한다. 사례관리자의 역할은 제공되는 서비스와 기능에 따라 다양한데, 일반주의 실천가, 중개자, 치료자, 비용관리자로 분류될 수 있다. 예를 들면, 어떤 사례관리자는 주로 서비스 중개자로서 역할을 하는 반면, 다른 사례관리자는 기본적으로는 치료자로서 역할을 하며 간혹 중계나 연계자의 역할을 수행한다. 또 어떤 사례관리자는 주로 비용을 억제하도록 관리하는 것에 집중하여 비용 효율성을 높이고자 한다. 이 모델의 특징은 아래와 같다.

– **목표** : 사례관리자는 단일한 통로를 통해서 클라이언트의 모든 욕구를 충족시키고자 한다. 그러므로 필요한 서비스를 다양하게 연계하게 되

며, 치료적 서비스를 제공하기도 하고, 서비스의 질과 효율성 등을 모니터하기도 한다.

- **책임성** : 사례관리자는 초기면접, 자료 수집, 계획, 서비스 연계, 서비스 조정 및 전달, 의뢰, 평가 등을 포함하여 광범위한 책임성을 가진다.
- **기본적인 역할** : 중개자, 조정자, 상담가, 계획가, 문제해결사, 기록보관자 등의 역할을 수행할 수 있다.
- **기간** : 사례관리 기간은 클라이언트의 욕구가 얼마나 복합적인가, 서비스 전달체계에 장소 제한이 있는가, 단기 보호를 요구하는지 혹은 장기 보호를 요구하는지 등에 따라 달라진다.
- **강점** : 필요에 따라 다양한 역할을 수행하는 사례관리자를 만나게 됨으로써 클라이언트는 이리저리 서비스를 찾아다니지 않고 단일한 서비스 접촉 통로를 갖게 된다. 사례관리자와 클라이언트는 밀접한 관계 속에서 서비스를 제공하기도 하고 조정하기도 한다.
- **단점** : 일부 기관들은 제공하는 서비스가 제한적일 수 있고, 사례관리자들이 너무 많은 사례를 담당하기도 하며, 서비스 제공 기간에 제한을 받기도 하며, 의뢰가 너무 많아 사정이 충분치 못하게 되거나 서비스 전달의 특정 부분에만 초점이 맞춰지는 경우도 있다. 또한, 사례관리자의 역할이 비용 억제에 있는 경우에는 서비스 제공 기준 자체가 클라이언트의 욕구에 부응하지 못하기도 한다.

예 **역할-기반 모델(Woodside & McClam, 2006: 62 사례 재구성)**

- 일반주의 실천가 역할 사례

대학교수 A는 정년퇴직 3년 전부터 공황상태와 우울증에 빠져 입원하였다가 재활시설에 가게 되었다. A의 외동딸 B는 직접 어머니를 보살필 형편이 되지 않아 어떻게 해야 하나 걱정하고 있었는데, 돌봄 서비스를 제공하는 기관을 알게 되었다. A는 자신의 아파트로 퇴원하였고 기관에서는 돌봄 서비스제공자를 초기에는 매일 파견하여 식사 및 투약, 장보기 및 병원 진료 동행 등을 도와주었고, A가 좀 나아지자 방문 횟수를 주 3회로 줄였다. 또한, 멀리 떨어져 사는 외동딸 B 대신에 한 달에 두 번 방문하여 청소를 해주고, 매일 전화를 해서 안전하게 생활하는지 점검해 주었다.

- 중개자 역할 사례

노인 전문 보호 관리자들은 대개 시간당 60달러에서 200달러를 받으며 서비스를 제공한다.

멀리 떨어져 사는 자녀 대신에 노부모의 상황을 살피고 자녀의 재정 능력에 따라 어떤 기관이나 서비스가 적절한지 찾아서 연결해준다.

- 치료자 역할 사례
C 부부의 아들은 7세 때 양극성장애로 진단받았는데, 진단받기 3년 전부터 부부는 아들에게 필요한 서비스를 제공하기 위해서 거의 투쟁적인 노력을 해왔다. 갖가지 사고를 일으키는 아들이 속한 교육제도와 청소년교정제도와 맞서야 했는데, 학교에서는 퇴학을 3번 당했으며, 특수반에 배치되기도 했고, 술을 훔치다 잡히기도 했고, 입원도 2번 했었다. 마침내 C 부부는 기본적으로 상담 서비스를 제공하면서 필요한 서비스를 안내(조정)해 주는 치료자를 만나게 되었다. 그 지역에는 다학제간 개입을 하는 기관이 없었기 때문에 이 치료자는 계획을 수립하고, 자신은 치료자로서 역할을 하면서 자신이 제공할 수 없는 서비스들은 다양한 기관들을 연계하여 함께 개입하였다.

(2) 기관 - 기반 사례관리 모델

기관-기반 사례관리 모델은 복합적인 문제를 가진 클라이언트의 욕구를 충족시키고자 포괄적인 서비스를 제공하는 데 초점이 있으며, 기관의 조직이나 구조에 의해 사례관리의 특징이 달라진다. 이 모델은 종합서비스 센터, 다학제간 팀, 심리사회적 재활센터 등과 같이 다양한 상황에 적용될 수 있다. 기관은 다양한 종류의 서비스를 제공하며 모든 서비스가 한 곳에서 가능하고, 때로는 클라이언트가 센터에서 살기도 한다. 많은 전문가가 한 곳에서 전문적 관계를 형성하며 통합적으로 일함으로써 클라이언트의 욕구에 더욱 잘 부응할 수 있다.

- **목표** : 사례관리자는 한 곳에서 단일 통로를 통해 복합적인 욕구가 있는 클라이언트를 만난다. 어떤 경우에는 가족들이 제공하는 것과 유사한 서비스를 제공하기도 한다.
- **책임성** : 기관-기반 모델에서는 포괄적인 사례관리 서비스를 제공한다. 각각의 클라이언트는 개별적인 사정과 계획 속에서 지역사회에 통합되기 위한 사회적 지지, 주거, 여가, 구직 서비스 등을 받게 된다. 사례관리자들의 책임은 (인테이크, 사정, 계획, 중개, 모니터, 종결에 대한 지도감독을 주며) 서비스들을 조정하는 것으로부터 클라이언트에게 직접 서비스를 전달하는 전문가팀을 이끄는 것에 이르기까지 광범위하다. 사례관리자의 역할은 다양한데, 때로 자신의 역할이 사례를 관리하는

것인 전문가가 있는 경우도 있고, 서비스를 주로 제공하는 전문가가 관리 역할을 함께 하도록 하는 경우도 있다.

- **기본적인 역할** : 옹호자, 중개자, 조정가, 계획가, 문제해결사, 기록보관자
- **기간** : 기간은 다양한데, 만일 사례가 복잡하고 여러 전문가가 필요한 경우라면 서비스 제공기간이 길어진다. 단기간의 서비스가 적합한 경우도 있다.
- **강점** : 방문서비스와 입원, 혹은 거주 서비스 모두 가능한데, 모든 서비스가 한 장소에서 제공된다는 것이 강점이다. 사정은 전체적인 접근에 의해서 다각적으로 이루어진다. 개별화된 계획이 수립되며 쉽게 모니터링할 수 있다. 직원들이 공동의 목표를 가지고 정기적으로 만나면서 같은 보고체계를 가지고 팀으로 기능한다.
- **단점** : 클라이언트가 센터에서 서비스를 받을 수 없는 경우에는 문제가 된다. 서비스 통합 여부는 기관의 조직 구조와 위계가 얼마나 분명한지에 좌우되는데, 예를 들면 직원들이 문제, 계획, 개입 등에 동의해야만 서비스들이 통합될 수 있다. 이 모델에서는 클라이언트 가족의 참여가 덜하게 될 수 있으며 클라이언트도 이런 환경에 익숙해져서 성장하지 않으려 할 수도 있다.

예 **기관-기반 모델(Woodside & McClam, 2006: 66-67 사례를 재구성)**

- 호주의 정신보건센터 사례
  아델라이드에서 500km, 시드니에서 1,300km 떨어진 NSW의 극 서부에 위치한 인구 24,000명의 탄광촌에 있는 A 정신보건센터는 지역사회-기반이고, 24시간 응급 서비스를 제공하며, 2인실 병동이 있고, 재활 서비스와 재가 방문서비스를 제공하고 있으며, 고립된 지역에는 이동방문의사와 협력관계를 맺고 서비스를 제공하고 있다. 클라이언트의 대다수는 지역사회에 살면서 센터에 외래 서비스를 받고 있다. 서비스는 정신보건 간호사, 사회복지사, 심리상담가 등을 포함한 10명으로 구성된 다학제간 팀에 의해서 제공되며 모두 사례관리를 한다. 호주의 모든 다른 정신보건 서비스와 마찬가지로, 모든 정신보건 임상가들의 핵심 과제는 임상 사례관리이다.

- 미국의 재활센터 사례
  대학생 B는 교통사고를 당하여 병원에서 치료받은 후 C 재활센터에 입소하였다. 이 센터에서는 B의 직무 능력, 사회적응 능력 등을 사정하였다. 영구적인 뇌 손상이 있었으며, 몇 가지 한

계를 극복하기 위해서 노력해야만 했다. 센터에서는 직업 사정, 상담, 독립생활 기술, 교육 등과 같은 서비스를 제공하였다. 또한, 약을 처방하기도 하고, 필요한 경우 의뢰를 하기도 하였다.

- 미국의 가정폭력기관 사례
뉴욕의 D 센터는 가정폭력에 개입하는 종합적인 프로그램을 제공하고 있다. 기관은 가정폭력 피해 여성과 그 자녀에게 필요한 모든 서비스를 제공할 수 있도록 구조화되어 있다. 사례관리를 통해서 장단기 주거 서비스, 보육, 취업지원, 법률 구조, 교통 등을 포함한 모든 서비스가 전달된다. 이 센터는 '원스톱 모델'로서, 사례관리자는 상담과 지지집단 등의 서비스를 제공하며, 위기개입부터 장기 보호에 이르기까지 광범위한 서비스를 제공한다.

(3) 책임성 - 기반 사례관리 모델

책임성-기반 사례관리 모델에서, 사례관리자는 가족, 지지적 보호망, 자원봉사자, 혹은 클라이언트로서 기능한다. 최근 미국 사례관리의 경향은 비용의 급증 때문에 시설 보호보다는 지역사회 보호를 선택하게 되었고, 지역사회 보호에서는 가족이 사례관리자로 기능하는 것이 더욱 효과적이라는 점이 강조되고 있는 점이다. 예를 들면, 클라이언트가 많은 책임을 가지고 직업을 구하거나 집을 구하기 위해 역량강화된다. 이 모델의 초점은 전문가로부터 비전문가로 보호의 책임을 옮기는 것이다. 전문가들은 가족, 친구, 지역사회 자원봉사자들을 교육·훈련해서 이들이 가족을 보살피도록 하며, 위기 상황에 대처하도록 한다. 사례관리 전문가가 사례를 종결한 이후에 클라이언트의 지원에 대한 욕구가 계속될 때에도 책임성-기반 사례관리가 적용된다.

가족이 먼 거리에 떨어져 사는 경우, 거동이 불편한 장애인이나 노인, 교통이 불편한 농산어촌 및 오지에 사는 클라이언트 등에게 제공될 수 있으며, 최소한의 서비스가 제공되지만 이마저도 없으면 전혀 서비스를 받을 수 없는 조건에 있는 클라이언트들에게 적합하다. 지킴이 역할을 수행하기도 한다.

- **목표** : 이 모델에서는 사례관리자의 단기 개입과 장기 개입 모두 강조되며, 서비스 조정, 자원봉사자의 도움, 클라이언트의 역량강화도 강조된다.
- **책임성** : 사례관리를 하는 개인이나 집단의 책임은 조정, 사정 서비스를 찾는 것, 필요한 전문가를 접촉해서 서비스를 받을 수 있도록 연계작업을 하는 것 등이다. 문제 확인, 계획 수립, 실행 등과 같은 책임을

갖기도 한다. 사례관리자는 또한 다른 기관들과 연계하고 관계를 유지하도록 지지하고 지원한다.

- 기본적인 역할 : 중개자, 조정가, 계획수립가, 문제해결사, 기록보관자
- 기간 : 위기나 발달상의 문제가 발생한 동안에 단기 개입을 하기도 하고, 신체적·정신적 질환, 장애, 노령문제는 장기 개입을 하기도 한다.
- 강점 : 책임성-기반 모델에서는 가족, 이웃, 자원봉사자, 클라이언트 등을 포함해서 다양한 개인이나 집단이 사례관리 책임을 수행하는 것을 허용한다. 대개의 경우에 담당으로 배정된 사례관리자가 이미 클라이언트와 관계를 수립하게 된다. 이들 사례관리자가 서비스를 받기 위해 쉽게 접근하지 못하는 클라이언트를 돕게 되는데, 이 모델을 적용하면 비용대비 효과가 높은 서비스 전달을 할 수 있으며, 지역사회 참여가 가능하고, 독립성을 고취할 수 있다.
- 단점 : 어떤 경우에는 사례관리자로 배정된 사람이 클라이언트의 진정한 욕구를 파악하지 못하거나 필요한 지식과 기술이 부족하거나 서비스 모니터링을 효과적으로 하지 못하기도 한다. 훈련과 지도감독에 비용이 따르며, 가족원이나 자원봉사자들을 사례관리자로 받아들이는 것이 클라이언트에게 어려운 경우도 있다. 사회복지 전달체계의 일원이 아닌 사례관리자들이기 때문에 서비스를 조정하거나 접근하는 데 어려움이 발생하기도 한다.

예 **책임성-기반 모델(Woodside & McClam, 2006: 68-70 사례를 재구성)**

• 딸에 의한 요양거주시설 부모 사례관리 사례
A는 다른 도시의 요양시설에 거주하고 있는 부모를 5년간 보살피고 있다. 6주에 한 번 비행기를 타고 가서 직접 방문하고, 가족, 친구, 의료전문가 등 5명으로 구성된 팀을 관리한다. 이 팀 구성원들은 부모의 건강과 보호 비용 등에 대해서 자문을 해주고 정기적인 방문도 한다. 팀원들은 또한 방문 때마다 다른 구성원들이 볼 수 있도록 변화된 내용이나 새로운 내용 등을 일기장에 기록하여 공유한다. A는 팀원들과 정기적으로 의사소통하며 부모의 보호에 대해 책임을 진다.

• 독립생활을 하는 휠체어 장애인 사례관리 사례
B는 45세의 휠체어 장애인으로서 6년 전에 사별하고 혼자 아파트에서 생활하고 있다. 아파트 경비원이 한동안 B가 외출을 하지 않고 있는 점을 이상하게 여기고 방문해 보니, 4주 전에 갑

자기 심장문제가 생겨서 외출이 어려운 상태였다. 집안은 어지러웠고, 수척해 보여서 당분간은 혼자서만 생활하는 것이 위태로워 보였다. 이에 지역의 지킴이 프로그램에 신청하였고, 이후 B는 지킴이 서비스를 받게 되었다.

• 자원봉사자에 의한 정착지원 사례관리 사례
C는 외국에서 이민 오자마자 정착지원 서비스를 받게 되었다. 자원봉사자들은 매우 체계적인 교육을 받은 후 정착지원 활동을 하는데 이를 통해 지역사회에 기여한다는 자부심을 느끼게 된다. 자원봉사자들은 정착지원 프로그램을 운영하는 기관의 사회복지사에 의해 슈퍼비전을 받으면서 매일 이주민들을 도와서 시장은 어떻게 어디서 보는지 함께 가고, 요리나 청소 등 집안일을 돕거나 친구가 되어주기도 하고, 기타 개별적인 욕구나 응급상황 발생시 도움을 준다. 때로 이 프로그램을 받은 이민자들이 정착 이후 자원봉사자가 되어 활동하기도 한다.

• 클라이언트가 사례관리자가 되는 사례
D는 유방암을 치유한 상태로서, 전문 사례관리자의 지원을 받으며 자기 자신과 다른 유방암 환자들, 혹은 최근 진단받은 환자들에게 보호관리자로서 서비스를 제공하고 있다. 활동 전에 체계적인 훈련 프로그램을 받았으며 의료적 서비스를 제공하지는 않지만, 상담과 치료과정에 대한 자문, 집단활동, 가족과의 상담 등과 같은 서비스를 제공한다.

제 3 장

영유아보육 현장에서의 사례관리 실천과정

1. 사례관리 실천과정의 개요

(1) 사례관리 실천과정 및 내용

영유아보육 현장에서의 사례관리는 다음 <그림 2>와 같은 과정으로 진행된다.

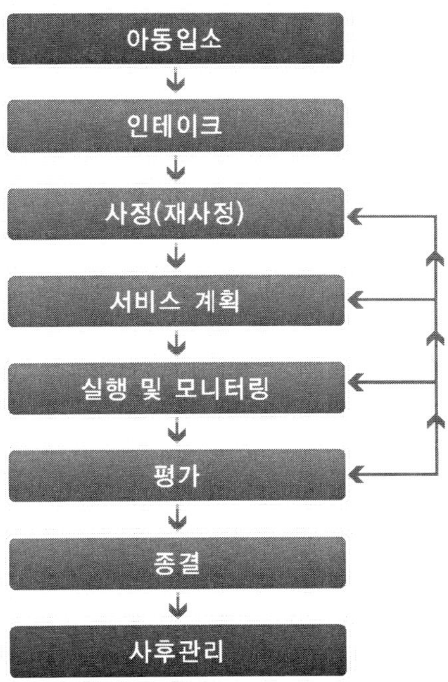

그림 2 사례관리의 과정

각 과정에 따른 내용은 <표 1>과 같다.

표 1 사례관리 과정에 따른 내용

과 정	구 분	내 용
인테이크	사례발견	• 사회복지사 발견 • 의뢰
	적격성 판단	• 대상자 선정을 위한 스크리닝 작업
사 정	아동사정	• 아동과의 관계형성 • 아동 관찰 • 아동 강점파악 • 아동 발달검사 및 심리검사 • 아동 개별상담 • 위험도 파악(위기개입에 필요한)
	가족사정	• 부모상담 및 가족 사정 평가 • 가족 양육기능 수준 파악 • 가족 평가도구를 통한 가족기능 · 구조 진단 • 가정방문(가족환경 파악) – 대인관계/경제적 수준/환경적 수준/가족역동 • 가족 강점파악 • 가계도 파악
	환경 및 자원사정	• 생태도 파악 • 공식 · 비공식적 자원 파악
서비스 계획	목표수립	• 욕구의 우선순위를 정하며 이에 따라 목표수립 • 아동 및 가족과의 의사소통과 합의를 통하여 목표결정 • 제시된 각각의 욕구와 문제별 바람직한 결과 목표서술
	서비스 내용 결정	• 목표달성에 필요한 구체적 서비스들을 결정 • 직 · 간접 서비스를 전달하기 위한 구체적 방안 수립(서비스 제공기간, 역할, 방법, 비용 등을 포함) • 평가방법 및 종결시점 결정
	계약	• 서비스 내용 및 사례관리자의 역할, 아동 및 가족의 역할, 종결조건 등을 포함한 서비스 계획 안내 후 아동의 부모 또는 가족 동의하에 구두, 혹은 서면계약
실행 및 모니터링	서비스 직접제공	• 상담 및 원내 직접 프로그램 제공
	서비스 연계	• 원내 자원 부족시 지역자원 활용(외부자원 연계) • 외부 자원을 검토하여 제공 가능한 서비스 연계
	모니터링	• 제공되고 있는 서비스의 적절성 여부 파악 • 서비스계획에 따른 진행상황 점검
평 가	만족도 평가	• 아동 및 가족의 만족도 평가 • 사례관리자 만족도 평가

	성과평가	• 목표달성 수준 평가 • 사전-사후 결과 및 생태도 전-후 비교 • 아동의 전-후 상황 변화 파악을 통한 위험도 사정
종 결	종결준비	• 종결 평가 회의 시행을 통한 종결 여부 결정 • 회의 결과에 따른 종결시점에 대한 사전 통보 및 확인 • 종결에 따른 부담완화 및 정서적 지지
	사례요약	• 사례종합 정리 및 평가 • 성과공유 및 유지전략 수립
	사후관리계획 협의	• 사후관리 내용, 주기, 방법 등 계획협의
사후 관리	성과 유지 확인	• 자원활용 모니터링 • 의뢰된 기관 또는 협력기관과 모니터링 진행 • 문제나 욕구 발생시 사례관리 재지원, 자원과 접촉지원

(2) 사례관리자의 역할

사례관리자는 클라이언트가 필요로 하는 프로그램과 지역의 다양한 서비스를 대상자에게 맞추어 조직하는 전문가로서 다음과 같은 역할을 수행한다.

표 2 사례관리자의 역할

역 할	구 분
인테이크 담당자	대상자에 대한 정보 및 자료 수집. 경우에 따라서는 인테이크를 사례관리자가 아닌 다른 인력이 수행하기도 함
상담자	인테이크뿐만 아니라 개입계획 수립, 서비스 조정, 점검, 평가, 종결 등의 전 과정에서 상담자의 역할을 기본적으로 수행
사정자	대상자의 문제와 욕구 및 강점과 자원을 분석하여 서비스 기획의 근거 마련
서비스 기획자	사정결과를 토대로 대상자에게 개별화된 맞춤형 통합적 서비스 계획 수립
서비스 제공자	사례관리자는 대상자와 지역사회 자원을 조정하는 역할을 수행하지만, 지역사회 자원이 부재하거나 활용이 곤란할 경우 직접 서비스를 개발하여 제공할 수 있음
행정가	사례관리 및 사례회의와 관련된 행정적인 사항 처리
자원개발 및 네트워크 관리자	사례관리의 핵심인 자원을 효과적으로 조정하기 위하여 지역사회 자원개발 및 서비스 제공자들간의 네트워크 구축. 자원개발 및 네트워크의 업무는 사례관리자가 관여하지만, 어린이집 전체 차원에서 조직적으로 다루어야 함
옹호자	대상자의 입장에서 자원과 서비스를 제공받을 수 있는 기회를 마련하기 위해 대상자를 대변함

평가자	사례관리를 수행하는 데 있어서 서비스 제공자 측면에 대한 평가와 서비스 제공을 통해 나타나는 대상자의 변화에 대한 평가 실시

출처: 위스타트운동본부(2010). We Start 통합사례관리 매뉴얼

(3) 사례회의

사례회의는 개입 사례에 대해 인테이크에서 종결 및 사후관리에 이르는 사례관리의 전 과정에 대한 협의와 조정을 책임지는 단위이다. 사례관리의 전 과정 중 사례회의가 정기적, 비정기적으로 필요에 의해 수시로 진행될 수 있다.

1) 사례회의

사례관리의 전체 과정에서 사회복지사, 원장, 교사, 관련 교직원 및 서비스 제공기관 실무자 등이 협의와 조정을 하는 단위이다. 다양한 전문분야가 모임으로써 아동의 복합적 욕구와 문제에 대하여 통합적 관점을 제시할 수 있다. 이는 사례관리자 개인의 역량이나 특정한 전문분야의 한계를 극복하고 개입사례에 대한 최적의 서비스를 제공할 가능성을 극대화할 수 있다.

사례회의는 해결되어야 할 문제와 제공 가능한 서비스를 확인하고 결정하는 과정이다. 아동의 문제, 욕구, 연결한 자원(어린이집의 보유 자원 또는 연계가 가능한 자원) 등을 고려하여, 개입의 정도를 결정한다(서울복지재단, 2005). 사례회의에서는 사례관리 진행과정의 보고와 토의, 외부 서비스연계나 자원 및 프로그램 개발과 관련된 사항이 논의되는데 그 기능을 제시하면 다음과 같다(위스타트운동본부, 2010).

- 사례 인테이크
- 아동과 가족의 문제와 욕구 및 강점을 사정
- 사례에 대한 개입방안 협의
- 맞춤형 포괄적 서비스를 설계 및 개발
- 사례에 대한 개입상황 및 대상자의 변화를 점검
- 사례에 대한 평가와 종결 여부 결정
- 사례관리와 관련한 행정적인 사항을 점검

2) 사례회의의 진행

① **진행주기** : 사례회의의 주기는 격주로 진행하는 것을 원칙으로 한다. 고위험군의 사례관리 아동은 회의마다 피드백을 주고받을 수 있도록 하고, 저위험군 아동은 월 1회, 혹은 필요할 때 사례회의에서 다룰 수 있다.

② **참여대상** : 사례회의는 원장이 주관하는 것이 원칙이지만 부득이한 사정이 있는 경우 사회복지사가 진행한다. 원장, 주임교사, 포괄담당교사, 담임교사, 사회복지사, 영양사, 간호사, 지역연계 기관 등 회의의 상황에 맞게 참여대상을 정하여 진행할 수 있도록 한다. 사례회의는 객관성 및 형평성을 확보하기 위해 사회복지사, 원장, 주임교사, 포괄담당교사, 영양사, 간호사 등 관련인이 함께 참여한다. 사례의 특성과 사례진행과정에 따라서는 타 기관 서비스 제공자, 가족, 실습생도 참석할 수 있다. 특히 공개 사례회의를 통해서 외부인에게 공개할 수도 있으나 클라이언트에 대한 비밀이 철저하게 보장되어야 한다.

③ **기록 및 관리** : 사례회의록의 기록과 보고는 사회복지사와 담당교사가 보고양식에 맞추어 보고하며 사회복지사는 이를 최종 취합하여 사례관리대장에 정리하여 관리하여야 한다. 어린이집 여건에 따라 기록 및 보고자를 따로 지정할 수도 있다.

사례관리자는 대상자와 서비스관리자 등에게 정확한 정보를 제공하고 서비스에 대한 모니터링과 개발, 나아가 포괄적 보육서비스의 점검과 변화 모색에 필요한 자료를 확보하기 위하여 효과적이고 효율적인 기록관리 체계를 수립하고 유지하여야 한다. 기본적으로 관리되어야 하는 자료는 대상자의 명부, 대상자별 사례관리파일(사례관리과정 중에 발생하는 모든 기록과 수집자료), 사례회의록, 사례관리현황보고, 기관간 의뢰내용 등이다. 사례관리 과정의 양식에 의거 기록관리가 이뤄지며 모든 대상자의 서비스 제공과 내용은 인테이크기록지, 사정기록지, 사례관리계획서에 기록되어 개별관리되어야 한다. 사례관리실천에서 기록의 내용과 질이 사례관리의 질을 결정하는 주요 요소이기 때문에 어린이집마다 사례관리 기록관리자를 지정하여야 한다.

효율적인 기록관리를 위해서는 표준양식의 사용이 우선 고려되어야 한다. 기록내용에 대하여는 보안을 유지해야 하므로 열람 또는 활용할 수 있는 사람을 지정하고 이에 대하여는 보안각서를 받는다. 특히 대상자 가족이나 자원봉사자가 허락없이 기록을 보지 않도록 유의한다. 서비스 연계 등을 위해서 대상자 정보가 타 기관으로 제공될 때는 대상자 가족에게 사전 승낙을 받고 조정자가 서명하여야 하며 그 사본이 제공되어야 한다.

3) 전문슈퍼바이저의 활용

① 전문슈퍼바이저의 자격요건과 활동기간

슈퍼바이저는 아동과 가족 관련 분야 실무교육경험이 최소 5년 이상 되어야 하고 사례관리와 관련하여 직접적인 슈퍼비전을 줄 수 있는 사회복지사이어야 한다. 가급적 지역사회에서 활동하는 교수 또는 전문가를 위촉하는 것이 바람직하며 인적자원이 부족한 경우, 타 지역에서 초빙할 수 있다. 어느 경우에라도 슈퍼바이저는 포괄적 보육서비스에 대한 올바른 인식이 전제되어 있어야 한다. 슈퍼바이저는 사례관리의 수준과 서비스의 질에 중대한 영향을 미치는 역할을 수행하므로 최소 1년 이상 동일한 슈퍼바이저가 슈퍼비전을 제공할 수 있도록 한다(위스타트운동본부, 2010).

② 전문슈퍼바이저의 역할

슈퍼바이저는 사례관리자와 사례관리팀에게 사정과 서비스 계획, 제공, 평가 등 사례관리 전 과정에서 필요로 하는 부분에 대하여 전문적인 조언을 제공한다. 주당 최소 1시간 이상 슈퍼비전을 제공하는 것이 가장 바람직하나 어린이집 여건에 따라 격주 또는 월 단위로 설정할 수 있다. 슈퍼바이저가 제공하여야 할 내용은 다음과 같다.

- 할당 사례수와 부담
- 아동 및 가족의 문제와 욕구, 강점을 사정한 내용
- 서비스 계획의 적절성
- 특별히 문제가 있는 사례에 관한 분석과 해결지원
- 사례관리자의 소진에 대한 모니터링
- 대상자의 의존성 등의 징후와 사례관리자의 역할혼란 등에 대한 모니터링
- 제공되는 서비스의 질에 관한 확인

- 사례평가의 방법
- 사례관리와 관련된 전문교육 제공
- 지역사회 자원활용의 방법과 내용
- 사례회의 운영방식 및 사례관리체계의 적절성
- 위기를 완화하는 전략 제공 등

특별한 슈퍼비전이 필요한 사례에 대하여는 임시 또는 한시적으로 해당 분야 전문가에게 슈퍼비전을 의뢰한다. 따라서 효과적이고 신속한 개입을 위해서는 슈퍼비전을 줄 수 있는 전문가의 목록을 갖고 있는 것이 도움된다. 일정 기간 활동하는 슈퍼바이저에 대해서는 서면으로 다음과 같은 사항에 대하여 동의를 받아야 한다.

- 슈퍼비전의 목적
- 슈퍼비전의 빈도와 기간
- 슈퍼비전의 내용
- 슈퍼비전의 비용
- 보육서비스 관련 교육에의 참여동의 등

〈사례회의 장면: 대구삼성어린이집〉

2. 사례관리 실천과정

사례관리의 과정은 인테이크→사정→ 서비스 계획→실행 및 모니터링→평가→ 종결→ 사후관리의 체계적인 과정을 따르게 된다. 사례관리의 과정 중에서 사례회의는 사정・사례판정・서비스 계획을 수립하는 핵심적인 관리기구인데, 인테이크를 통해서 얻은 정보와 이를 분석한 사정결과를 토대로 사례를 판정하게 된다. 사례판정은 문제와 욕구의 수준에 따라 저위험・중위험・고위험・위기개입 대상으로 구분하게 되며, 포괄적 보육서비스를 거부하거나 사례관리를 거부하는 경우 종결 또는 의뢰대상으로 판정할 수 있다. 만약 사례회의를 통해서 종결을 판정할 경우 종결되는 충분한 사유를 제시하여야 하며, 종결판정을 받았다 하더라도 정기적으로 정보를 제공하여 사례관리체계에 편입될 수 있도록 하여야 한다. 사례판정의 결과 저위험으로 판정될 경우 예방적 차원의 사례관리를 진행해 나가게 되며, 중위험・고위험・위기관리 대상으로 판정될 경우 2차 사정과정을 거쳐 보다 깊이 있는 서비스 계획을 수립하게 된다.

(1) 인테이크

인테이크는 사례관리의 첫 단계로서 사례관리가 필요한 아동을 선별하여 대상으로 결정하는 과정이다. 어린이집에서의 인테이크과정은 어린이집에 재원하고 있는 아동을 대상으로 사회복지사가 직접 발견하거나 교사나 부모로부터 의뢰를 받는 것으로부터 시작된다. 직접 발견, 혹은 의뢰를 받으면 사회복지사는 보다 자세히 대상 아동이 사례관리 서비스가 필요한 아동인지의 여부를 스크리닝을 통해 판단하여, 만일 적합하다고 판단되면 사례관리 대상자로 인테이크하게 된다. 인테이크과정을 요약하면 다음과 같다.

1) 사례발견

① 사회복지사 발견

사회복지사는 정기적인 아동에 대한 교실 및 원내외 관찰과 보육교사의 관찰일지를 통해 잠재적 사례관리 대상 아동을 발견하여 인테이크 대상 아동으로 선정할 수 있다. 신규 입소아동에 대해서 입소상담, 입소서류, 아동관찰 및 부모 상담을 통해서 발견될 수도 있고, 재원 아동들에 대해서 주기적으로 아동에 대한 직접 관찰, 생활기록부 · 진급원서 · 아동관찰일지 등의 서류를 검토함으로써 발견될 수도 있다.

② 의뢰

의뢰에는 교직원 의뢰, 부모의뢰, 타 기관으로부터의 의뢰가 있다. 교직원 의뢰는 담임교사(간호사, 영양사 포함)가 학급을 운영하며 도움이 필요해 보이는 아동을 사회복지사에게 의뢰하는 것이다. 도움이 필요해 보이는 아동으로는 불규칙한 출석, 문제행동, 빈곤으로 인한 경제적 어려움, 영양적 불균형 등과 같은 어려움을 겪고 있는 것으로 보이는 아동 등이 해당된다. 부모 의뢰는 부모가 직접 도움을 요청해 오는 경우로 직접 방문이나 전화 상담으로 진행할 수 있다. 부모의 직접 의뢰를 위해서는 부모들이 어린이집의 포괄적 보육 서비스에 대해 알고 문의할 수 있도록 다양한 홍보를 해야 한다. 다른 기관으로부터의 의뢰(아동상담센터, 정신보건센터 등)는 기관간의 의뢰이므로 이후에 양 기관의 서비스에 대한 정보공유가 필요하다.

2) 적격성 판단

• 대상자 선정을 위한 스크리닝 작업

개인력, 가족력, 가족 및 사회적 관계, 사회적 상황(경제적 상황, 주거 상황, 건강 상황, 사회 심리적 상황), 일상생활 수행 능력, 아동과 가족의 욕구, 자원 활용 상황(공식적 자원, 비공식적 자원) 등 사례판정을 위한 기초 정보 수집을 통해 사례관리 대상자로 적정한지 판단한다.

핵심체크 관계형성을 위한 기술(인테이크시 부모상담이 이루어지는 경우)

인테이크시 이루어지는 부모상담을 통해 형성되는 관계는 사례관리의 질에 영향을 미치는 중요한 요소로 부모가 상담시 부담감이나 불쾌감을 줄일 수 있도록 정서적 배려를 함으로써 신뢰적이고, 협력적인 관계가 형성되도록 한다.

- 초기 상담시 사례관리자는 부모에게 질문을 먼저 하기보다는 자신에 대한 소개 및 담당 업무를 소개하여 인테이크 상담의 이해를 돕는다.
- 부모가 긴장하거나 경직되지 않도록 날씨나 어린이집에서의 아동 생활 등 가벼운 질문으로 시작한다.
- 사례관리자는 부모에게 주목하고 있음을 느끼고 안정감을 가질 수 있도록 부모의 이야기에 경청하며 그 중 단서가 될 만한 중요한 특성에 주목하며 질문한다.
- 사례관리자는 부모의 이야기에 비심판적 태도로 다가간다는 안도감을 주어야 하며 아동의 문제 및 문제 해결에 대한 기대에 대해 명료화하는 것이 좋다.

핵심체크 사례관리 아동 인테이크 대상자 기준

사례 발견 후 다음 항목 중 1개 이상 해당하는 경우 사례관리 대상 아동으로 인테이크할 수 있으며 위험도가 낮을 경우에도 아동이 위험에 처할 가능성을 고려하여 사례관리 대상자로 인테이크할 수 있으며 그 유형은 기본형 또는 단순형으로 한다.

[가정 · 환경]
- 학대와 방임, 과잉보호로 인한 위험에 있는 경우
- 보호자의 장애와 정신질환으로 인해 아동이 보호받지 못하는 경우
- 가족 내 심한 갈등 또는 폭력으로 인해 위험에 노출된 경우
- 가정의 경제적 어려움으로 인해 아동의 기초적 욕구를 충족시킬 수 없는 경우
- 주거 환경의 불안정으로 인해 아동의 신변 보호가 어려운 경우

[아동]
- 아동이 장애를 가지고 있으며 이를 지원할 수 있는 체계가 없는 경우
- 또래 아동보다 발달 수준이 현저하게 낮은 경우
- 심리 · 정서적으로 불안정하고 위축되어 어린이집 생활에 적응하지 못하는 경우
- 아동의 문제행동이 부적응 및 발달에 부정적 영향을 미치는 경우

※ 위 항목에 해당되더라도 인테이크를 통해 수집된 정보를 미루어 아동의 욕구 수준을 점검하는 과정을 거치며 사례관리 실천의 개입이 필요한 아동인지 파악하게 되는데 시설의 성격 및 제공할 수 있는 서비스에 부합 정도, 사례관리에 참여하려는 의지, 사례관리를 통해 변화 · 발전 가능성을 함께 파악하여야 한다.

3) 인테이크의 진행 원칙

인테이크란 아동 자신과 아동이 경험하고 있는 문제와 욕구에 대한 정보뿐만 아니라 가족과 아동을 둘러싼 환경에 대한 정보를 파악하는 단계이다.

• 아동 및 가족과 라포를 형성하라

인테이크를 통해서 도움을 제공하는 데 필요한 정보를 얻기 위해서는 무엇보다도 아동 및 가족과 라포(rapport)를 형성하는 것이 무엇보다도 중요하다. 이를 통해서 아동과 가족의 문제를 더 잘 이해하고 풍부한 정보를 수집할 수 있을 것이며, 문제와 욕구를 해결해 나가는 데 협력적인 관계를 유지할 수 있을 것이다. 몇 가지 실무적인 원칙을 제시하면 다음과 같다(위스타트운동본부, 2010).

① 수용하라

아동과 가족 구성원들의 개인적인 특성이나 처한 상황이 일반적이지 않은 경우가 대부분이다. 아동과 가족의 개별적인 특성과 처해 있는 상황을 이해하고 받아들여야 한다. 그리고 아동과 가족이 일반적이지 않은 특성을 표출하는 데에는 "특별하고, 충분한 이유"가 있으며, 그걸 통해서 아동과 가족이 얻고자 하는 '유익함'이 있다는 것을 이해해야 한다.

② 지지하라

만약 누군가가 와서 당신의 자녀에게 문제가 있다고 지적했다고 가정해 보라. 그 사람과 대화를 나누고 싶겠는가? 대상 아동과 가족은 오랜 시간 수많은 어려움으로 고통을 받아온 사람들이다. 그들을 정서적으로 지지하고, 위로하는 것이 필요하다.

③ 강점을 탐색하라

아무리 어려운 문제를 가지고 있는 가정이라 하더라도 100%가 문제인 경우는 없다. 반드시 아동과 가족은 강점과 능력 그리고 자원을 가지고 있다. 이런 사실을 믿고 강점과 능력 그리고 자원을 탐색해야 한다. 그러나 강점과 능력 그리고 자원을 탐색하는 데 새로운 관점이 필요하다. 다시 말하면, 모두 문제밖에 없어 보이는 상황에서 문제가 아닌 예외를 발견하는 것과 문제에 숨겨져 있는 강점을 발견하고 재해석할 수 있는 관점이 필요하다.

④ 칭찬하라

칭찬이란 아동과 가족의 강점과 능력 그리고 자원을 있는 그대로 인정하는 것이다. 또한, 아동과 가족의 외모와 외양 그리고 성향이나 생활상의 강점 등이 칭찬의 소재가 될 수 있다.

⑤ 해결중심 · 강점 중심의 언어를 사용하라

문제, 비정상, 증상 등과 같은 단어들은 아동과 가족의 저항을 가져올 수 있다. 따라서 '문제가 있다'는 표현보다는 '지원이 필요하다,' '문제가 있는 상황'보다는 '문제가 없는 상황'에 초점을 맞추고 인테이크를 진행하라.

⑥ 아동과 가족의 관심사에 초점을 맞춰라

인테이크를 하는 사례관리자는 인테이크 양식에서 제시하고 있는 정보를 얻어야 한다는 과업 때문에 아동과 가족의 관심사보다는 자신의 관심사에 초점을 둘 가능성이 높다. 그러나 아동과 가족의 관심사와 사례관리자의 관심이 크게 다르지 않기 때문에 아동과 가족의 관심사에 초점을 두고 인테이크를 실시해가면서 필요한 정보를 파악해 나가는 것이 바람직하다.

⑦ 관심과 목표가 같다는 것을 인식시켜라

어떤 부모도 자식이 잘 안 되기를 바라는 부모는 없다. 부모들도 자식의 건강한 성장과 발달을 원하고 있으며, 여러분도 그걸 원하고 있다는 것을 함께 인식해야 한다. 비록 부모들이 부모로서 정상적인 역할을 수행하지 못하고 있다 하더라도 바라는 바는 같다는 것을 인정하고 인식시켜야 한다. 그럴 때 아동의 부모와 사례관리자의 협력이 더욱 강화될 것이다.

• 낙인감에 효과적으로 대처하라

빈곤가정과 아동을 대상으로 하기 때문에 낙인감을 우려하는 경우가 많이 발생하고 있다. 이로 인해서 비자발적이거나 서비스를 받고 있다는 사실이 노출되기를 꺼리는 경우도 있으며, 심지어는 서비스를 거부하는 사례가 나타나기도 한다. 이러한 현상은 특히 개입 초기에 많이 나타나는데, 인테이크시 낙인감에 효과적으로 대처하기 위한 전략이 필요하다(위스타트운동본부, 2010).

① 부정적인 용어를 다른 용어로 대체하라

모든 공식적인 표현에서 빈곤이란 표현을 자제하는 것이 바람직하며 다른 적절한 용어로 대체하는 것이 바람직하다.

② 복지서비스 이용에 대한 권리성을 설명하라

아이를 건강하게 키우는 1차적인 책임은 가족에게 있지만 아이들이 안전하고 건강하게 자랄 수 있도록 돕는 것은 사회 구성원 모두의 책임이라는 것을 강조하라. 아이들을 양육하는 데 도움이 필요할 때, 사회적인 도움을 받는 것은 아이들이 받아야 할 정당한 권리라는 것을 설명하라.

③ 함께 했을 때 얻을 수 있는 유익함을 인식하도록 하라

사회복지서비스를 이용할 경우 낙인감으로 인해서 주저할 수 있으나 대부분의 사람은 서비스를 자연스럽게 받아들인다. 그 이유 중의 하나는 서비스를 통해서 얻을 수 있는 유익함이 낙인감으로 인한 부정적인 가치보다 훨씬 크다고 인식하기 때문이다.

④ 서비스를 제공하는 데 있어서 낙인감을 갖지 않도록 접근한다는 것을 설명하라.

어린이집에 종사하는 사람들은 모두 전문가들이며, 아이들이 낙인감을 갖지 않는 방식으로 서비스를 제공한다는 것을 전달하라.

⑤ 사회에 환원함으로써 다른 이웃을 돌볼 수 있도록 안내하라

도움을 받는 사람들이 경험할 수 있는 부정적인 요소는 수치심과 의존성이다. 따라서 장차 형편이 될 때, 다른 이웃을 돌보는 일에 동참함으로써 사회에 진 빚을 갚을 수 있다는 인식을 심어줌으로써 편안하게 서비스를 받아들이도록 하라.

⑥ 낙인감이 실제로 크게 나타나지 않음을 설명하라

사회복지 실천현장에서 낙인감이 실제로 크게 문제로 작용하지 않고 있으며, 오히려 다른 아이들이 서비스를 받고 싶어하는 현상이 나타나고 있음을 설명하라.

⑦ 낙인감을 미리 걱정하지 마라

사회복지서비스를 이용하는 이용자들이 겪는 낙인감의 비율은 그리 높지

않은 것으로 나타나고 있다. 따라서 낙인감이 발생하지 않도록 세심한 접근이 필요하지만 낙인감을 미리 걱정할 필요는 없다. 그리고 대부분의 경우 낙인감을 우려하더라도 서비스를 이용하는 것에 문제가 나타나지 않고 있으며, 만약 낙인감이 문제가 될 경우에 효과적으로 다룰 수 있는 방안을 모색해 보는 것이 바람직하다.

• 정확하고 풍부한 정보를 수집하라

인테이크를 통해서 얻은 정보를 토대로 아동과 가족을 사정하고, 개입계획을 수립하게 되기 때문에 풍부하고 정확한 정보를 수집하여야 한다.

• 공공과 민간의 다양한 자료원을 활용하라

효과적인 인테이크를 위해서는 주민자치센터(동사무소)가 제공하는 정보를 수집해야 하며, 아동을 대상으로 한 면접뿐만 아니라 부모, 교사, 서비스를 제공하고 있는 사회복지사 등과 같이 아동에 관한 주요 정보 제공자를 통해서 정보를 수집해야 한다.

핵심체크 인테이크 진행을 위한 정보

- 인테이크 영역과 항목에 대해 숙지하고 인테이크하라.
  인테이크를 담당하는 인력은 인테이크에서 파악해야 할 '정보의 영역,' '세부 항목'을 미리 숙지하고 있어야 하며, 정보를 얻기 위한 질문을 준비하고 있어야 한다.
- 인적사항에 관한 정보는 사전에 기록하라.
  인테이크에서 파악해야 할 항목들 가운데 성명, 연령, 주민등록번호, 주소, 학교, 학년 등과 같은 개인 신상 관련정보를 면접을 통해서 파악하는 것은 매우 부자연스럽고 면접 분위기를 경직되게 만들기 쉬우므로, 공적 부분에서 사전에 파악이 가능한 정보들을 기재한 후 추가적인 정보를 얻거나, 파악된 정보를 간접적으로 확인하는 방식으로 인테이크를 진행하도록 한다.
- 인테이크는 1회로 끝나지 않을 수 있다.
  인테이크는 1회에 걸쳐 완성될 수도 있으나 1회 이상의 접촉을 하는 경우도 많다. 이 경우 인테이크의 과정을 일시, 담당자, 장소 등에 따라 제시하는 것이 좋다.
- 빈 항목이 없도록 작성하라.
  인테이크 항목 가운데 공란이 없어야 하며, 만약 공란이 있을 경우 파악이 안 된 것인지, 해당사항이 없는 것인지를 확인해야 한다.

(2) 사 정

사정이란 인테이크를 통해서 확보된 정보를 분석하여 클라이언트의 문제와 욕구, 강점과 자원, 클라이언트의 위험도를 판단하는 과정으로서, 개입계획을 수립하고 개입의 효과를 모니터하는 근거를 제공하는 매우 중요한 과정이다. 사례관리 실천에서 가장 고도의 전문성을 요구하는 과정 중의 하나며, 체계적인 사정을 위한 사정체계의 개발이 매우 필요하다.

사정은 문제 및 욕구가 무엇인지, 어떤 원인 때문인지 그 문제를 해결하거나 줄이기 위해 무엇이 변화되어야 하는지에 대해 조사하여 설명하는 사회복지 실천과정의 핵심적 단계이다. 또한, 클라이언트의 욕구와 자원을 검토하고 가장 적합한 개입방법과 기술을 선택해 맞춤형 서비스의 내용과 수준을 결정하는 것이다. 사정은 클라이언트의 욕구와 자원을 다차원적으로 파악해 충족되어야 할 욕구와 해결되어야 할 문제를 명확하게 확인하고, 클라이언트의 강점과 활용 가능한 사회자원, 제한점이 무엇인지를 조사하고 분석해 대처 방안을 모색하는 것이다(장인협 · 우국희, 2001, 삼성아동교육문화센터, 2006, 재인용). 좀 더 구체적으로 말하면 사정은 클라이언트의 문제에 대한 이해를 얻고 문제의 원인이 무엇이며, 그 문제를 완화하거나 해결하기 위하여 클라이언트의 잠재된 문제해결 능력을 끄집어낼 수 있는 내적, 외적 자원을 찾으려 하는 탐사과정이다. 결국, 사정은 클라이언트와 그 체계에 관한 정보를 수집하는 체계적인 과정인 것이다(이준우, 2002).

어린이집 내에서 사례가 인테이크된 후, 아동의 욕구와 자원을 종합적으로 수집 · 분석하여 아동과 가족이 어떤 유형의 서비스를 필요로 하는가를 결정하는 과정이다. 즉 아동 및 가족, 환경에 대한 정확한 사정은 그들의 상황과 문제를 다차원적으로 파악하고 이를 토대로 목표를 설정하여 개입하게 되므로 앞으로 진행될 개입의 효과성을 결정짓는 전문적인 서비스 전달과정으로 중요한 비중을 두어 진행되어야 한다(서울복지재단, 2005).

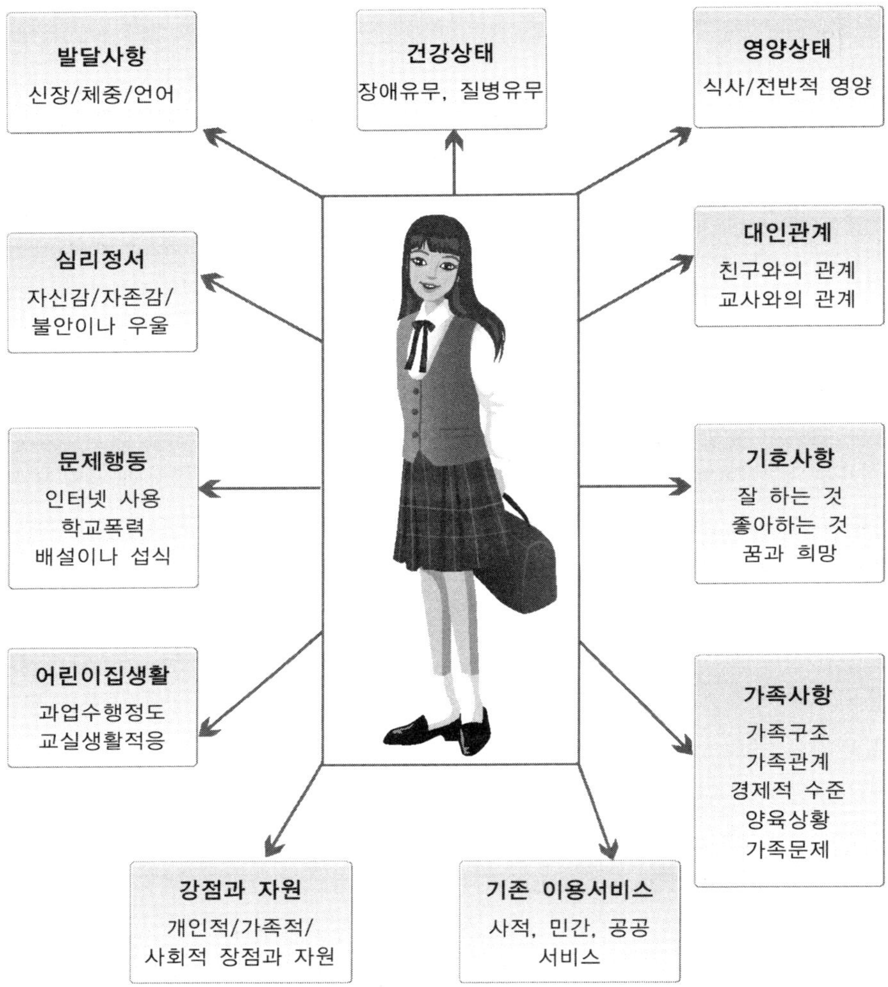

출처: 위스타트운동본부(2010).

그림 3 아동의 핵심 사정영역

1) 사정의 원칙

사례관리 실천에서 기본적으로 준수해야 할 사정원칙은 다음과 같다(위스타트운동본부, 2010).

첫째, 사정은 통합사례관리자와 아동 및 가족이 함께하는 상호작용 과정이다. 사정을 통해서 얻어지는 1차적인 자료는 아동 및 가족과의 상호작용을 통해서 얻어지게 되며, 아동과 가족이 인식하는 문제와 욕구 그리고 강점 등에 대한 정보 또한 아동 및 가족과의 상호작용을 통해서 획득되고 확인되어야 한다. 이렇게 얻어진 정보일수록 문제와 욕구에 대한 아동 및 가족의 인식과 사례관리자의 인식 차이를 줄일 수 있게 되는 것이다.

둘째, 포괄적 보육서비스에서는 생태학적인 관점에서 아동과 가족·환경을 포괄적으로 사정한다. 포괄적 보육서비스는 기본적으로 빈곤계층 아동지원 정책의 성격을 가지고 있다. 그러나 아동에 대해 효과적으로 개입하기 위해서는 가족에 대한 개입과 변화가 필수불가결한 요소이다. 따라서 아동에 대한 사정은 물론 가족과 어린이집, 또래관계 등 아동의 삶에 영향을 미치는 다양한 주변 환경에 대한 사정이 이루어져야 한다.

셋째, 아동과 가족에 대한 사정은 지속적인 과정이다. 사정은 개입 초기에 이루어지지만, 아동과 가족이 처한 상황의 변화나 문제와 욕구의 변화 그리고 목표의 달성 등 다양한 요인으로 인해 지속적으로 사정을 실시해야 한다.

넷째, 양적인 사정과 질적인 사정방법을 통합한다. 다시 말하면, 아동과 가족·환경에 대한 위험도 사정시 위험도를 점수화함으로써 양적인 방법을 적용하게 되며, 위험도 사정시 점수화하기 곤란한 정보의 경우 기록하도록 함으로써 질적인 방법을 활용하게 된다. 뿐만 아니라 사회복지 실천에서 많이 활용되는 가계도와 생태도를 활용함으로써 양적인 방법과 질적인 사정방법을 통합하게 되는 것이다.

다섯째, 아동과 가족의 문제와 욕구 그리고 강점을 사정한다. 사정의 핵심적인 내용은 아동과 가족의 문제와 욕구이다. 그러나 사정에서 중요한 것은 아동과 가족이 가지고 있는 강점을 확인하고 개입하는 동안 강점을 활용하고 강점을 구축하는 것이 바람직하다.

여섯째, 자료수집과 사정 그리고 개입계획은 논리적으로 연관성이 있어야 한다. 사정은 인테이크를 통해서 얻어진 정보를 바탕으로 사정 및 개입계획이 이루어져서 원인과 결과간의 관계로 치환될 수 있도록 구성되어야 한다.

일곱째, 사정은 개별화되어야 한다. 사례관리는 아동을 중심으로 한 사례관리 실천이다. 바라보는 관점에 따라서 가족 사례관리라고 볼 수도 있다. 그러나 중요한 것은 아동과 가족에 대한 맞춤형 서비스를 지향한다는 것이다. 따라서 아동 개개인별로 사정이 이루어져야 한다. 만약 한 가족에 2명 이상의 아동들이 있을 경우에도 아동들에 대한 사정은 개별화하되 가족 및 환경에 대한 정보는 공유하도록 한다.

2) 아동사정

① 아동과의 관계 형성

초기 친밀감 형성은 아동의 협력과정을 보다 효과적으로 이끌 수 있는 토대가 된다. 아동에게는 직접적인 물음보다는 간접적으로, 지시적인 언어보다는 놀이를 통해 친밀감을 효과적으로 형성할 수 있다. 손에 로션을 발라 주거나 함께 음악을 듣는 것, 책읽기, 지점토놀이, 바깥에서 산책하기, 낙서하기, 모래놀이, 자전거타기 등 아동이 흥미를 가질 수 있는 부분에서 시작할 수 있다. 동물화나 간단한 색칠놀이 등의 활동은 아동의 긴장을 풀어 주고 자연스러운 관계형성을 할 수 있도록 돕는다.

핵심체크 만남을 거부하는 아동과의 효과적인 접촉방법(강명순 외, 2008)

- 정해진 공간 안에서 하고 싶은 것을 하도록 한다(안정된 틀 안에서 기다린다).
- 아동이 보여주는 행동을 모방하며, 아동에게 관심이 있음을 표현한다.
- 아동의 감정과 상황을 말로 표현하도록 도와준다.
- 아동의 기분이 상황에 따라 다를 수 있다는 것을 이해한다.
- 아동이 안전하다고 느낄 수 있는 기법들을 사용한다. 예를 들면, 낙서하기는 아동이 내면 세계를 외부로 드러낼 수 있도록 돕는 활용 가능한 기법이다.

② 아동관찰

아동관찰은 인테이크된 후 일과 중에 아동의 활동이 이루어지는 시간을 확인하여 사회복지사가 직접 관찰하여 아동의 도움 여부를 판별하는 것이다. 이때 사회복지사는 아동의 옷이나 위생 상태, 신체의 상태, 또래와의 상호작용, 생활습관 등을 주의 깊게 관찰하는 것이 필요하다. 이러한 아동관찰은 담임교사의 도움을 받는 것이 가장 바람직하다.

핵심체크 주의 깊은 관찰을 위한 고려사항(강명순 외, 2008)

아동 관찰을 통해 탐색할 때, 일시적으로 발견된 부분에 의미를 부여하기보다 여러 사람의 중복된 호소내용, 지속적인 어려움에 대해 관찰하도록 한다.

① 또래관계
- 또래와 정서적 교류(인사, 손잡기 등)를 얼마나 하는지
- 자신의 물건 또는 다른 사람의 물건(음식, 준비물 등)을 공유하는지
- 또래에게 폭력을 자주 사용하는지
- 또래관계에서 주도적인지, 소극적인지
- 또래관계에서 어울리는지, 소외되는지
- 또래 안에서 규칙을 얼마나 지키는지
- 갈등상황을 어떤 방법으로 해결하는지
- 상황에 맞는 판단력을 보이는지

② 정서적 반응
- 감정의 변화(울음, 삐침, 과도한 웃음 등)가 얼마나 자주 있는지
- 주변 환경에 대해 얼마나 불안감(주의산만, 눈치 등)을 느끼는지
- 정서적 어려움에서 오는 신체적 반응(용변을 옷에 지림, 폭식, 두통 등)을 얼마나 보이는지
- 공격적인 행동(화냄, 욕, 파괴, 던지기 등)을 보이는지

③ 학습관련
- 놀이에 참여하는 모습이 스스로 선택하여 참여하는지
- 놀이에 참여하는 모습이 소극적인지, 적극적인지
- 시작한 활동을 열심히 하고 스스로 완성하는지
- 연령에 맞는 인지 수준을 갖추고 있는지
- 놀이나 학습 참여시 집중하는 시간이 어느 정도 되는지
- 언어영역에서 글자에 관심을 보이고 책을 스스로 보려고 하는지
- 숙제로 제시된 활동지나 준비물을 잘 챙겨 오는지
- 등원 시간을 잘 지키는지
- 어린이집에 잘 출석하는지
- 교육부에서 제시한 유치원 교육과정에 기초한 유아관찰 척도의 발달영역이 고르게 잘 분포되어 있는지

④ 외모
- 놀이에 참여하거나 책을 볼 때 미간을 찌푸리는지
- 치아가 아파 음식을 제대로 먹지 못하는지
- 몸이 너무 말랐다거나 혹은 비만인지
- 계절에 맞는 옷은 입었는지 혹은 옷은 자주 갈아입는지
- 상처를 제때 치료하지 않아 곪은 부분이 있는지
- 머리를 제때 감았는지 혹은 머릿니가 있는지
- 잘 씻지 않아 몸에서 냄새가 나거나 손발이 지저분한지

⑤ 성인과의 상호작용
- 처음 본 어른에게 지나친 관심을 보이거나 거부하는지
- 반말이나 공격적인 반응을 보이는지

- 특정 대상(남자, 여자)에게 적대적이거나 밀착하는지

⑥ 위기정도
- 몸에 멍이나 다른 상처가 보이는지
- 스킨십을 지나치게 싫어하는지 혹은 밀착하는지
- 양육자에 대한 반응이 거부적인지, 밀착하는지, 두려워하는지
- 식사를 제때 하는지

③ 아동 강점 파악

사회복지사는 아동이 강점과 능력을 내재하고 있다는 관점에서 시작하도록 한다. 특히 문제를 안고 있는 아동 스스로 자신의 강점을 찾기 어렵기 때문에 아동관찰, 아동상담, 아동 발달검사 등을 활용하여 사회복지사는 아동이 가지고 있는 강점을 발견할 수 있도록 지원한다. 또한, 아동의 성격이나 기질, 가족, 환경 등에서 활용할 수 있는 자원을 찾고 자존감과 동기부여를 향상시킬 수 있는 강점을 개별 및 집단 상담 또는 부모와 교사를 통해서 파악하도록 한다.

④ 아동 발달검사 및 심리검사

아동의 신체, 정서, 인지, 사회성 등의 발달 수준을 정확하게 파악하기 위하여 일반적으로 인증된 검사도구와 전문적으로 훈련된 검사자를 통해서 발달검사 및 심리검사를 실시하도록 한다. 발달검사로 시지각 발달(K-DTVP 2) 검사, 언어발달(PRES) 검사, 사회성 발달(SMS) 검사, 덴버 아동발달 스크리닝 검사(DDST), 아동이 그린 가족화(K-F-D)를 통한 심리검사 등 검증된 검사도구를 이용하도록 한다. 이러한 검사들의 다양한 예들은 부록을 참조하라.

〈다문화가정 아동의 언어진단 장면: 사하삼성어린이집〉

핵심체크 아동 발달검사 및 심리검사

- 시지각 발달(K-DTVP 2)
  시지각이란 시각적으로 처리되는 정보를 아동이 자신의 경험과 연관지어 인식, 구별, 해석하는 과정이다. 이러한 시지각 능력은 학습하기 전에 필요한 준비기술이다.
  ▸ 눈-손 협응 운동 : 사물을 시각적으로 처리하여 머리(인지)로 판단하고 손으로 옮기는 행동과 연관된 일련의 과정을 의미한다.
- 언어발달(PRES)
  언어발달은 크게 수용언어와 표현언어로 나눌 수 있다.
  ① 수용언어 : 아동이 듣고 이해하는 정도를 의미한다. 환경적 영향보다는 타고난 능력이 많이 요구되는 영역이다.
  ② 표현언어 : 아동이 어휘를 구성하여 말하는 정도를 의미한다. 환경적 영향이 많이 미치는 영역이다.
- 사회성 발달(SMS)
  아동이 성장하는 동안 그 사회에서 요구되는 언어, 사고, 감정, 행동 등의 방법을 학습하여 다른 사람과 원만한 관계를 형성하고 자신의 발달수준에 맞는 정서표현 및 행동을 할 수 있는 능력을 뜻한다.
- 덴버 아동발달 스크리닝검사(DDST)
  0~6세까지의 아동을 대상으로 하며 운동발달, 언어발달, 미세운동 및 적응발달, 개인-사회성 발달 등 네 가지 영역에 대하여 제시된 항목에 대한 성공과 실패의 여부로 정상적인 발달 여부를 스크리닝할 수 있다. 실패 항목이 한 영역에서 한 개씩 두 개의 영역에서 있거나 한 영역에서 두 개의 실패 항목이 있으면 더욱 심도 있는 발달검사를 의뢰하도록 한다.
- 동작성 가족화(K-F-D)
  동작성 가족화 검사는 가족구성원의 움직임을 첨가해 그리도록 지시를 내리는데, 이렇게 하는 것은 아동의 자아개념과 관련된 측면 그리고 대인관계의 영역에서 아동의 감정을 표출하도록 이끄는 심리검사 중 하나이다.

⑤ 아동 개별상담

아동의 욕구를 발견하기 위해서 진행되는 개별상담에서는 그림 그리기, 이야기 만들기, 낙서하기, 콜라주 등의 자연스러운 놀이와 질문 등을 사용하도록 한다. 아동 상담방법은 구조화된 질문보다는 비구조화된 방법을 사용하는 것이 효과적이다. 특히 아동 개별상담에서는 그림 그리기, 소꿉놀이, 이야기 꾸미기 등의 비구조화된 면접으로 상호작용이 가능한 대화를 통해 아동이 원하는 욕구를 발견할 수 있도록 돕는다. 그리고 상담을 할 때 아동이 드러내고 싶어 하지 않는 부분에 대해 캐묻기보다는 아동이 자연스럽게 이야기를 꺼낼 수 있도록 기다려야 한다.

초기상담의 횟수는 아동의 문제의 정도를 파악하여 사정 가능할 때까지 진행하도록 한다. 단, 장기적으로 필요한 경우는 일정한 기간을 목표로 정하고 1차, 2차로 나누어서 일정한 사이를 두고 날짜를 정하고 적절한 상담이 이루어질 수 있도록 한다. 사정단계에서 진행되는 아동 개별상담은 아동의 욕구를 정확하게 파악하기 위한 것으로 지나치게 상담시간이 길어지거나 기간이 길어지지 않도록 사회복지사가 상담에 필요한 기법을 습득하여 아동의 숨겨진 감정과 상황을 파악하도록 한다.

핵심체크 아동상담에 도움이 되는 방법들(강명순 외, 2008)

그림으로 이야기하기

아동은 성인과 달리 자기표현이 서투르다. 그렇기 때문에 대화보다는 다양한 형태로 자신의 욕구를 표현하고 드러낼 수 있도록 지원해야 한다. 예를 들면, 그림 속에 말풍선을 넣어서 표현하기, 그림을 통해 연상해 보기, 하나의 그림을 가지고 이야기를 엮어보기, 콜라주 등이 그 방법이다.

표정을 넣어 보기

- 남녀의 얼굴에 표정으로 표현하는 것이다.
- 양육자의 양육 상황, 애정 정도, 훈육태도 등을 살필 수 있다. 예를 들면, 체벌이 심한 가족은 양육자의 얼굴표정을 그려 넣을 때 이마를 찡그리고 있거나 치아를 드러내어 화난 모습으로 그리는 경우도 있다.
- 아동의 감춰진 정서상태, 또래와의 관계 등을 간접적으로 파악하는 데 도움이 된다.

여자

남자

가족에 대해 상징적 표현하기

- 주어진 표에 따라 아동이 가족을 표현해 보는 것이다. 이때 주의할 것은 '동물로 표현한다면'을 '동물의 띠'(예: 쥐띠, 닭띠, 뱀띠 등)로 표현하지 않도록 주의한다.
- 가족에 대한 상징적 표현은 가정환경과 가족구성원간의 역동과 관계 속에서 아동의 심리, 정서상태 등을 알 수 있다.
- 어리거나 그림에 자신이 없는 아동의 경우는 동물이나 날씨 등의 그림을 미리 준비해 주어 아동이 그림을 골라서 표현할 수 있도록 한다.

	가족1	가족2	가족3	가족4	가족5
동물					
날씨					
색					

〈가족에 대해서 표현해 보세요〉

관계망 또는 도우미 만들기

- 관계망 또는 도우미망 만들기는 다른 사람과의 역동을 알아볼 수 있다.
- 종이 가운데 '나'라고 쓰고 가깝게 느끼는 사람을 가까운 원에, 멀게 느끼는 사람을 먼 원에 넣으면서 아동이 주변에 있는 사람을 어떻게 생각하는지를 알 수 있다.
- 관계망은 상황에 따라 다양하게 사용할 수 있는데, 예를 들면 자신이 어려울 때 가장 빨리 달려올 것 같은 사람을 순서대로 표현하는 질문을 할 수 있다.

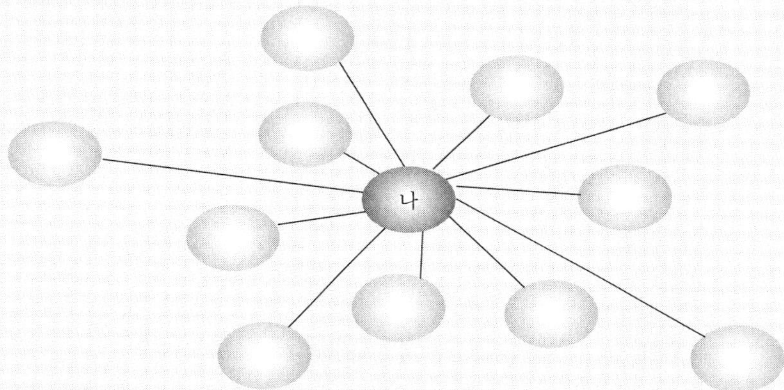

[관계망 만들기]

낙서하기

- 신체 이완활동과 형식에 얽매이지 않는 끄적거림을 통해 감정을 표현한다.
- 아동은 눈을 감고 허공을 커다란 하얀 종이라고 상상하고 자유롭게 몸으로 낙서한다.
- 처음부터 아동에게 그림을 요구하기보다는 차근차근 상상의 나래를 펼 수 있도록 도와준다.
- 음악을 틀어 줄 수도 있는데, 이와 같은 몸 연습은 아동들이 실제 종이에 낙서를 할 때 훨씬 자유롭고 편안하게 임할 수 있도록 도와준다.

> "자신이 좋아하는 크레용을 골라서 손에 쥐었다고 생각해 보세요. 무슨 색을 골랐니?"
> "자, 지금부터 자신의 손에 쥔 크레용으로 앞에 놓인 커다란 종이에 그림을 그려 보도록 하자."

- 사물보다는 다양한 추상적인 형태를 그리도록 도와주면서 아동의 상상력을 자극한다.

> "바람이 불고 있어요. …지그재그 바람이 붑니다. …동글동글 바람도 붑니다."

- 실제 종이 위에 낙서(끄적거림)를 하게 한다. 이때 종이의 크기를 다르게 준비하여 아동이 선택하게 하는 것도 좋다.
- 아동이 낙서 속에서 발견한 그림에 대해 이야기하도록 한다. 만약 낙서 속에서 단지 아주 작은 형태의 그림 하나만을 발견해 낸 아동이 있다면, 그 작은 그림과 연결지어서 다른 그림을 더 만들어 보거나 찾기를 제안할 수도 있다.
- 아동이 그림 속의 소재를 가지고 이야기를 꾸며 보도록 한다.

> "그림 속에 여자 아이가 있네,… 그런데 아이는 지금 무엇을 하고 싶어 할까?"

- 낙서 속에서 어떤 그림도 보지 못하는 아동은 다시 낙서를 하도록 제안하고 또 찾아보도록 하면서 아동의 내적인 힘을 강화시켜 준다.

동물 가족화

- 가족 이야기를 하는 것에 익숙하지 않거나 부담스러워하는 아동에게 놀이의 형태로 접근하여 거부감을 감소시킬 수 있다.
- 아동이 표현하지 못했던 정서를 드러내는 것을 도울 수 있다.
- 아동에게 생각나는 동물들을 이야기해 보도록 한다. 동물의 생김새, 특성, 성격에 대해 아동이 아는 대로 이야기할 수 있도록 이끈다.
- 가족을 떠올리게 한 후 동물로 표현하도록 한다.
- 그림 그리는 것에 부담을 갖는 아동은 사회복지사가 동물 그림을 주고, 아동이 골라서 오려 붙이게 할 수도 있다. 이때 사진보다는 색칠을 할 수 있는 그림을 준비하는 게 좋다.
- 고학년 아동은 동물이 아닌 상징적인 사물로 그리게 해도 괜찮다.
- 그림을 다 그리면 아동에게 질문을 한다.

> "각각의 동물은 가족 중 누구니?"
> "동물의 성격(특성)은 어떠니?"
> "가족과 동물이 닮은 점은 무엇이니?"

- 각각의 동물 특징을 살펴본 후 가족 역동을 확인하기 위하여 질문할 수 있다.

> "이 동물들은 어떻게 놀지?"
> "서로서로 가장 친한 동물은 누굴까?"
> (사회복지사는 아동의 지시에 따라 잘 노는 동물들 사이에는 하트 표시를, 자주 싸우는 동물 사이에는 번개표시 등을 해 줄 수 있다)

- 긍정적인 가족역동에 대한 아동의 생각을 알기 위해 질문을 할 수 있다.

> "너는 이 동물들이 앞으로 어떻게 놀면 좋을 것 같니?"
> "서로 사이가 좋았으면 하는 동물은 누구와 누굴까?"
> "아빠 사자와 엄마 곰이 강아지에게 어떻게 하면 강아지가 훨씬 편안해질 수 있을까?"

이어그리기

- 대화를 거부하거나 상담진행이 어려운 아동과의 어색한 분위기를 전환시켜 대화를 시도할 수 있다.
- 침묵하는 아동의 의사를 존중해 주면서도 아동의 표현능력이나 인지능력 등을 살펴볼 수 있다.
- 이어그리기를 해 보자고 제안하며, 아동에게 방법을 설명해 준다. 사회복지사가 먼저 시작하는 것이 아동의 부담을 줄일 수 있다.

> "여기 종이하고 연필이 있어. 지금부터 선생님하고 이어그리기를 할 거다?"
> "이어그리기는 어떻게 하는 걸까? 이어달리기라고 들어봤니? 맞아…한 사람이 달리고 다른 사람이 그 뒤를 이어서 달리는 거다. 마찬가지로 선생님하고 너하고 한 번씩 돌아가면서 그림을 그릴 거야."
> "이어그리기에는 규칙이 있어. 쉿! 조용히 말을 하지 않는 거야. 내가 뭘 그리는지 다른 사람에게 힌트를 주지 않는 거지. 나중에 어떤 그림일지 함께 보자."

- 사회복지사가 먼저 점, 선, 면 등 간단한 도형으로 시작한다. 아동이 사물의 형태를 만들어 가면 이에 맞추어 그림을 구성해 나간다. 그림을 그리는중에는 계속 아동과 눈짓을 하거나 표정으로 아동에게 반응을 보여 준다.
- 종이 안에 그림이 어느 정도 채워지면, 더 그리고 싶은 것이 있는지 아동에게 묻고 그리기를 마친다.

> "종이가 거의 꽉 채워졌네. 더 그리고 싶은 것이 있니?"

- 아동에게 제목을 붙여 보도록 제안한다.

> "우리 이 그림에 제목을 지어 줄까? 뭐라고 지어 주면 좋을까?"
> "네가 직접 제목을 적어 줄 수 있겠니?"

- 이어그리는 동안 아동이 더 적극적으로 표현할 수 있도록 도와야 한다.
- 그림이 어느 정도 완성되면 그림에 대해 칭찬을 하거나 궁금한 것에 대한 질문을 할 때 아동의 말이나 표정으로 반응을 볼 수 있다. 이후 자연스러운 대화로 이어질 수 있다.

> "뭘 그려야 될까? 선생님은 잘 생각나지 않는데, 네가 한 번 더 그려 줄 수 있겠니?"
> "이건 뭔지 진짜 모르겠다. … 힌트를 주면 좋겠다."
> "어? 이건 해인가 보구나.… 해를 이렇게 그리는 방법도 있네. 아이디어가 기발하다.
> …또 다른 것도 그려 볼까?"

- 나중에는 아동이 그리는 부분이 더 많아지고, 간혹 더 그림을 그리고 싶다고 표현하는 아동도 있다. 이때 HTP나 가족화를 그릴 수도 있다.

⑥ 위험도 파악

사정에서 위험도를 파악하는 것은 아동과 가족의 심각한 질병으로 인한 위기, 가족구성원의 실직으로 인한 경제적 위기, 죽음으로 인한 상실의 위기, 폭력으로 인한 위기 등에 직면하면서 아동과 가족의 안전에 심각한 위기 상황이 발생하여 즉각적인 위기개입이 이루어져야 하기 때문이다. 이때, 아동과 가족의 생명과 발달에 미치는 영향에 따라서 저·중·고위험, 위기개입으로 구분할 수 있다.

위기상태는 일반적으로 혼돈, 걱정, 절망, 분노와 같은 감정을 동반하는 격심한 정서적 혼란 상태를 말하며, 위기에 처한 아동과 가족은 심리적 취약성의 약화, 방어기제의 위축, 문제해결 및 대처능력의 심각한 와해를 경험한다. 격심한 위기상태는 일반적으로 일시적인 현상으로 간주되며, 보통 6~7주 정도 지속된다고 하지만(김기태, 1993), 촉발사건과 아동 및 가족의 생활환경상의 특성에 따라 상당히 길어질 수 있기 때문에 단기적이며 즉각적인 개입이 필요하다. 또한, 위기개입을 통해서 위험도 수준이 개입 전과 후가 어떻게 변화되었는지에 대해 확인하고 그 효과성을 평가하도록 한다.

3) 가족사정

가족사정은 기본적으로 아동의 문제나 욕구와 관련하여 부모의 포괄적인 양육기능에 대한 사정을 의미한다. 사회복지사에 의한 부모상담이나 다양한 가족진단 도구들에 의한 사정, 가계도 및 생태도 작성, 가정방문 등을 통해 문제와 욕구 및 자원에 관련된 필요한 정보를 수집하고 분석하여 포괄적이고 깊이 있는 사정이 되도록 해야 한다.

① 부모상담

부모와의 초기 상담은 아동과 가족에 관한 가치 있는 정보원이 될 수 있으며, 아동에 대한 개입시 부모의 협조를 얻는 기초가 될 수도 있다. 상담을 통한 긍정적인 관계 형성은 이후 개입의 토대가 될 수 있기에 매우 중요하다. 부모들이 지금까지 사용해 온 양육기술 중에서 부정적인 접근보다는 건설적이고 유익한 양육기술을 강조하여야 한다.

부모와의 초기 상담의 목표는 첫째, 부모의 관심과 목표에 관한 정보 취합하기 둘째, 아동의 문제와 그 강도에 대한 부모의 지각을 평가하기 셋째, 아동의 문제 영역과 관련된 선 후행 사건 파악하기 넷째, 아동과 부모를 강화하는 사건을 확인하고, 다섯째, 아동의 변화를 위해 부모가 어느 정도 동기화되었는지의 여부를 평가한다. 마지막으로 여섯째, 부모와의 초기 상담을 통해 아동 면담에 대한 부모의 동의를 얻고 서비스 계획 및 개입과 관련하여 추후 만남에 대해 논의한다.

부모상담은 다양한 이론적 배경에 따라 달리 진행될 수 있는데, 예를 들면, 강점관점에 기초한 해결중심에서 사용하는 질문기법들과 접근방법들을 적용하기도 하고, 내담자중심 이론에 기초하여 진실성, 무조건적 긍정적 관심과 수용, 공감과 경청 등의 기법이 주로 활용되기도 한다. 효과적인 상담이 이루어지기 위해서는 사회복지사의 이론에 대한 깊이와 경험이 바탕이 되어야 할 것이다.

② 가족사정 평가

가족에 대한 진단 평가는 다양한 방법에 따라 수행될 수 있는데 한 가지 이상의 평가 도구를 사용하는 검사, 환경에서 일어나는 행동을 관찰하고 기록하는 자연적인 관찰, 욕구나 문제 또는 기술을 분류하는 단순한 항목표로 제시하는 점검표 등이 있다.

가족의 욕구와 자원을 평가하기 위한 점검표 등이 있으며 이러한 설문들은 각각 다양하게 구성되어 부모와 기타 양육자들이 어느 특정 항목이 자신들을 위해 필요한지와 그런 항목들과 관련된 서비스를 원하는지에 대해 표현할 수 있도록 욕구에 대한 항목들을 포함하고 있다. 또한, 아동의 강·약점에 대해 부모들의 인식 정도를 이해하고 부모와 자녀에 대한 욕구의 우선순위를 결정하기 위해서 부모상담을 실시할 수 있으며 전문가와 양육자의 느낌을 수집하고, 구조화하고, 수량화하는 방법으로 사용될 수 있다.

가족 진단에서 평가를 하는 목적은 첫째, 가족의 문제 이해를 돕기 위해서 이루어진다. 가정 양육기능 수준을 파악하고 가족기능 및 구조를 진단한다. 둘째, 서비스 개입을 계획할 수 있도록 한다. 셋째, 가족이 필요한 자원과 지원체계를 규명하기 위해서 필요하다. 넷째, 가족의 취약점과 탄력성을 사정하여 서비스 계획 및 개입에 반영하는 것이다.

가족에 대한 면담과 관찰은 가족 평가의 기본으로 질적인 자료를 확보할 수 있으며, 척도나 체크리스트 등을 사용하는 것은 가족에 대한 양적인 평가에 속한다. 이러한 가족 평가는 가족에 대한 사정을 진행하는 가운데, 주관적 혹은 객관적인 방식으로 지속적으로 수행하면서 지원의 방향과 방법을 수정 보완하게 된다. 그런데 각 평가 방법은 장단점이 있으므로 각 평가 방법의 장단점들을 고려하여 조화롭게 사용하여야 할 것이다.

자기효능감·대처능력·자아존중감과 같은 자기 인식에서 출발해서, 가족 스트레스·가족기능도(손유니, 2001)·가족 결속력 및 적응력 검사와 같은 가족의 전반적 체계에 대한 평가와 부모 관계 유형과 부모-자녀간 의사소통 척도와 같은 관계성 척도(김유숙, 전영주, 김수연, 2003), 그리고 포괄적인 삶의 질 척도(Park *et al.*, 2003) 등이 있다(김경혜, 조윤경 공저, 2006, 재인용).

가족사정에서의 부모상담 및 심리검사는 가족의 욕구를 명확하게 발견할 수 있기 때문에 중요하다. 부모상담은 해결중심에서 사용하는 기적질문과 척도질문을 적용하면 도움이 될 수 있다. 하지만 모든 부모에게 효과적인 것은 아니므로 적절히 사용해야 한다. 심리검사는 MBTI, 애니어그램 등을 사용하는 방법이 클라이언트의 욕구를 발견하기 위한 간단한 도구로 유용하다. 이러한 심리검사 도구는 일상적인 용어사용으로 아동과 가족이 거부감 없이 받아들일 수 있어서 강점을 발견하고 탐색하기에 유용하다. 또한, 도구를 사용함에 있어 반드시 요구되는 교육을 이수한 후 실시하거나 전문상담 기관의 도움을 받는다.

③ 가정방문

가정방문은 사회복지사와 교사의 측면에서는 유아의 생활환경과 그들의 가족관계를 관찰할 수 있고, 부모 입장에서는 가정 내에서 유아의 문제를 토의할 수 있으며, 아동과 가족의 가정환경에 대하여 다시 고려해 보는 기회가 될 수 있다. 가정방문에서 관찰한 내용을 가지고 아동과 가족에게 다가가면 친밀한 관계형성뿐만 아니라 아동과 가족에게 사회복지사 자신의 존재감을 느낄 수 있어서 도움이 된다.

가정방문을 통해서 아동사정에 도움이 되는 정보뿐만 아니라 자연스럽게 가족에 대한 관찰도 함께 진행하면서 경제적 수준, 환경적 수준 등을 파악하여 가족 환경을 파악하여 사정하는 데 도움이 되도록 한다.

가정방문은 반드시 사전에 계획되어야 한다. 가정방문을 위해서 사전에 목적과 필요성, 일정을 계획하고 안내문을 작성하여 가정으로 보내 일정에 따른 가능 여부를 확인하고 조정한다. 일정을 계획할 때에는 반별로 위치와 거리를 고려하여 방문 순서를 정하도록 한다. 사전에 집의 위치를 찾아갈 수 있는 약도를 받도록 하고, 가정방문시 상담시간은 40분에서 1시간 정도로 하며, 이동시간을 참작하여 일정을 계획한다.

핵심체크 가정방문시 유의점

- 짧은 방문이지만 아동에 대한 여러 가지를 질문하여 관계된 것을 모두 파악하도록 한다.
- 이야기를 나눌 때에는 전문적인 용어보다는 보편적이고 일반적인 용어를 사용하여 딱딱한 인상을 주지 않고 자연스럽고 따뜻한 분위기로 대화를 진행한다.
- 지나친 농담이나 자녀 교육 이외의 이야기는 되도록 삼간다.
- 가정방문시 사회복지사는 예의 있고 겸손하며 교양 있는 태도를 보인다.
- 아동의 보호자가 원하는 시간에 가정방문을 하도록 한다.
- 아동의 보호자에게 미리 승낙을 받아야 한다.
- 초기 가정방문할 때 간단한 선물을 준비해야 한다.
- 아동의 가족이 음료 등을 대접할 때 감사하게 받아야 한다.
- 아동의 가족이 가정방문을 거절한다면 원하는 방법을 물어보아야 한다.
- 때로는 집이 아닌 새로운 장소가 도움되기도 한다.

핵심체크 부모님과 대화시 유의점(이창미 외, 2003)

- 부모에게 질문할 때는 "예, 아니오"로 대답할 수 있는 질문보다는 개방형 질문이 좋다. 예를 들어, "윤희가 요즘 어린이집에서 있었던 일을 이야기하나요?"보다는 "윤희가 요새 어린이집에서 있었던 일 중에서 무슨 이야기를 자주 하나요?"가 더 많은 정보를 얻을 수 있고 부모와 계속 대화를 이끌어 갈 수 있다.
- 대화를 지속하면서 교사는 부모의 생각, 가치관, 요즘 겪는 어려움, 양육방법, 유아의 수용정도 등에 대한 정보를 얻는다.
- 부모와 이야기를 할 때에 최대한 경청하여 부모에게 정서적으로 안정감을 갖게 하며, 부모의 생각을 솔직하게 표현할 수 있게 한다.
- 부모와 계속적으로 눈을 맞추며, 기록이 필요한 경우에는 간단하게 메모를 하고 지나친 기록으로 인해서 부모가 부담스러워 하거나 대화가 끊기는 일이 없도록 한다.
- 들은 것은 다시 한 번 명확하게 물어서 다른 의미로 이해하지 않았는지 재확인한다.
- 다음과 같은 부모와의 대화는 지양한다.

〈부모와의 대화를 방해하는 부적절한 대화 기술〉

명령하기	• 이렇게 하셔야 돼요. • 이렇게 하세요. • 부모는 이렇게 할 책임이 있습니다.
강의하기	• 제 설명을 이해하시겠어요? • 제가 그때 설명하였듯이
판단하기	• 잘못하셨어요. • 그렇게 하시면 안 돼요. • 어머니의 문제는… • 그것은 나쁜 방법이에요. • 이해를 잘 못하시네요.
캐묻기	• 언제, 누가, 어디서, 어떻게, 왜 그랬어요?
위협하기	• 제 제안을 받아들이시지 않는다면…
피상적으로 위로하기	• 잘 될 거예요. • 잘해 오실 거예요. • 잘할 거예요.

진단하기	• 아직 어머니는 …단계에 계신 거예요. • 그 행동을 하신 것은 …가 요인인 것 같아요.
빈정대기	• 너무 모르시고 하셨네요. • 잘 하시는 줄 아시네요. • 여태 그것도 모르셨어요? • 너무 심하시네요.

핵심체크 가정방문 전의 사례관리자 참고 사항(강명순 외, 2008)

대인관계
- 집에 놀러오는 사람들이 얼마나 되는지
- 주변사람들과 전화통화를 자주 하는지
- 얼마나 자주 외출을 하는지
- 사회복지사와 대화시 '~누구에 따르면, ~누구는 그렇게 하던데요' 등 다른 사람의 말을 얼마나 자주 인용하는지

경제적 수준
- 최근에 시장에 자주 가는지
- 아동에게 필요한 물건을 구입하는지
- 화장품을 산 적이 있는지
- 공과금이 밀렸거나 정지당한 적이 있는지
- 외식을 몇 번 했는지
- 물건이 없거나 너무 오래되어 사용하기 힘든 것이 있는지
- 물건이 부서져 있는데 그냥 사용하는지
- 가스가 끊겨 한겨울에도 냉방에서 생활하는지

환경적 수준
- 물건, 옷 등이 정리정돈되었는지
- 개수대에 설거지를 하지 않아 그릇이 가득한지
- 곰팡이나 거미줄이 있는지, 바퀴벌레가 있는지
- 가정에서 악취가 얼마나 나는지
- 집을 전혀 관리하지 않아 쓰레기로 가득 차 있는지
- 집 안과 밖에 술병이 얼마나 있는지

가족역동
- 양육자가 아동과 어떻게 이야기하고 대답하는지
- 양육자가 다른 사람이 있을 때 아동에게 하는 태도가 평소와는 어떻게 다른지
- 아동이 양육자와 있을 때 평소에 하던 행동과 어떻게 다른지
- 아동이 양육자를 때리거나 욕하는지
- 형제 · 자매간에 욕이나 폭력, 비난 등을 하는지
- 성인의 역할을 하는 형제(자매)가 있는지
- 아동양육 태도, 방법에는 어떤 것들이 있는지(욕하기, 체벌, 일관적이지 못함, 방임 등)

④ 가족 강점 파악

아동과 가족은 불가분의 관계이다. 아동이 없는 가족은 있어도 가족이 없는 아동은 없기 때문에 아동의 문제행동 원인에는 가족의 문제를 배제할 수 없다. Zigler와 Berman(1983)은 가족 지원의 목적이 "가족들에게 직접적인 서비스를 제공하는 것이 아니라, 가족과 그들의 자녀를 돕기 위해 가족들에게 능력을 주고 강화하는 것이다"라고 하였으며, Dunst와 그 동료들(1993)은 가족 기능을 지원하고 강화하는 개인 및 가족의 능력을 향상하고 장려함으로써 사람들에게 권한과 힘을 부여하는 데 있다고 주장하였다. 이를 전제로 사회복지사는 가족들이 가능한 다른 가족들처럼 살 수 있게 자원, 서비스와 기타의 다른 도움을 제공하는 것이다. 아울러 가족의 약점을 수정하거나 결함을 치료하기보다는 가족의 장점을 찾아내고 그 위에 기초하여야 할 수 있도록 강점에 초점을 맞추어 클라이언트가 건강한 요소를 발견할 수 있도록 지원해야 한다.

가족의 강점을 파악하는 것은 가족이 어려움에 처한 상황에 대해서 통제력을 발휘하고 가족 구성원이 자존감과 높은 내적인 동기를 갖고 문제해결자가 되는 것이다. 즉, 가족이 삶의 자원을 효율적으로 관리하는 태도를 보일 수 있도록 가족에게 필요한 지식과 기술을 습득하도록 기회를 만들어 주고 가족 전체의 복지를 증진시키는 능력과 힘을 길러 주는 것이다.

핵심체크 강점 발견

- 사회복지사는 가족과 함께 '무엇이 문제인가'가 아니라 '무엇을 잘하는가'의 재발견에서부터 시작한다.
- 강점은 보이지 않지만 발휘될 수 있는 아동과 가족의 내적인 힘과 능력을 찾아낸다.
- 강점은 과거에 성공했던 경험을 탐색하여 발견할 수 있고, 나아가 새로운 강점이 개발될 수도 있다.
- 가족이 추구하는 가치를 이해하면 아동과 가족이 가진 강점을 정확하게 발견할 수 있다.
- 아동과 가족이 잘하고 있는 것과 기술에 초점을 맞추면 아동과 가족의 방어가 완화될 수 있다.
- 극복해야 하는 외적·내적 장애물에 대해서도 고려해야 한다.

⑤ 가계도 파악

2~3세대에 걸친 가족관계를 도표로 제시함으로써 현재 제시된 문제의 근원을 찾는 것으로 항상 사회복지사와 가족구성원이 한 세대에서 다음 세대까

지 생물학적, 법적 그리고 정서적으로 어떻게 관련되어 있는지를 도표로 묘사하는 것으로 가족들 스스로 세대간 반복되는 관계유형을 찾고 그것에 대한 통찰력을 갖도록 하는 데 매우 유용한 도구이다.

가계도는 가족간의 관계와 역동을 중점적으로 볼 수 있는 장점이 있고 가족구성원의 욕구, 강점을 파악할 수 있으며, 가족이 문제를 해결해 온 방법, 활용자원 등을 파악할 수 있다.

핵심체크 가계도를 작성하기 위해 사회복지사가 활용할 수 있는 질문(김혜란 외, 2005)

가족이 제시하는 문제에서 출발한다.

- 왜 지금 도움을 원하는가?
- 누가 문제를 알았는가?
- 문제 이전의 관계는 어떠했는가?
- 문제가 계속된다면 어떤 일이 일어나겠는가?
- 문제가 언제 시작되었는가?
- 가족구성원들 각자는 문제를 어떻게 보는가?
- 문제가 변화하였는가? 어떻게?

가구 맥락으로 이동한다.

- 가구 구성원(이름, 나이, 성별)
- 다른 성원들은 어디에 사는가?
- 과거에는 어떤 해결책이 시도되었는가(치료, 입원 등)?
- 최근에 어떤 일들이 있었는가?
- 어떤 관계?
- 이전에 유사한 가족 문제가 있었는가?
- 최근의 변화 혹은 스트레스 요인들이 있는가?

부모의 가족에 대한 정보를 수집한다.

- 형제들의 수, 이름, 출생연도
- 부모의 결혼(별거, 이혼, 재혼)
- 사망원인
- 출생순위
- 형제들의 결혼(별거, 이혼, 재혼, 자녀들)

다른 세대들에 대해 묻는다

- 부모의 부모(이름, 출생연도, 사망연도, 직업, 건강)
- 사망원인, 형제(이름, 출생연도, 사망연도, 직업, 건강)

문화 요인들에 대해 탐색한다.

- 죽음을 다루는 의례·내세에 대한 믿음
- 죽음 혹은 상실과 관련한 스티그마 또는 외상
- 주요 생애 사건들, 가족 관계와 역할, 개별 기능에 영향을 미치는 문화 요인들

성(gender)에 관한 태도를 알아본다.

- 성역할이 가족구조, 주요 생애 사건들의 처리, 개별 성원들의 기능에 미치는 영향
- 애도의 표현, 장례, 기념의식 등에서 가족 내 성규칙

주요 생애 사건들과 이런 변화에 가족이 어떻게 적응했는지 묻는다.

- 결혼·출생
- 사망, 질병, 장애, 이사
- 직업 변동, 자연 재해, 전쟁 등의 외상적 사건

가족 관계에 대해 묻는다.
- 단절·연합
- 결혼 유형, 부모-자녀 유형
- 지배/종속 유형

가족 역할에 대해 묻는다.
- 보호자, 병자, 선한 사람, 악한 사람
- 성공한 사람, 실패한 사람, 좋은 사람, 냉정한 사람

가족 강점에 대해 묻는다.
- 적응 유연성을 나타내는 행동
- 성원들의 성격 특성 : 충실, 용기, 희망, 유머, 지성 등
- 가족 자원 : 외부 자원들과 연결하는 능력, 금전, 사랑, 이웃, 지역사회, 종교, 일 등

개별 성원들의 기능에 대해 묻는다.
- 일(직업, 변화, 실업, 만족), 학교(성취, 문제)
- 의료문제, 정신병(우울, 불안, 공포)
- 중독(알코올, 약물), 법적문제(체포, 전문직 자격 박탈, 소송 상태)

핵심체크 작성한 가계도를 4가지 차원에서 분석(김혜란 외, 2005)

- 가족의 구성과 구조를 분석한다. 이혼, 재혼 등의 결혼 상태와 형제 순위, 자녀에 대한 부모의 기대와 태도 등을 파악할 수 있다.
- 가족의 생애주기를 분석한다. 가족이 생애주기에 따른 변화에 성공적으로 적응해 왔는지 검토한다.
- 세대간 유형의 반복이 있는지 분석한다. 적응유연성(resilience), 강점, 창조성 등의 적응적 유형과 가정폭력, 알코올 남용, 자살 등의 부적응적 유형이 세대간 반복되는지, 또한 상호작용에서 친밀감, 소원함, 단절, 갈등, 삼각관계 등이 세대간 반복되는지 검토한다.
- 가족성원들의 역할과 기능에서 균형이 이루어지고 있는지, 불균형이 있는 경우 가족이 이를 어떻게 해결할지, 평등한 균형을 이루기 위해 성원들이 어떻게 변화해야 하는지 등에 대해 검토한다.

4) 환경 및 자원사정

① 생태도 파악

생태도는 가족과 환경체계와의 관계를 이해하기 위한 도구로서 가족과 체계간의 자원교환, 에너지의 흐름, 스트레스와 관련된 자료, 중재되어야 할

갈등, 메워야 할 틈, 활성화되어야 할 자원 등을 시각적으로 나타낸다. 생태도는 가족 전체와 환경체계들과의 관계뿐 아니라 개별 성원들과 환경체계들과의 관계도 나타낸다. 생태도는 가족을 사정하기 위한 도구로 사용하기도 하고 개입을 진행하는 과정에서 혹은 개입을 종결하는 과정에서 변화를 확인하기 위한 도구로 반복적으로 사용하기도 한다. 또한, 사회복지사가 생태도를 작성하고 분석하는 과정에서 무엇보다 중요한 것은 모든 작업을 가족과 함께해야 한다는 것이다(Kaplan&Girard, 1994). 사회복지사가 분석할 때에는 가족의 피드백을 계속 구하고, 가족의 결핍, 문제보다는 강점을 먼저 언급할 필요가 있다.

핵심체크 작성한 생태도를 3가지 차원에서 분석(김혜란 외, 2005)

- 생태학적 환경에서 가족을 전체적으로 이해한다. 가족이 이용할 수 있는 주요 자원들은 무엇인지, 전혀 없거나 있지만 부족한 자원들이나 지지는 무엇인지, 가족과 환경간 관계의 본질은 무엇인지 등을 이해한다.
- 가족과 환경과의 경계에 대해 이해한다. 에너지 혹은 투입과 산출의 흐름이 쌍방인지, 환경으로부터 가족에게로 일방적인지, 가족으로부터 환경에게로 일방적인지에 대해 이해한다.
- 가족 내부에 대해 이해한다. 가족성원들이 외부체계와 서로 다르게 연결되는지, 한두 성원이 환경으로부터 특히 단절되어 있는지, 한 성원이 특히 긴장적인 관계에 연결되어 있지 않은지, 가족이 함께 혹은 개별적으로 다른 체계들과 상호작용하는지 등에 대해 이해한다.

핵심체크 브론펜브레너(Bronfenbrenner, 1979; 1986)의 아동과 환경의 관계 – 생태체계적인 모델(한국아동복지학회, 2008)

아동과 환경의 관계를 생태체계적인 모델로 설명하면서 아동의 삶에 영향을 주는 4가지 체계는 서로 영향을 주고받으며 아동들의 삶에 직·간접적으로 영향을 미친다. 이 중에서 아동의 삶에 가장 큰 영향력을 가진 것은 미시체계이며, 미시체계를 구성하는 하위체계 중 가장 지속적이면서 큰 영향력을 미치는 체계가 바로 가족이다.

미시체계 (microsystem)	아동이 직접 접촉하면서 경험하며 영향을 주고받는 아동의 최근접 환경으로서 가족, 친구, 이웃, 학교 등이 해당된다.
중간체계 (mesosystem)	미시체계 내에 포함되는 환경체계들간의 상호작용 관계 양상으로서 아동의 가정, 친구, 이웃, 학교들간의 상호 관계 양상을 의미한다.
외체계 (exosystem)	아동이 직접 참여하지는 않지만 아동의 삶에 영향을 미칠 수 있는 지역사회 내 체계들로서 지역사회의 단체, 조직, 기업, 대중매체, 정부 등이 포함된다.
거시체계 (macrosystem)	눈에 보이지 않지만 아동의 삶에 영향을 미치는 사회 전반의 역사적 특성, 문화, 관습, 가치, 신념 등이 여기에 해당된다.

② 공식 · 비공식적 자원 파악

사례관리는 사회적 지원체계와 지원망의 중요성에 대한 인식이 증가하면서 주목받게 되었다. 자원은 사례관리의 중요한 구성요소 중 하나로 아동과 가족의 다양한 욕구를 충족시켜 줄 수 있는 중요한 역할을 한다. 이러한 자원은 아동과 가족의 욕구를 충족시키기 위해 요구되는 인력, 재정, 도구 등을 의미한다.

사정에서의 공식 · 비공식적 자원은 아동과 가족의 현재 상황에서의 자원을 파악하는 것으로 공식적으로 이미 확인된 자원뿐 아니라 아동과 가족을 둘러싼 비공식적 자원인 이웃이나 친척, 지역사회 자원 등 비공식적 지원망들도 확인하는 것이 중요하며 적극 활용한다.

앞으로 서비스 계획과 개입을 위해서는 1차 사정 단계에서 자원이 정확하게 파악되어야 지역사회 내에서 공식적인 지원체계를 구축할 수 있고 다양한 비공식적 자원은 아동과 가족의 심리적 안정을 도울 수 있다. 즉, 아동과 가족의 지역사회 내에서 활용되고 있는 자원과 활용되지 않는 자원이 무엇인지 파악하는 것은 매우 중요한 것이다. 이를 위해서는 지역사회 서비스 체계에 대한 풍부한 지식이 있어야 하며 지역사회 서비스 기관과 조직 정보 등의 목록과 서비스 연계기관과의 협조가 필요하다.

예 공식적 자원과 비공식 자원의 예(정순둘, 2005)

공식적 자원
- 국가기관, 공공법인, 민간기관 및 시설, 사회단체, 공식협의체, 회원조직 등
- 구청, 동사무소, 지역 단체, 복지관 서비스(결연 후원, 급식, 여가 등), 외부 복지기관 제공 서비스 등(읍, 면, 동 주민센터)
- 국가기관 : 사회복지전담공무원, 국/공립병원, 보건소, 정신보건센터, 국가가 시행하는 사회복지사업법에 의한 제도 등
- 공공법인 : 생활시설, 이용시설 및 사회복지기관, 적십자 등
- 민간기관 : 기업사회 복지재단, 유료사회복지 이용시설(실버요양시설) 등
- 사회단체 : YWCA, YMCA, 구세군, 여성단체, 각종 NGO(세이브더칠드런, 굿네이버스) 등
- 공식협의체 : 사회복지협의회, 관협회, 장애인협회, 지역복지협의체 등
- 회원조직 : 의사회, 약사회, 변호사회, 공제회, 노동조합 등

비공식적 자원
- 가족구성원, 친척, 친구와 이웃, 자원봉사자, 지역사회 자원(보건소, 약국), 교회, 절, 성당과 같은 종교시설 등에서 제공되는 도움 또는 보호

(3) 서비스 계획

서비스 계획은 사례관리의 핵심적인 과정으로서 클라이언트에게 어떤 서비스가 필요한지에 대한 설계도를 마련하는 것과 같다. 설계도는 목표하고 있는 결과물을 제대로 반영하고 있어야 하며, 구체적이고 실현 가능하도록 설계되어야 한다. 또한, 달성하고자 하는 목표를 향해 점진적인 단계로 구분되어 제시되어야 하고, 계획대로 서비스를 실행해 나가면 목표를 달성할 수 있어야 한다. 설계도에 기초하여 서비스를 제공하면 아동과 가족이 원하는 목표를 이룰 수 있어야 하며, 또 설계도에는 서비스 제공 기간, 서비스 제공자, 참여하는 사람들 등 구체적인 내용이 명확하게 제시되어 있어야 한다. 그리고 아동과 가족의 자원이나 서비스 제공 기관의 자원 및 한계 등을 반영하여 실현 가능하도록 설계되어야 한다.

건축 과정에 비유하면, 바로 전 단계인 사정단계는 집주인이 어떤 집을 원하는지 확정하는 단계와 같다고 할 수 있다. 사정단계에서 사례관리자는 아동과 가족, 그리고 아동의 문제와 관련해서 필요한 정보를 가지고 있는 사람들을 모두 만나서 정보를 수집하게 된다. 집의 크기, 방 수, 유리창 모양이나 벽지에 이르기까지 어떤 사람은 집을 짓는 데 결정적인 정보를 제공할 것이며, 어떤 사람은 극히 사소해서 고려하지 않아도 될 정보를 제공할 것이다. 또 어떤 사람은 다양하고 많은 정보를 제공할 것이며 어떤 사람들은 한두 개의 정보를 제공할 것이다. 사례관리자는 사정단계에서 수집한 모든 정보를 체계적으로 분류하고 검토하여 최종적으로 어떤 집을 지을 것인지 집주인과 함께 확정하게 된다. 원하는 집의 모양이 확정되었다면, 다음 단계는 설계도를 작성하는 것이다.

설계도를 작성할 때 아마도 가장 중요한 점은 이 집에 살 사람들의 욕구를 얼마나 반영했느냐가 될 것이다. 집주인은 한옥을 원하는데, 양옥이 만들어졌다거나, 집주인은 1년 이내에 입주해야 할 상황인데 5년 이상 걸릴 집을 설계하였다면 문제가 될 것이기 때문이다. 또한, 좋은 설계도에는 건축에 대한 상세한 정보가 정확하게 포함되어 있을 것이며, 어떤 방향으로 어떤 크기로 공간이 나뉘어야 하는지, 어떤 재료를 써야 하는지에 관한 정보도 현실적으로 가능한 예산 범위에서 제시하고 있을 것이다.

사례관리 과정에서도 서비스 계획은 사정에서 파악된 욕구와 문제를 실제 서비스로 전환하는 과정으로서 사례관리에서 매우 중요한 과정이다. 서비스 계획이 부적절하게, 혹은 부실하게 수립되면, 이후 과정이 아무리 충실하게 진행된다고 해도 아동과 가족의 욕구와 문제를 충족시키지 못할 수 있기 때문이다. 이후의 단계인 서비스 전달이나 모니터링, 평가가 서비스 계획에 기초하고 있기 때문에 포괄적인 사정에 기초한 구체적이고 명확하며 실현 가능한 서비스 계획을 클라이언트의 적극적인 참여 속에서 수립하는 일은 사례관리의 핵심적인 과제이다.

핵심체크 서비스 계획 과정에 필요한 질문(Powell & Tahan, 2008: 220에서 재구성)

- 실행할 필요가 있는 일은 무엇인가?
- 제일 나은 방법은 무엇인가?
- 누가 필요한 서비스들을 제공할 것인가?
- 언제 각각의 욕구가 충족될 것인가?
- 어디서, 언제 서비스가 제공될 것인가?
- 종결 이후에는 아동과 가족들이 어떻게 지내게 될 것인가?

기본적으로 서비스 계획은 클라이언트의 욕구를 충족시키기 위하여 목표를 수립하는 과정이며 목표달성을 위해 서비스를 구체화하는 과정이다. 홀트(2000: 49)는 목표설정을 가장 어려운 작업이라고 하였으며, 실제로 많은 사례관리자가 클라이언트의 입장에서 행동주의적 용어로 기술하는 것을 어려워한다(Hepworth *et al.*, 1997; Miley *et al.*, 1998; Sheafor *et al.*, 2000; Gursansky, Harvey & Kennedy, 2003: 70에서 재인용). 사례관리 과정에서 서비스 계획의 특징과 요건, 계획의 세부단계를 살펴보면 다음과 같다.

1) 서비스 계획의 특징

서비스 계획을 수립하는 것은 사정을 통해 확인된 클라이언트의 욕구를 충족시키기 위한 목표를 설정하고 이를 달성하기 위한 활동과 서비스들을 구체화하는 체계적인 과정이라 할 수 있다. 그러므로 이 단계에서 사례관리자는 사정단계에서 확인한 아동과 가족의 욕구를 늘 염두에 두고, 반드시 모든 계획 단계의 작업이 아동의 욕구에 기초하여 이루어지도록 해야 한다.

사례관리 실천에서 서비스 계획은 다음과 같은 다섯 가지 특징을 가지고 있기 때문에 중요한 과정으로 여겨지고 있다(Moxley, 1989: 60). 바람직한 서비스 계획을 수립하기 위해서는 아래 다섯 가지 특징적 요소가 갖추어져야 할 것이다.

첫째, 서비스 계획의 특징은 구체적인 활동과 역할을 규정해준다는 것이다. 서비스 계획을 수립한다는 것은 필요한 활동은 무엇이며, 참여하는 사람들은 누구이고 각자 어떤 역할을 수행해야 하는지를 구체적으로 분명히 규정하는 것을 포함한다. 욕구 충족을 위해 목표를 설정하고, 설정된 목표를 달성하기 위해 해야 할 일들과 제공되어야 할 서비스들, 서비스를 제공하거나 제공된 서비스를 받거나 서비스에 어떤 형태로든 참여하는 모든 사람의 역할, 서비스 제공 기간이나 방법 등에 관한 내용을 명확하게 기술하는 것이며, 일종의 작업 계획을 수립하는 것이라 하겠다.

두 번째 특징은 서비스 계획은 참여적인 과정이어야 한다는 것이다. 사례관리에 있어서 서비스 계획은 사례관리자가 일방적으로 수립하여 진행하는 것이 아니라 사례관리에 관여되는 모든 사람이 참여하는 과정으로 진행되어야 한다. 물론 유아보육 현장에서의 사례관리에 있어서는 클라이언트가 영유아로서 전반적인 서비스 계획과정에 참여하는 것에 한계가 있으므로 보호자가 참여하도록 해야 할 것이다. 아동과 부모, 혹은 다른 가족원, 보육교사, 사회복지사, 지역사회 서비스 제공 기관 등이 참여하여 계획을 수립하는 것이 결정적으로 중요한데, 서비스 계획에 모든 참여자가 동의해야, 이후 과정이 순조롭게 진행될 수 있다. 대개의 경우, 자신이 동의하지 않은 일을 하기는 어려우므로 가능하면 사례관리에 관련되는 모든 사람이 서비스 계획과정에 참여하도록 하고, 수립된 서비스 계획에 대해 기꺼이 적극 동참하도록 이끌어 내는 것이 필수적이다.

책임성은 서비스 계획의 세 번째 특징이다. 서비스 계획과정에서 각자의 역할, 필요한 활동들, 기간 등을 규정하므로 각자는 자신이 맡은 역할을 규정된 방법과 기간 내에 수행할 책임을 분명히 알게 된다. 사례관리자의 핵심적인 책임 중의 하나는 각자가 자기의 책임을 다하고 있는지를 확인하는 일이다.

네 번째 특징은 사례관리자에게 방향을 안내해 준다는 것이다. 서비스 계획은 목표, 과업, 활동, 참여하는 사람들이나 기관의 책임, 달성해야 할 과제 등을 규정함으로써, 사례관리자에게는 일종의 안내체계나 지침으로 기능할 수 있다. 서비스 계획에 따라 사례관리 과정이 진행되어 목표가 달성되고 있는지 모니터링하는 도구로 기능하게 된다.

평가를 가능하게 해준다는 점이 서비스 계획의 다섯 번째 특징이다. 이것은 서비스 계획을 수립하는 과정에서 목표와 활동들이 분명히 기술되므로 사례관리자는 사례관리 서비스를 통하여 아동에게 어떤 성과가 있었는지 평가할 수 있게 된다.

2) 서비스 계획의 요건

사례관리를 성공적으로 수행할 수 있는지는 서비스 계획이 어떻게 수립되어 있는지에 좌우된다고도 할 수 있을 만큼 서비스 계획은 핵심적이며 결정적인 과정이다. 영유아보육 현장에서 사례관리를 통해서 아동에게 긍정적인 성과를 거두기 위해서는 서비스 계획이 개별 아동마다 개별화되어 수립되어야 하며, 서비스 계획은 포괄적으로 빠진 영역 없이 아동과 가족의 모든 욕구를 반영해야 한다는 점이 중요하다. 또한, 사례관리의 궁극적인 목표 중의 하나가 아동을 지역사회에서 건강하게 성장·발달하도록 하는 것이므로 지역사회와의 통합성 역시 중요한 요건이다.

① 개별화

사례관리자는 아동마다 개별화된 서비스 계획을 수립해야 한다는 점을 항상 기억해야 한다. 모든 클라이언트는 다르다. 모든 아동은 각기 다른 강점과 자원을 가지고 있으며, 다른 상황에 부닥쳐 있다. 문제 또한 다르며, 어떤 아동들에게도 같은 방식과 내용을 포함하는 같은 서비스 계획을 통해서 실행되는 서비스가 효과적일 수 없다. 서비스 계획은 개별 아동마다 특별히 다르게 수립되어야 한다.

예 개별화된 서비스 계획의 중요성(Summers, 2006: 39)

• 미국의 어떤 주, 여성 노숙인 쉼터에 아이들을 위한 사례관리자가 배치되었다. 이 사례관리자

는 대학을 갓 졸업하였으며 활동적이고 아이들에게 애정이 깊은 성품이었는데, 일 년 후 주정부에서 프로그램을 모니터링 하던 중, 두 가지 점을 주목하게 되었다. 첫째, 아이들 각각에 대한 기록이 거의 없었고, 개별적인 서비스 계획도 수립되어 있지 않았으며, 개별아동에 대한 사정도 이루어지지 않았던 것이다. 둘째, 아동들은 같은 서비스 계획에 따라, 모든 여자아이들은 체조, 모든 남자아이들은 축구팀에 들어가 있었으며, 어떤 주말에는 단체로 모두가 동물원이나 서커스 등을 다녀왔다. 개별 서비스 계획을 요구하자 사례관리자는 '아이들마다 기록할 시간도 없었고, 아이들은 재미있게 지냈다'고 하며 그만두었다.

• 그 후 개별화된 서비스 계획의 중요성을 잘 인식하고 있는 사례관리자가 채용되었으며, 6개월 후 2명의 아동이 정형외과 치료를 받았고, 1명은 사립학교에서 장학금을 받게 되었으며, 4명의 남자아동들은 축구팀에, 1명은 바이올린을, 또 1명은 수영을 배우고 있었다. 서비스 계획이 똑같은 경우는 하나도 없었으며, 개별 아동의 강점과 흥미가 기초가 되어 서비스 계획이 수립되었다. 각각의 서비스 계획을 수립하기 위해, 사례관리자는 지역사회의 여러 기관을 접촉하였다. 2명의 치과의사에게 기부를 받았고, 심포니 공연의 티켓을 받았으며, 사립학교에 방문하여 학업에 재능이 있음을 설명하고 졸업 때까지 장학금을 주도록 협의했다. 바이올린에 재능이 있는 아동을 위하여 15회의 무료 레슨을 해줄 교사를 발굴하였으며, 교회에 가서 쉼터 어머니들과 아이들의 딱한 상황과 각각의 욕구를 정성껏 설명하여 필요한 자원봉사활동을 함께 찾아 참여하게 하였다.

② 포괄성

서비스 계획에는 사정에서 파악된 모든 이슈, 문제와 욕구들이 포괄적으로 포함되어야 한다. 포괄성은 사정과정에서도 강조되는데, 포괄적인 사정을 하고도 사정에서 파악한 욕구와 문제가 서비스 계획에 반영되지 못한다면 포괄적인 사정을 할 필요가 없다. 간혹, 영유아보육 사례관리 현장에서 다양한 사정도구와 기술에 기초하여 포괄적으로 깊이 있게 사정을 한 후, 서비스 계획에서는 사정에서 다룬 주요 내용을 담지 못하고 부분적인 영역만을 다루는 경우가 있다.

예를 들면, 사정에서는 아동의 인지능력이 자신의 신체 나이에 비하여 2년 이상 낮고, 주의 집중 시간이 짧으며, 공격적인 행동을 자주 보이고, 아버지의 음주와 가정폭력 문제로 부모가 갈등적인 관계임을 파악해 놓고는, 서비스 계획에서는 부모에 관한 내용이 빠지는 경우가 있다. 물론 현실적인 이유로 우선순위를 결정하면서 제외되기도 하지만, 핵심적인 영역이라면 반드시 포함을 시키도록 해야 할 것이다.

③ 지역사회 통합

서비스 계획은 아동이 속한 지역사회의 서비스와 활동들, 자원들에 대한 충분한 이해에 기초해야 한다. 지역사회에 어떤 자원들이 있는지에 대한 파악없이는 실제적인 서비스 계획이 수립될 수 없다. 확보된 자원에 기초하여 서비스를 계획하게 되므로 얼마나 많은 자원을 개발·획득할 수 있는가가 관건이 된다는 점을 명심해야 한다. 그러므로 공식적 자원뿐만 아니라, 다양한 비공식적 자원들과 적극 의사소통하여 클라이언트를 지지할 수 있는 체계로 확보해야 한다. 더욱이 궁극적으로는 아동과 가족이 지역사회 속에서 더 나은 생활을 하는 것이 목표이기 때문에 가능하면 건강한 지역사회 구성원들의 체계 속에 아동을 통합시키는 것이 사례관리자의 책임이 될 것이다.

간혹 사례관리자들은 아동이 특별한 문제를 가지고 있어서 일반 아동을 방해하거나 혹은 일반 아동이 원치 않거나 아동이 상처를 받을 것을 염려해서 일반 아동과 함께하는 것을 꺼리기도 한다. 다른 점이 있는 사람을 이해하고 함께 적응할 수 있도록 하는 것은 아동 서로에게 성장의 기회를 준다는 점을 기억해야 한다. 영유아 보육현장에서의 사례관리는 시간 제약이 있다. 가능하면 시간 내에 지역사회에 통합할 수 있는 방향으로 서비스 계획이 수립되어야 할 것이다.

3) 서비스 계획의 세부단계

기본적으로 서비스 계획 수립은 욕구와 서비스를 결합시키는 작업으로서 사례관리자가 창의적으로 융통성 있게 수행해야 한다. 예를 들면, 사정단계에서 사례관리자는 이 사례가 어디로 가야 할지를 파악하는 것이라면, 서비스 계획단계는 그곳에 도달하는 최선의 길이 무엇인지를 찾아내는 것이라 하겠다(Powell & Tahan, 2008: 219-220). 창의성을 발휘하는 것이 중요한 이유는 언제나 어떤 일을 하는 데 있어서 최선의 길이 단 하나만 있는 것은 아니기 때문이다. 영유아 보육현장에서도 유아의 욕구를 충족시키는 최선의 길을 찾아내는 것이 중요하지만, 현실적으로 단 하나의 가장 좋은 방법이 있는 것은 아니므로 여러 가지 중요한 요인들을 반영하면서 융통성 있게 가장 좋은 방법을 모색하려는 태도가 필요하다.

영유아보육현장에서 만나게 되는 사례가 대체로 복잡하고 심각한 문제와 욕구가 있기 때문에 특히, 이러한 문제와 욕구를 충족시키기 위해서는 다양한 서비스가 필요하게 된다. 때로는 어떤 서비스를 먼저 제공하느냐에 따라서 다른 결과를 가져오기도 하며, 어떤 서비스를 어느 정도의 강도로, 혹은 어느 정도의 기간에 제공하는지에 따라서도 큰 차이를 만들게 된다. 그러므로 서비스 계획은 대체로 우선순위를 검토하여 가장 필요하고 중요한 영역을 포함하는 목표를 설정하고 이들 달성하기 위하여 수많은 서비스를 나열하고 이리저리 배열해 본 후 필요한 서비스들을 잘 선택하여 배합하는 체계적인 과정이라고 할 수 있다. 수많은 대안과 가능성을 검토해서 하나의 큰 그림을 얻어내야 하는 복잡하고 어려운 과정이므로 다학제간 팀과 수퍼바이저로 구성된 사례회의 때 검토를 받도록 한다.

서비스 계획 과정은 아래와 같은 단계로 진행될 수 있다(Powell & Tahan, 2008: 220－222; Woodside & McClam, 2003: 133－158; Summers, 2006: 306－308).

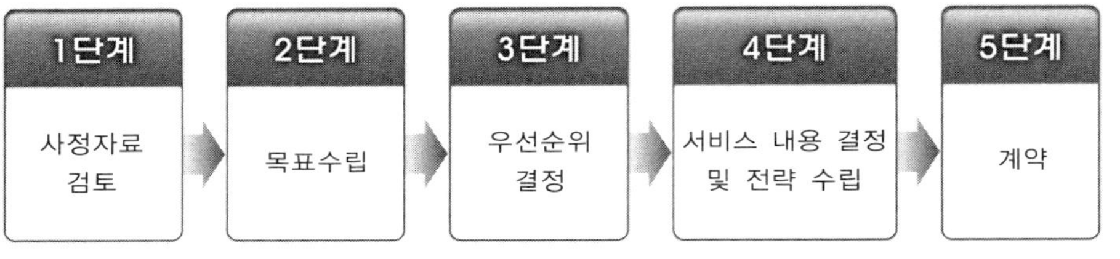

그림 4 **서비스 계획의 세부단계**

① 사정자료 검토

서비스 계획을 수립하기 위해서 해야 할 가장 첫 번째 단계는 사정자료를 검토하는 것이다. 영유아 보육현장에서 사례관리를 하는 이유는 보육만으로는 아동이 건강하게 발달할 수 없는 경우일 것이며, 사례관리를 필요로 하게 된 다양한 원인이 있을 것이다. 이와 관련하여 포괄적인 사정을 했다면, 사정과정에서 아동과 가족의 욕구와 문제가 무엇인지 다양한 사정도구와 전문적 기술에 기초하여 파악되었을 것이다.

서비스 계획은 반드시 사정에 기초하여야 한다. 사정에 기초하여야 한다는 말은 아동과 가족의 욕구와 문제에 기초하여야 한다는 것과 같은 의미라 하겠다.

② 목표수립

목표를 수립하는 것이 서비스 계획단계의 핵심적인 과제이다. 목표를 올

바르게 기술하기 위해서 다음과 같은 점들이 고려되어야 한다.

일반적으로 목표는 구체적이어야 하며 세분되어 분명하게 기술되어야 한다. 예를 들어, '아동의 건강한 발달을 도모하고 또래 관계를 증진한다'는 목표로 기술되기에는 광범위하고 일반적이며 모호해서 부적절하다. 이보다는 구체적인 욕구와 문제에 기초해서 구체적으로 분명하게 기술해야 한다. 만일 부모가 아동에게 밥을 제때 해주지 않아 아동이 식사를 자주 거르게 되어 건강이 염려되는 상태라면, '어머니가 주중에는 아침과 저녁 식사, 주말에는 세끼 식사를 차려준다'라고 목표를 기술할 수 있다. 그러나 아동에게 아동이 좋아한다는 이유로 특정 인스턴트 음식이나 과자 등을 무분별하게 주어 영양을 해치고 있다면 '아동이 하루 2회 이상의 식사에 고기와 채소 반찬을 함께 먹을 수 있도록 한다'라고 목표를 기술할 수 있다.

둘째로 평가가 가능해야 한다. 평가가 가능하기 위해서는 측정할 수 있어야 한다. 특정 욕구와 문제에 기초하여 분명하고 구체적으로 목표를 기술하게 되면 대체로 달성되어야 할 내용이 분명히 명시된다. 이렇게 목표를 설정해야 평가가 가능해진다. 예를 들어, 또래와 함께 어울리지 못하는 것이 문제인 상황이라면, '2명 이상이 역할놀이를 하려고 할 때, 자신의 역할을 만들어 함께 할 수 있다,' 혹은 '하루에 두 번 이상 또래와 상호작용 놀이를 한다'라는 목표를 설정할 수 있다.

셋째로 실행 가능하고 성취할 수 있는 것이어야 한다. 이상적인 측면에서 비현실적인 목표가 설정되면 때로 클라이언트와 사례관리자 모두에게 좌절감만 주게 된다. 심각한 우울증이 있는 어머니가 취업하는 것을 목표로 했다거나, 지적 장애가 있는 아동이 학업문제, 또래 관계문제 없이 정상적인 발달을 하게 되는 것을 목표로 설정하는 것은 비현실적이다. 현실적으로 정해진 기간 안에, 한정된 자원으로 성취할 수 있는 최선을 모색할 필요가 있다.

넷째로 하나의 목표에 하나의 문제를 다룬다. 간혹, '아동의 자존감을 향상하고 공격성을 감소시켜 또래 관계를 향상한다'와 같은 핵심적인 내용이 여러 가지가 포함되는 하나의 목표를 설정하는 것은 바람직하지 않다. 공격적인 행동 문제는, '원하는 장난감을 말로 요청하여 가지고 놀 수 있다,' 혹은 '화가 나면, 선생님이나 엄마에게 와서 화가 났음을 말로 알린다' 등으로 목표를 설정해보고, 자존감과 또래 관계는 별개의 목표로 설정해야 한다.

다섯째, 목표는 가능하면 긍정문으로 기술하는 것이 바람직하다. '지각을 하지 않는다'나 '편식을 하지 않는다'와 같은 부정문보다는 '제시간에 등원한다'나 '골고루 먹는다'와 같이 긍정적인 표현을 하도록 한다.

여섯째, 서비스를 제공하는 사례관리자의 입장에서 기술하기보다는 클라이언트 중심으로 기술되어야 한다. '주 3회 언어치료를 제공한다'보다는 '주 3회 언어치료를 받는다'가 바람직하다.

일곱째, 가능하면 목표는 클라이언트와 서비스 제공자 및 관려자들이 모두 이해할 수 있도록 쉽고 간결하게 기술한다. 너무 복잡한 문장구조로 되어 있거나 다른 사람이 이해하기 어려운 전문용어는 사용하지 않는 것이 좋다.

목표를 기술할 때에 고려해야 할 점을 정리하면 다음과 같다.

요약 목표 기술시 고려사항

① 구체적이고 분명해야 한다.
② 평가가 가능해야 한다.
③ 실행 가능한 것이어야 한다.
④ 하나의 목표에 하나의 내용을 담는다.
⑤ 긍정적으로 기술한다.
⑥ 클라이언트 중심으로 기술되어야 한다.
⑦ 쉽게 기술되어야 한다.

서비스로 옮길 수 있고, 달성 여부를 평가할 수 있는 행동과 관련된 용어로 기술해야 하며, 하나의 목표에 한 가지 핵심적인 내용을 담는 것이 바람직한데, 이상의 내용을 고려하여 영유아 사례관리 현장에서 바람직하지 않게 기술된 목표를 바람직하게 바꿔보면 다음과 같다.

예 바람직한 목표설정의 예

바람직하지 않은 목표	바람직하게 수정된 목표	
아동을 학대위험으로부터 안전하게 격리 보호한다.	아동은 부모로부터 격리되어 치료그룹홈에서 생활한다.	ct 중심으로 기술
아버지의 알코올중독에 개입한다.	아버지가 알코올중독 치료센터에 입소한다.	ct 중심으로 구체적으로 기술
어머니가 직장을 구한다.	어머니가 구직활동을 시작한다.	실행 가능한 것으로 기술
아동이 지각하지 않도록 한다.	아동이 제시간에 등원한다.	긍정적으로 기술

③ 우선순위 결정

목표들을 설정한 이후에는 어떤 목표간에 우선순위를 결정할 필요가 있다. 이때에도 아동과 가족의 의견이나 상황이 반영되어야 하는데, 여러 가지 욕구 중에 가장 시급하다고 느끼는 것은 무엇인지, 혹은 많은 문제 중에 어떤 문제에 대해서 가장 스트레스를 느끼는지 파악하며 우선순위를 결정하게 된다. 어떤 경우에는 하나의 목표가 달성되면, 다른 목표 달성이 상대적으로 쉬워지는 경우도 있다. 관련되는 목표간에 시간적인 순서가 서로 영향을 주는지 검토하여 효과적인 배열을 하는 것도 중요하다.

때로는 사례관리자와 아동의 부모 사이에 의견 차이가 있을 수 있다. 사례관리자가 중요하며 먼저 해결되어야 된다고 생각하는 문제에 대해서 부모는 전혀 시급하거나 중요하지 않은 문제라고 여길 수도 있다. 아동의 문제가 부부 문제나 부모 중 한 명의 문제에 기인하는 경우, 부모는 이를 부인하고 아동의 문제만 다뤄주길 기대할 수도 있다. 이런 경우에 사례관리자는 부모의 느낌과 상황을 적절하게 반영하여 아동의 문제를 먼저 다루면서 부모와 더 깊이 있는 관계 형성을 하고, 아동에 대한 서비스 성과 이후에 부모가 전반적인 사례관리 개입에 대해서 긍정적으로 평가하고 더욱 진전되고 싶은 동기를 유발한 후에 부부 문제나 부모로서의 문제에 대해서 다루도록 우선순위를 조정할 수 있다.

현실적으로는 중요하지만 당장 달성하기 어려운 목표가 있고, 시급하지만 조금 미루는 것이 전반적인 개입 과정에서 효과적이라고 판단될 수 있다.

이러한 요소들을 고려하여 우선순위를 정하고 중요하지만 현실적인 여건이나 상황 때문에 미뤄두는 목표에 대해서는 이후 과정 동안에 지속적으로 모니터링하고 평가하여 재사정 후 다시 서비스 계획을 수립하도록 한다.

요약하면, 아동과 가족의 욕구와 문제를 반영하여 기술된 목표들을 나열한 후, 아래와 같은 질문들을 하면서 가장 먼저 실행할 목표부터 순서를 결정한다.

핵심체크 우선순위를 결정하는 데 도움이 되는 질문들

- 아동에게 가장 중요한 문제는 무엇인가?
- 아동에게 가장 시급한 것은 무엇인가?
- 가족이 가장 중요하다고 생각하는 문제는 무엇인가?
- 가족이 가장 시급하다고 느끼는 것은 무엇인가?
- 아동이나 가족이 가장 원하는 것은 무엇인가?
- 가장 쉽게 변화할 수 있는 것은 무엇인가?
- 변화하기 가장 어려운 것은 무엇인가?
- 목표달성시 효과가 가장 클 것으로 보이는 것은 무엇인가?
- 목표를 달성함으로써 다른 목표의 달성에 영향을 줄 수 있는 목표가 있는가?

④ 서비스 결정 및 전략 수립

서비스 계획의 과정에서 목표와 우선순위가 결정되었다면, 다음 단계에서는 효과적으로 목표를 달성할 수 있도록 서비스의 내용과 서비스 전달 방식 등이 결정되어야 한다. 개별 목표는 서비스를 통해서 달성되며, 목표 달성을 위한 수단이다. 목표 하나를 달성하기 위해서는 하나의 서비스를 제공하는 것으로 가능한 경우도 있고, 몇 가지 서비스가 함께 제공되어야 하는 경우도 있을 것이다. 이 과정은 '어떤 서비스들을 어떻게 배합해야 이 목표를 가장 효과적으로 달성할 것인가?'라는 질문에 대한 답을 신중하게 찾아가는 과정이라고 할 수 있다. 화가가 원하는 색을 만들기 위해서 여러 가지 색을 배합해보는 것처럼, 의사가 질병을 치료하기 위해서 수술과 약물과 물리치료 등의 방법을 배합하여 치료계획을 수립하는 것처럼, 과학적이면서 예술적인 과정을 통해서 목표에 가장 맞는 서비스들을 찾아내는 과정이라 하겠다.

그러므로 목표를 달성하기 위해서는 어떠한 서비스들을 제공해야 하며, 누가, 어떻게, 얼마나 제공할 것인지, 서비스에 대한 평가는 어떻게 할 것인지

에 관한 전략이 수립되어야 한다.

이 과정에서 필요한 과업 중의 하나는 공식적 자원과 비공식적 자원에 대한 정보의 수집이다. 개별 사례마다 필요한 자원에 대한 정보를 수집하기도 하지만, 일반적으로 사례관리자는 지역사회 내에서 서비스를 제공하고 있는 자원의 목록을 작성하고 지속적으로 업데이트해 놓는다. 목표를 달성하는 데 필요한 서비스를 사례관리자 본인이 직접 제공할 것인지, 사례관리자가 속한 기관에서 제공할 것인지, 혹은 지역의 다른 기관에 할 것인지, 연계하고자 한다면 어떤 기관에서 어떻게 제공할 수 있는지 등과 같은 내용을 결정해야 하는데, 이때 자원에 대한 정보가 필요하다.

대체로 공식적 서비스가 제공될 수 있는지 먼저 검토한다. 예를 들면, 언어발달이 지연되고 있는 것으로 사정된 아동에 대해서 '나이에 맞는 어휘와 문장으로 의사표현을 할 수 있다'라는 목표를 수립하였다면, 이 목표를 달성하기 위해서는 전문가에 의한 언어치료로부터 자원봉사자에 의한 언어적 자극 촉진까지 다양한 서비스를 검토해 볼 수 있다. 서비스 비용을 부모가 지급하기 어려운 경우에는, 지역사회 내에 무료로 언어치료 서비스를 제공하는 기관이 있는지 살펴보고, 없다면 민간 기관이 있는지 살펴보게 된다. 이 경우, 비용을 부모가 부담할 수 없다면, 비용을 지원받을 방법을 모색해야 한다.

이 과정에서 필요한 서비스를 제공하는 기관이 지역사회 내에 없는 경우가 발생하게 되는데, 이때 비공식적 자원의 활용 가능성을 검토하게 된다. 언어치료 전문가는 아니더라도 주위에 아동의 언어발달을 촉진할 수 있는 누군가가 있는지 비공식적 자원을 살펴봐서 자원봉사자를 통한 활동을 계획해 볼 수 있다. 서비스가 제공될 수 없다면, 목표를 변경해야 하지만, 만일 꼭 필요한 핵심적인 목표라면, 가능한 모든 대안을 검토해서 목표를 달성할 수 있는 대안을 찾아야 한다. 가족이나 친척, 이웃이나 자원봉사자에 의해서 서비스를 제공하고자 할 때에는 구체적인 서비스 내용과 방법을 사례관리자와 함께 계획하게 된다. 이때 사례관리자는 서비스를 기획하고 자원봉사자에게 전문 지식이 필요한 경우에는 교육함으로써 목표달성을 위해 필요한 서비스를 만들어 내는 역할을 하게 된다. 모든 가능성을 검토했는데, 서비스를 제공할 길이 없는 경우에 사례관리자는 옹호자의 역할을 통해서 지역사회에 필요한 서비스를 만들어 낼 것을 목표로 설정할 수 있다.

누가 어떤 서비스를 제공할지 결정되었다면, 어떻게, 얼마나 제공할 것인지 결정해야 한다. 앞의 예에서 언어치료를 전문기관에서 받기로 했다면, 일주일에 몇 회를 한 번에 몇 분씩 받을 것인지, 몇 개월이나 받을 것인지 등에 대해서 계획해야 하며, 교통수단이나 방법은 어떻게 할 것인지, 모니터링 방법은 어떻게 할 것인지 등과 같은 세부적인 전략을 수립한다.

또한, 평가방법에 대한 계획도 수립되어야 한다. 평가는 서비스 계획에서 중요한 특성 중의 하나이다. 목표달성을 확인하는 것은 특히 사례관리의 공적 책임성과 관련해서 중요한 과제이다. 구체적으로 어떤 내용을 어떻게 평가할 것인지에 대한 분명한 기술이 있어야 한다.

이와 같은 과제를 수행해야 하므로 서비스 계획과정에서 아동의 부모와 서비스 제공 기관들의 참여가 중요한 것이다. 실제로 각 영역에 대해서 전문성을 가지고 서비스 제공 기관들이 서비스가 어떻게 얼마나 제공되어야 하는지에 대한 구체적이고도 현실적인 의견을 제공할 수 있기 때문이며, 가족 역시 그 서비스를 받을 수 있는지, 어떻게 제공되는 것이 도움이 되는지 가장 잘 알고 있기 때문이다.

아무리 주의 깊게 수립된 계획도 변경되거나 중단될 수 있다. 서비스 계획을 수립하는 과정에서도 아동과 관련된 상황이나 서비스 제공 기관의 상황이 급변할 수 있기 때문이다. 그래서 사례관리자는 항상 대안, 즉 플랜 B를 준비하는 것이 바람직하다. 상황에 쫓기거나 결정적인 시기를 놓치지 않기 위해서는 서비스 계획을 수립할 때 최선의 계획인 A 안과 차선책인 B 안을 염두에 두는 자세도 필요하다.

서비스 결정 및 전략을 수립하는 과정에서 결정되어야 하는 내용은 다음과 같다.

a. 제공될 서비스 목록
b. 서비스 제공 기관 및 서비스 제공자
c. 서비스 전달 방법
d. 서비스 제공 횟수
e. 서비스 제공 시간
f. 서비스 비용 및 부담자
g. 평가방법

h. 종결시점

예 **서비스 계획 및 전략 수립의 예**

개입체계	사정	목표	서비스 내용	평가방법
아동	아동이 또래보다 언어발달이 12개월 정도 지연되고 있다.	나이에 맞는 어휘와 문장으로 의사표현을 할 수 있다.	1. **언어치료센터에서 매주 수요일 오후 3시부터 4시까지 언어치료(할머니가 동행)를 받는다. 2. 어머니가 매일 자기 전 동화책 한 권씩 읽어준다(동화책은 어린이집에서 대여). 3. 교사가 매일 자유놀이 시간에 10분 동안 개별 언어활동을 한다(교사는 주 단위로 활동계획 수립).	언어발달 검사(언어치료센터에서 실시)

<전략>

- 비용 : 언어치료 비용은 바우처로 지급한다.
- 모니터링 방법 : 사례관리자는 1개월마다 언어치료사, 어머니, 교사에게 변화내용을 확인하고 3개월마다 사례회의를 개최한다.
- 기간 : 서비스는 1년 동안 제공된다.

⑤ 계약

서비스 계획 및 전략이 수립되면, 이 내용에 관하여 아동의 부모와 사례관리자는 각자의 책임과 역할을 규정하고 이를 분명히 하기 위하여 계약한다. 계약은 아동의 보호자와 사례관리자, 또 서비스 제공 기관들이 각자 자신들이 무엇을 어떻게 할 것인지를 약속하는 과정으로서, 계약을 통해서 사례관리에 참여하는 모든 당사자들이 책임감을 가지고 적극적으로 참여하고자 하는 동기부여가 되어야 한다. 물론 사례관리의 모든 과정이 참여적으로 진행되어야 하지만, 특히 계약과정에 참여함으로써 아동의 보호자들은 서비스의 일방적인 수혜자가 아닌 적극적인 서비스의 주체로서 자신의 역할에 대한 책임감을 갖게 되는 것이다.

간혹, 사례관리자가 일방적으로 사례계획을 수립한 후 아동의 보호자에게 동의서에 도장을 찍도록 하거나, 서비스 제공 기관들과 분명한 계약을 하지 않고 서비스를 시작하기도 한다. 이런 경우에 대체로 아동의 보호자가 서비스에 불성실하게 참여하다가 사례관리자에게 책임을 묻거나 서비스 제공

기관들이 사례관리자가 목표로 했던 서비스를 제공하지 않는 경우가 발생한다. 예를 들면, 아동상담기관에 아동의 심리치료를 의뢰했는데, 막상 모니터링을 하고자 했더니 비밀보장을 이유로 진행 상황을 사례관리자와 공유하지 않는 경우가 있다. 만일 사례관리자가 서비스를 의뢰하면서, 사례관리의 목적과 방법을 설명하고 함께 서비스 계획을 수립하는 과정에 참여하도록 하고, 계획수립의 마지막 단계인 계약을 통해서 3개월에 한 번씩 모니터링을 하는 사례회의에 참석해야 한다든가, 모니터링을 위한 자료를 제출해야 한다는 역할과 내용을 분명히 규정한다면, 이와 같은 일이 발생하지는 않을 수 있다.

계약은 서면계약과 구두계약이 있다. 구두계약은 형식적이지 않아서 자연스러운 장점이 있다. 때로 아동의 보호자들은 계약서에 도장을 찍는다는 과정 자체를 부담스러워하기도 한다. 간혹 계약서에 있는 내용을 불미스럽게 악용하는 클라이언트들도 있어서 서면계약을 꺼리는 경우도 있다. 그러나 대체로 초기 면접부터 사정, 계약 전 단계까지 순조롭게 참여적으로 진행되어왔다면, 서면계약은 향후 사례관리의 책임 소재를 분명히 해줄 수 있으며, 각각의 역할을 분명히 이해하는 데 도움이 되고, 적극적인 참여에도 긍정적인 영향을 줄 수 있다.

일반적으로 사례관리 기관마다 계약서 양식을 마련하고 있는데, 클라이언트뿐만 아니라 서비스 제공 기관과도 서면계약을 하는 것이 바람직하며, 대체로 다음과 같은 내용이 포함된다.

a. 서비스 계획 및 전략
b. 사례관리자, 클라이언트, 서비스 제공자의 책임과 역할
c. 사례관리 기간
d. 계약 변경에 관한 조항

4) 서비스 계획 수립 연습

이상과 같은 내용을 모두 고려하여 서비스 계획을 수립하기는 쉽지 않은 일이지만, 교육과 경험을 통하여 바람직한 계획을 수립하게 될 것이며, 가능하면 사례회의 등을 통해서 수립된 계획을 점검할 필요가 있다.

다음은 서비스 계획을 수립해 볼 수 있는 연습의 예이다.

예 **서비스 계획 수립 연습**

다음 사례에 대하여 클라이언트에게 필요한 서비스 리스트를 작성하고 이 서비스들이 포함된 서비스 계획 및 전략을 수립해 보시오.

- 두 명의 자녀를 데리고 있는 어머니가 노숙인 길거리 상담을 하던 사회복지사에 의해 사례관리자에게 연계되었다. 상담을 통하여 가정폭력을 피해 급하게 자녀 둘을 데리고 집을 나왔는데, 자신이 아는 곳에 가면 남편에게 들킬까 봐 무작정 멀리 가고 있다고 하였다. 이틀 동안 제대로 먹은 것이 없고, 어머니는 어딘가 아파 보였으며, 8개월된 아기와 3세된 아이는 몸에서 악취가 나고 있었다.
- 어린이집의 사례관리자가 교사로부터 4세 반 남자아동이 식사 때마다 폭식을 하고, 친구들에게 공격적인 행동을 자주 하는데, 최근에는 성적인 장난을 자꾸 한다며 사례관리를 요청받았다. 가정방문과 아버지 상담을 통하여, 아동의 아버지가 일정한 직업 없이 주로 집에서 술에 취해 있거나, 밤늦게까지 성인물을 보고 있고, 아동을 먹이거나 씻기거나 옷을 챙겨주는 일을 거의 하지 않고 있음이 파악되었다. 집안은 쓰레기로 가득 차 있으며, 냉장고는 비어있었고, 폭력적인 말투와 태도를 보였으며, 6개월 전에 가출한 아내에 대한 분노가 극도에 달해있었다.

(4) 실행 및 모니터링

1) 실 행

실행(implementation)이란 이미 세워진 개별화된 서비스 계획을 행동으로 실천하는 것으로서, 실행과정에서 아동과 가족의 욕구와 문제를 위해 수립된 서비스 계획을 실제로 실천하게 된다. 서비스 계획에 따라서 아동과 가족, 서비스 제공기관들이 각자의 역할을 수행하고 아동과 가족에게 목표했던 긍정적인 변화가 일어나도록 서비스가 실제로 수행되는 과정이다. 가장 눈에 보이는 단계이며(Sheafor *et al.*, 2000: 437), 사례관리의 특징을 가장 잘 나타내주는 과정이다(Gursansky, Harvey & Kennedy, 2003: 71에서 재인용).

실행과정에서는 계획했던 대로 다양한 서비스가 제공되는데, 사례관리자가 아동과 가족에게 서비스를 직접 제공하기도 하고(직접 서비스), 지역사회의 자원을 연계하기도 하며(연계), 필요한 자원이 지역사회에 없는 경우에는 서비스를 만들어내기도 한다(옹호). 직접 서비스를 제공하거나 간접적으로 서비스를 연계하는 것뿐만 아니라, 클라이언트의 권리를 대변하거나 옹호하는 역할을 수행하고 클라이언트를 위해서, 혹은 클라이언트와 함께 지역사회 환경의 변화를 위해 노력하는 것은 사례관리자가 수행하는 중요한 역할로서 강조된다. 실행과정에서의 모든 노력은 서비스 계획에 기반을 두어야 하며, 계획에 없는 내용을 수행해야 할 필요가 발생하면, 재사정을 하여 다시 서비스 계획을 수립하는 것이 바람직하다.

일반적으로 영유아보육현장의 사례관리에서 제공될 수 있는 서비스들은 다음과 같다.

① 서비스 직접 제공

클라이언트의 욕구와 문제에 기초하여 설정된 목표를 달성하는 데 필요한 서비스들을 사례관리자가 직접 제공하기도 한다. 영유아보육현장에서의 사례관리자는 기본적인 상담 서비스, 정보제공 등을 포함하여 사례관리자의 전문성에 따라 다양한 서비스가 직접 제공될 수 있다.

일반적으로 영유아보육현장의 사례관리자가 직접 제공될 수 있는 서비스는 다음과 같다.

a. 아동 및 부모상담

영유아보육현장에서는 생활지도, 상담, 심리치료 등이 서비스로 제공될 수 있다. 이들 서비스는 유사한 기능으로 제공되고 있어서 차이를 구별하지 않고 사례관리자에 따라 생활지도와 상담을, 혹은 상담과 심리치료를 혼용하기도 한다. 일반적으로 생활지도는 교육적 용어로서 교육현장에서 학생들이 학교 내외에서 당면하는 적응, 선택, 발달상의 문제를 돕기 위해 모든 학생에게 제공되는 계획적인 지도활동을 의미하며, 심리치료는 심각한 정서적 문제에 역점을 두는 치료적 용어라 할 수 있다(김충기 · 강봉규, 2001: 23-24). 그런데 상담과 심리치료는 명확히 구별하기 어려워서 사례관리자들이 때로 자신이 직접 상담해야 하는 상황인지, 외부에 심리치료를 의뢰해야 하는 상황인지 혼란스러워 하거나, 자신은 사례관리자이므로 상담서비스는 외부의 심리치료 전문가들에게 의뢰해야 한다고 생각하는 경우가 있다.

상담과 심리치료에 대해 로저스는 교육계에서는 상담이라는 표현을 쓰는 경향이 있으며, 치료와 교정의 목적으로 면담이 이루어지면 심리치료라고 부르고 개업한 사회복지사나 심리학자, 정신과의사들이 주로 사용한다(한승호 · 한성열 역, 1998: 21-22)고 설명한 바 있다. 그러나 대체로 상담은 교육적이고 지지적이고 상황적이며 문제 해결적인 동시에 의식적인 인식을 특징으로 하며 정상적인 것을 강조하고 일시적인 욕구불만이나 갈등의 해결 등에 초점을 둔다. 반면, 심리치료는 주로 심각한 심리·정서적인 문제에 대해서 재구성적·심층분석적 문제해결이나 정서적인 장애나 심각한 이상 행동에 관여하여 치료와 교정을 목적으로 하므로 주로 정신과의사나 임상심리 전문가에 의해서 제공되는 서비스이다(김충기·강봉규, 2001: 24-25).

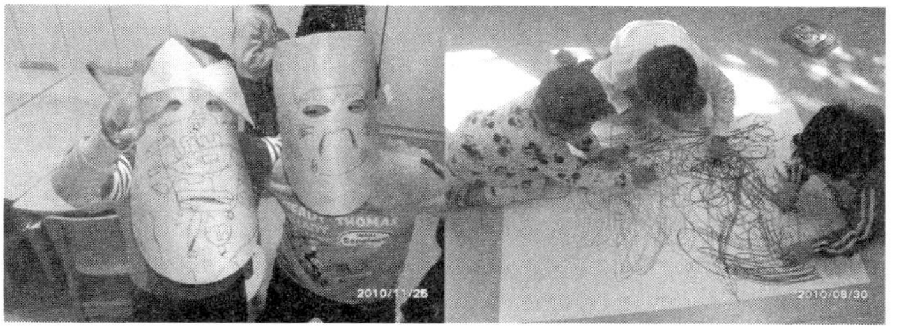

〈미술치료 장면: 사하삼성어린이집〉

체계적으로 심리치료의 어떤 영역에서 이론과 기술, 치료경험을 축적하여 전문적인 자격을 갖추었으면 심리치료를 직접 제공할 수도 있겠으나, 기본적으로 사회복지를 전공한 사례관리자들은 관계론, 면접론, 과정론 및 사회복지실천 이론들에 기초하여 아동과 부모 상담을 진행할 수 있다. 간혹 사례관리자들이 자신들은 상담전문가가 아니기 때문에 상담기능을 수행하지 않고 연계만을 해야 한다고 생각하는 경우가 있는데, 학부나 대학원에서 사회복지를 전공하였다면, 인테이크 면접이나 사정을 위한 면접 이외에도 실행과정에서 서비스 제공으로써 상담을 할 수 있어야 한다. 특히 영유아보육현장에서는 사례관리자가 아동 및 부모와 가장 가깝게 자주 대하게 되므로 아동과 부모에게 필요하고 사례관리자 본인이 가능한 상담서비스는 직접 제공하는 것이 바람직하다.

상담은 일반적으로 안전하고 전문적인 대인관계를 형성하고 이에 기초하여 내담자에게 필요한 변화를 일으키는 심리적인 원조과정이라 할 수 있다. 영유아보육현장에서는 주로 아동과 부모를 대상으로 상담서비스를 제공할 수 있다.

핵심체크 상담의 형태(김충기 · 강봉규, 2001: 20-22에 기초하여 정리)

- 위기상담 : 위기상황의 발생으로 자기의 일을 제대로 대응할 수 없게 되었을 때, 제공. 위기상황에 즉각적으로 상담서비스를 제공하여 더 심한 행동장애 등을 예방. 예를 들면, 가족의 사망, 이혼, 가족원의 가출, 실직, 자녀의 비행 등과 같은 상황에서 강한 정서를 수반하며 도전이 되는 위기를 경험할 수 있는데, 지지나 직접적인 개입 등의 상담서비스를 통해서 위기상황을 극복하고 안정상태의 회복이나 성장 도모
- 촉진상담 : 아동들이 비교적 명백한 활동을 성취하도록 도와주는 상담. 학업문제나 또래 관계 문제, 적응문제 등에 관해서 내용과 감정을 반영하고, 정보제공, 해석, 직면, 행동지시 등과 같은 개인상담을 통해서 대응해 나갈 수 있는 적응력을 키울 수 있도록 촉진
- 예방상담 : 장차 일어나게 될 문제들을 사전에 필요한 정보를 제공하거나 적절한 프로그램을 통해서 인식 및 행동의 변화를 일으키도록 함으로써 예방. 안전사고, 성폭력 등과 같은 영역에 대해서 집단 프로그램, 혹은 개별 상담을 통해서 문제 및 사고의 발생을 예방
- 발달상담 : 전 생애 과정에서 이루어지는 상담이며, 학령전기 영유아들에게는 기본적인 생활태도 및 규칙, 습관, 자아존중감, 또래관계 등 사이에 적절한 인지 · 정서 · 행동 · 사회성 발달을 이루도록 개입. 발달 지연이 되는 영역에 대해서 아동뿐만 아니라 부모와도 상담을 통해 아동의 발달을 촉진하도록 함

– **아동상담** : 아동상담이란 아동을 대상으로 아동의 바람직한 변화를 목적으로 진행되는 상담으로서, 상담의 목적에 따라 위기상담, 촉진상담, 예방상담, 발달상담의 형태로 제공될 수 있다. 대체로 새 학기 적응에 문제가 있거나, 갑작스러운 가정생활의 변화가 있거나, 또래 관계나 인지 · 정서 · 행동상의 문제가 있을 때, 목표에 기초하여 상담서비스를 제공함으로써 성장에 지장을 주는 장애들을 극복하도록 주고, 그들이 가진 잠재적인 자원을 최적의 상태로 발달시키도록 도와주며 문제를 예방한다. 기본적으로 사례관리자는 사례관리 초기 과정부터 아동의 발달단계에 맞는 태도와 표현, 따뜻하고 친밀하며 지지적인 느낌을 줌으로써 라포를 형성하여야 하며, 서비스 계획에 기초하여 회기별 목표를 달성해 나아간다. 아동이 심각한 이상 행동이나 정서 장애를 보여서 장기적인 심리치료가 필요한 경우에는 외부의 전문상담가를 연결한다.

– **부모상담** : 영유아보육현장에서는 아동뿐만 아니라 아동의 부모나 아동을 주로 보호하고 있는 보호자가 서비스 대상이 되어야 하는 경우가 많다. 아동이 지각을 자주 하거나, 일과중에 자주 졸거나, 간식이나

식사시간에 과도한 식욕 혹은 지나친 편식을 하거나, 날씨에 맞지 않는 옷을 입거나, 공격적인 행동을 하거나 나이에 어울리지 않는 행동이나 표현을 하는 등 다양한 영역의 아동문제가 부모의 부적절한 양육태도와 가정환경에 원인이 있을 수 있다. 물론 아동학대 수준의 심각한 상황인 경우라고 사정과정에서 파악되면, 아동보호전문기관에 신고하고, 아동의 문제가 심각해서 심리치료가 필요하다고 판단이 되면 외부 심리치료 전문기관에 의뢰하겠지만, 부모상담을 통해서 부모의 양육행동 및 태도, 가정환경의 변화가 가능한 경우도 많다. 부모나 보호자의 심리·정서적 문제, 가족관계, 자녀양육, 가정문제 등 다양한 욕구가 있는 부모를 대상으로 개별상담 서비스가 제공된다. 영유아보육현장의 사례관리자는 부모상담을 통해서 부모의 양육태도, 양육행동에 대한 바람직한 변화를 유발하거나, 양육기능 향상에 필요한 정보를 제공하기도 하는 등 부모로서의 역량을 강화하도록 지원한다. 물론 부모도 심각한 심리·정서·행동상의 문제가 있어서 심리치료와 교정이 필요하면 외부 전문가를 연계한다.

예 심각한 부부갈등과 가정폭력으로 공격성을 보이는 아동사례

- 지섭이는 6세 반에서 다른 아동에게 공격적인 행동과 욕을 하며 반 분위기를 어지럽히는 등의 문제행동을 보이고 있다. 현재 지섭이의 부는 실직상태이며 모와 심각한 갈등관계에 있고 모에게 정신이상자라고 하는 등 언어폭력도 자주 하고 있다. 모는 먼 거리 직장에 다니며 생계를 책임지고 있어서 심신이 지쳐 있는 상황이다. 한편 청소년기에 접어든 지섭이의 형은 집에서도 폭력적인 언행을 보이고 있고 학교폭력에도 가끔 연루되고 있어서 모는 지섭이의 형이 문제이지 지섭이는 별문제가 없다고 느끼고 있다.

→ 이 사례에서 지섭이의 문제 행동은 가정환경에 영향을 받고 있는 것으로 보이므로, 어린이집에서 지섭이의 문제 행동에만 개입하는 것으로는 성과를 거두기 어려울 것이다. 지섭이의 모는 현재 심리적으로나 신체적으로 지쳐 있는 상황이어서 적절한 훈육을 감당하지 못하고 있다. 사례관리자는 일단 지섭이 모에 대한 지속적인 상담을 통하여 정서적 지지를 한 후, 지섭이의 문제가 부부갈등이나 형의 문제행동과 관련이 있음을 인식하도록 한다. 지섭이 모에 대한 상담을 통해 역량을 강화함으로써 가족문제에 대한 변화를 시도할 수 있을 것이다. 이후 필요에 따라 부부상담과 청소년상담 서비스를 연계한다.

예 　부모가 아동의 상황에 대해 인정하지 않는 사례

- 지선이는 다양한 문제 행동을 보이고 있으며 특히 인지발달이 다소 지연되고 있는 것처럼 보이는데 지선이의 부모는 이와 같은 상황을 인정하지 않고 있다. 사례관리자는 아동의 인지발달을 촉진하는 프로그램이 필요하다고 판단했으나 부모는 이 프로그램의 참여에 동의하지 않고 있다. 이런 경우에 사례관리자는 어떻게 대처해야 하는가?

→ 이러한 상황은 영유아보육 현장에서 사례관리자들이 자주 경험하게 된다. 모든 경우에 적용될 수 있는 정답이 있는 것은 아니지만, 대체로 강점 관점의 부모상담을 충분히 하는 것이 효과적이다. 부모들은 자녀에게 문제가 있다고 접근하면 방어적이 되는 경향이 있다. 자녀의 장점이나 부모의 장점을 강조하면서 접근해야 같은 편으로 느끼게 되는 것이다. 사례관리자가 아동의 문제를 언급하기 이전에 아동의 강점을 강조하면서 아동에게 애정과 관심이 있음을 충분히 전달해야 한다. 이 과정에서 사례관리자를 신뢰하게 될 것이며, 신뢰관계가 형성된 이후에야 아동의 문제에 대한 구체적 개입이 시작될 수 있다.

→ 이후 아동의 문제를 인식하도록 원조하기 위해서는, 또래와 함께하는 놀이장면이나 활동 내용 등을 비디오로 촬영해서 다른 아이들과 어떻게 다른지 보여주도록 하거나, 표준화된 검사 결과 등을 통해서 객관적으로 자녀 문제를 볼 수 있도록 할 수 있다.

→ 아동의 문제에 대한 인식을 한 이후에는 대체로 프로그램 참여에 동의하게 되지만, 그렇지 않은 경우라면 프로그램에 대한 상세한 소개를 하거나 직접 프로그램을 살펴볼 수 있는 기회를 제공하거나 혹은 성공적인 사례나 성과를 설명해 줌으로써 참여에 대한 동기부여를 할 수 있을 것이다.

b. 멘토링[1)]

심리·정서적으로 불안정하고 위축되어 있거나 학습능력이 부진한 아동, 행동상의 교정 등이 필요한 경우 등 다양한 목적으로 아동과 자원봉사자를 1 : 1로 결연하여 지속적인 활동을 하기도 한다. 멘토링을 통해서 심리·정서적 지원을 하거나, 개별학습지도를 하여 부모역할이 취약한 아동들에게 부모역할을 보완하여 줌으로써, 아동의 자존감, 사회성을 향상하거나 인지발달을 촉진한다. 사례관리 서비스 계획에 따라 멘토링이 진행되는 것이므로, 사례관리의 서비스로 제공되는 멘토링은 반드시 사례관리 목표와 계획에 맞는 활동으로 계획하여 진행해야 하며, 정기적으로 모니터링해서 이를 확인해야 한다.

멘토링은 다양한 영역에서 활용되며 개념도 다양하게 정의되고 있는데, 보편적으로 '경험이나 스킬이 많은 사람을 경험이나 스킬이 더 적은 사람과

---

1) 멘토와 멘티간에 나이 차이가 많고 역할 모델이나 코치보다는 학습을 지도하거나 올바른 생활태도와 행동을 지도하는 교사의 역할을 주로 수행하므로 영유아를 대상으로 성인이 학습지도와 생활지도를 하는 것에 대해서 멘토링이라 규정할 수 있는지에 대해서 의문이 제기되기도 하지만, 멘토링은 워낙에 다양한 영역에서 적용되어 활용되고 있는 개념이며 이미 영유아보육현장에서 사용되고 있는 용어이므로 그대로 사용하기로 한다.

의도적으로 짝지어, 합의된 목표에 따라 특정 역량을 키우고 개발하는 것'이라고 이해되고 있다(이용철 역, 2005: 17). 대체로 멘토는 경험이 많고, 역할모델이 되는 사람으로서 누군가가 학습하고 성장할 수 있도록 기꺼이 도와주는 사람을 말하며, 멘토로부터 도움을 받는 사람을 멘티, 혹은 프로테제라고 한다. 그리고 이들의 활동을 촉진하도록 도움을 주는 역할을 수행하는 퍼실리테이터(facilitator), 혹은 코디네이터(coordinator)가 있다.

멘토링 프로그램은 대체로 다음과 같은 흐름도에 의해서 실행된다.

핵심체크 멘토링 프로그램 실행 흐름도

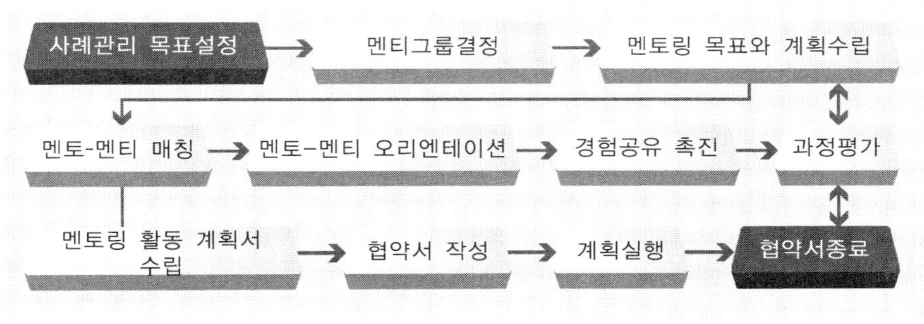

영유아보육현장에서의 멘토는 대개 대학생, 주부, 전문 자원봉사자 등이 참여하며, 다양한 목적과 방법으로 멘토링이 활용될 수 있다. 멘토링 서비스를 제공하기 위해서 사례관리자는 코디네이터로의 역할을 수행하는데, 멘토로 활동하고자 하는 자원봉사자를 모집하여 목적에 따라 활동 내용과 방법을 교육한 후, 멘티가 될 아동의 특성을 고려하여 1 : 1로 결연한다. 이후 지속적인 모니터링을 하면서 동기를 부여하고 활동을 촉진하도록 하며, 슈퍼비전을 제공하고, 필요한 경우에는 재교육을 한다.

일반적으로 멘토링의 성패는 사례관리자가 어떤 목표를 가지고 멘토링을 하는 것인지 멘토와 아동의 부모가 충분히 이해하는지에 좌우된다. 사례관리의 목표와 멘토링의 활동 내용이 다르다든지, 부모가 멘토에게 사례관리자와는 다른 요구를 해서 갈등이 생기는 경우가 실천현장에서 자주 경험되고 있다. 사례관리자가 멘토와 멘티를 결연시켜 놓고 주기적으로 모니터링하지 않는 경우, 성공적인 멘토링이 진행되지 못하기 때문에 멘토링 활동이 계획대로 원활하게 진행되기 위해서는 반드시 모니터링을 통해서 활동을 지원할 수 있는 체계를 구축해야 한다.

또한, 충분한 준비기간을 가지고 멘토링에 관한 이해, 사례관리에 관한 이해, 아동의 발달단계에 관한 이해를 하도록 멘토들을 교육하고, 결연될 아동의 특성도 미리 이해하도록 하는 것이 바람직하다. 사례관리 서비스 계획에 따라 개별 학습지 지도, 놀이활동, 동화책 읽어주기, 독서지도, 미술활동 등 전체 기간의 멘토링 활동이 계획되어 제공되어야 하며, 코디네이터로서 사례관리자는 멘토들이 실제 활동을 하는 데 어려움이 없도록 지원해야 한다.

멘토링은 대개 자원봉사자들이 참여하는 활동이어서 책임감 있게 활동하도록 지지하는 것이 중요하며, 이를 위해 다양한 인증제도를 갖추기도 한다. 선발과정에서 일정 기간은 책임 있게 활동할 것을 서약하도록 하고, 활동 후 수료증이나 인센티브를 줌으로써 동기부여를 할 수 있다.

핵심체크 멘토링을 시작할 때 주의해야 할 점(권채령 역, 2008)

- 물과 기름처럼 절대 어울릴 수 없는 멘토와 멘티도 있다.
- 서로의 기대 수준을 명확하게 밝히고 솔직하게 이야기하라.
- 해야 할 것도 많지만 하지 말아야 할 것도 있다.
- 인간관계 스타일에 따라 멘토링의 양상도 달라진다.
- 멘토링 관계의 득과 실을 숨김없이 이야기하라.
- 남성 멘토와 여성 멘티 사이에는 더욱 세심한 주의가 필요하다.
- 멘토링 초기부터 관계의 발전, 변화, 종료를 대비하라.
- 정기적인 반성과 평가의 자리를 계획하고 마련하라.

〈멘토링 활동 장면: 대구삼성어린이집〉

c. 부모교육

부모교육은 영유아보육현장에서 가장 일반적으로 제공되는 서비스 중의 하나이다. 보육교사나 부모교육 전문가에게 의뢰해서 일반적인 내용으로 전체 학부모를 대상으로 진행되기도 하지만, 사례관리 서비스를 받고 있는 아동은 대체로 부모들이 비슷한 문제나 욕구를 가진 경우가 많기 때문에 사례관리자가 소집단으로 부모교육을 시행하기도 한다. 저소득 가정이나 한부모 가정, 맞벌이 가정, 조손가정, 다문화가정, 장애아동 가정 등과 같이 보호자로서 양육기능을 수행하는 데 공통적인 어려움이 파악되는 경우, 집단을 구성하여 부모교육을 제공한다.

소집단 부모교육을 사례관리자가 직접 실시하고자 하는 경우에도 물론, 아동의 사례관리 계획의 수립시 참여하게 될 부모를 선정하게 되며 사례관리자는 사례관리 서비스 계획에 기초하여 부모교육의 회기와 내용, 방법 등을 결정한다. 집단 부모교육이라 할지라도, 사례관리 서비스로 제공되는 것이므로 개별 아동의 사례관리 목표에 부합되어야 하는 것이며, 그러므로 여러 아동의 개별 아동사례관리 서비스 계획에 가장 부합되도록 소집단 부모교육의 내용과 기간, 방법 등이 구성되어야 한다.

부모교육도 전문가에게 의뢰할 수도 있지만, 영유아보육현장의 사례관리자의 경우 부모교육에 관련된 전문성을 직접 축적해서 직접 서비스를 제공하기도 한다.

〈부모교육 장면: 구로삼성어린이집〉

예 **대상자별 부모교육 주제 선정의 예**

- 맞벌이가정
  부모역할 분담, 아동방임 예방, 양육의 질과 양의 문제 등
- 가정폭력 및 아동학대 위험 가정
  부부대화법, 아동학대 방임 예방, 가정폭력의 영향 등
- 조손가정
  조손가정의 이해, 자녀양육에 대한 이해, 양육스트레스 대처 방법, 의사소통 기술
- 빈곤가정
  심리사회적 스트레스 해소, 각종 취업알선 프로그램 및 자립지원 교육 안내
- 한부모 가정
  한부모 감정이해(분노, 우울, 슬픔), 이혼·사별가정의 아동의 심리, 이혼과정별 적응 등
- 다문화가정
  문화적 차이, 자녀양육 방법의 문화적 차이, 지역사회의 유용한 자원 접근 방법 등
- 장애아동 가정
  장애아동의 특성, 장애 수용 단계, 비장애 형제 양육, 양육스트레스 대처 방법 등

d. 문화체험

문화적 체험의 기회가 부족한 아동과 가족을 대상으로 문화체험 기회를 제공하기도 한다. 문화예술활동은 문화적 측면에서 정체성을 강화하고 문화적 가치관을 확산하며 문화적 다양성을 높이는 효과가 있을 뿐만 아니라 사회적 측면에서 건강을 증진하고, 창의성을 향상하며, 의사소통 능력을 향상하고, 타인에 대한 포용력을 높이며, 사회성 및 기술을 향상하고, 사회적 네트워크를 확대하며, 상호간 신뢰감을 증가시키고, 사회적 배제를 감소시키며, 반사회적 행동 및 범죄를 예방하는 등의 효과가 있다고 보고되고 있다(양현미, 2007: 67).

영유아에게 문화활동은 발달을 촉진하는 필수 영역의 활동으로서 영유아기 문화박탈은 심각한 발달상의 어려움이나 적응상의 문제를 가져오기도 한다. 보육현장에서 제공하는 문화체험만으로는 욕구가 충족되지 않거나, 가족과 함께 하는 별도의 문화체험이 필요하다고 파악되는 아동과 가족에게 문화체험 기회를 제공함으로써, 부모-자녀 관계를 강화하고, 자녀에 대한 이해를 촉진하며, 집단 문화활동 과정에서 효과적인 부모교육이 이루어지기도 하고, 아동의 정서발달을 지원하기도 하며 가족간의 소중한 추억을 만들어 가족유대를 강화하는 등 다양한 목적을 달성할 수 있다.

문화체험 프로그램을 제공할 때, 사례관리자는 참여 대상자들의 욕구와 특성을 충분히 파악하여 역기능적인 집단 역동이 일어나지 않도록 구성해야 하며, 교통이나 날씨, 안전 등을 포함하여 세부적인 항목까지 치밀하게 서비스 계획을 수립하여 진행해야 한다. 문화체험 역시 사례관리 서비스의 일환으로서 제공된다는 점을 잊어서는 안 되며, 문화체험을 통해서 달성하고자 하는 목표가 분명히 개별 아동의 사례관리 서비스계획 단계에서 기술되어야 하고, 이에 기초하여 유사한 문화체험이 필요한 아동과 가족들이 참여할 수 있도록 프로그램을 기획해서 제공해야 한다.

e. 경제적 지원

아동양육을 위해서는 의식주와 교육 및 보건의료 등 기본적인 생계비가 필요한데, 저소득층 가족 중에는 경제적인 어려움 때문에 아동의 건강한 발달을 위해 필수적인 지출을 하지 못하는 경우도 있다. 물론, 국민기초생활보장제도에 따라 수급 가정으로 책정되면 최저생활을 유지하기 위하여 생계비와

의료비, 교육비 등이 지원되지만, 아동과 가정의 상황에 따라서 부가적인 지원이 필요한 사례가 있다.

또한, 수급 가정으로 책정된다는 것은 부모가 근로능력이 없거나 최저생계비를 가계 소득을 통해 확보할 수 없고 자산도 기준선 이하임을 의미하는 것이다. 그러므로 수급 가정으로 책정되지는 않았으나 실제로 어려운 상황도 있고, 차상위 가정으로서 아동의 특별한 욕구를 충족시키지는 못하는 상황도 있다.

가족이 경제적 지원을 요청하거나, 사례관리자가 지원이 필요하다고 파악되었다면, 실제 상황을 더욱 면밀하게 사정해서 실제로 도움이 되는 방식으로 지원해야 한다. 간혹 사회복지 및 영유아보육 현장에서는 실제적이고 정확한 사정없이 서류나 가족과의 면담에만 기초해서 가족이 요구하는 경제적 지원을 수동적으로 함으로써 오히려 가족의 경제적 능력을 약화시키고 제도에 대한 의존심만 키우는 경우가 있다.

대체로 경제적 지원은 자원 연계를 통해서 제공되는 서비스이지만, 긴급하게 경제적 지원을 먼저 해야 하거나 지역사회의 다른 자원에 의한 지원은 자격 미비 등의 문제로 어려운 경우도 빈번하게 있어서, 사례관리자가 속한 기관 내에 자원을 축적하거나 예산을 할당하여 지원하거나 비용을 감면하는 방식으로 직접 제공되기도 한다. 경제적 지원은 일시적인 지원을 통해서 장기적인 대책이 마련되는 방식으로, 자립능력을 향상하는 방식으로 지원되어야 하며, 특히 영유아보육현장 사례관리에서는 가족에 대한 경제적 지원을 통해서 아동의 욕구가 충족되는지 여부를 확인하는 것이 중요하다.

경제적 지원의 형태는 보육료 감면, 학용품이나 특별활동비 지원, 급식비 지원 등 보육에 필요한 비용 지원이 있고, 그 밖에 유료 상담비용 지원, 교통비나 장애보장구 지원 등 사례관리 서비스 계획에 따라 제공되어야 하는 서비스 비용을 지원하는 형태가 있다.

경제적 지원 역시 사례관리 서비스 계획에 기초해서 제공되는 것이다. 사례관리는 기본적으로 예산을 효율적으로 책임성 있게 집행하는 것을 특성으로 한다. 간혹 사례관리 현장에서 불필요한 경제적 지원이 중복적으로 제공되어서 오히려 클라이언트의 역량강화에 역행하는 상황도 관찰되고 있다. 다른 모든 서비스와 마찬가지로 경제적 지원도 반드시 체계적이고 전문적인 사정에 기초하여 구체적이고 실제적으로 계획되어 실행되어야 하며, 많이 지원될 수록 도움이 되는 것은 절대 아님을 명심해야 한다.

② 서비스 연계

사례관리는 전통적인 사회복지 실천방법론보다 서비스 연계를 적극적으로 하는 것이 특징이다. 사례관리자가 직접 서비스를 제공하기도 하지만, 대부분의 사례관리 대상은 복잡하고 심각하며 만성적인 욕구와 문제가 있기 때문에 한 명의 사례관리자가 제공할 수 있는 서비스의 범위를 넘어서는 경우가 많아서 서비스 연계가 특히 중요하다. 클라이언트가 자신이 필요한 서비스들이 어떤 것들인지 파악해서 서비스를 받을 수 있는 기관을 일일이 찾아다니지 않아도 되며, 사례관리자가 아동과 가족과 함께 수립한 서비스 계획에 따라 필요한 서비스를 연계한다는 점이 사례관리가 오늘날 다양한 영역에서 활용되는 이유라 하겠다.

그런데 서비스 연계를 위해서는 클라이언트에게 필요한 자원이 지역사회 내에 존재해야 한다. 사례관리자는 지역사회에 어떠한 자원이 있는지 확인하고, 만들어내며, 또 유지하도록 노력해야 하고, 존재하는 자원을 지속적으로 최신화(up-to-date)해야 한다(Gursansky, Harvey & Kennedy, 2003: 72). 계획 단계에서는 확실히 가능했던 것으로 파악했던 서비스들이 서비스 제공 기관의 상황에 따라 제공할 수 없게 되기도 하며, 기관간에 갈등이 유발되기도 한다. 그래서 서비스를 연계하는 것은 단순하게 클라이언트와 서비스 제공 기관을 연결해주는 것 이상의 창조적인 작업이다. 서비스 제공자와 사용자 사이의 장애나 한계, 갈등을 극복하도록 개입해야 하며, 지속적으로 모니터링하여 필요할 때 적절하게 개입하는 것이 사례관리자의 핵심적인 역할이다.

서비스를 연계할 때에는 계획에 따라 목표를 달성할 수 있는 적합한 서비스인지 확인해야 하며, 서비스 제공 기관과의 유기적인 협조관계를 통해 서비스가 적절하게 제공되어야 한다. 또한, 서비스 연계를 통해서 개별 기관으로서는 제공할 수 없는 다양한 서비스들을 포괄적으로 제공한다.

영유아보육현장에서는 직접 제공하지 못하는 서비스들을 지역사회 내의 자원을 연계하게 되는데, 이때 구청이나 읍면동사무소, 사회복지기관, 아동 및 가족관련 기관들과 같은 공식적 자원과 가족, 친척, 친구, 이웃, 교회, 자원봉사자와 같은 비공식적 자원들을 활용한다. 가족의 경제적 상황이 유료서비스를 받는 데 장애가 되면, 무료서비스가 있는지를 먼저 확인한다. 유료서비스인 경우에는 서비스 비용을 후원해주거나 협약 등을 통해 절감할 수 있도록 하기도 한다.

대체로 다음과 같은 서비스들이 연계되곤 한다.

a. 임상심리검사

아동에 대한 기초적인 발달검사들은 사례관리자가 직접 수행하기도 하지만, 전문적인 검사는 임상심리사에게 의뢰한다. 물론 각종 심리검사는 사정단계에서 실시하여 아동의 발달에 대한 포괄적이고 객관적인 정보를 수집하고 이에 기초하여 계획을 수립한다. 하지만 실행단계에서도 필요하면 아동과 가족원들에 대해서 부가적인 심리검사를 실시하여 실행이 적절하게 진행되고 있는지 파악할 수 있다.

b. 의료 서비스

정기적으로 신체검사를 하고 예방접종이나 치과 진료가 필요한 경우 보건소나 치과에 연계한다. 또 질병이나 장애와 관련하여 진단이나 치료가 필요한데 부모가 적절한 보살핌을 제공하지 못하고 있는 경우, 필요한 의료 서비스를 받을 수 있도록 의료기관과 연계한다. 의료보호나 건강보험으로 비용을 충당하기 어려운 가정의 경우에는 지역사회 내 의료비를 지원할 수 있는 기관을 확인하여 경제적인 이유 때문에 필요한 진단, 치료, 수술 등을 받지 못하는 경우가 없도록 한다. 때로 지속적이고 정기적인 치료가 필요한데, 부모나 보호자가 아동을 내원치료에 동행하기 어려운 경우에는 자원봉사자를 연계하거나 방문치료가 가능하도록 방안을 모색해야 한다.

c. 심리치료 서비스

계획에 따라 심리치료가 필요한 아동과 가족에게는 지역사회 내 심리치료 기관들을 연계한다. 아동, 가족, 심리치료 기관들의 상황에 따라 아동이 방문하여 치료를 받기도 하고, 치료자가 어린이집이나 가정에 방문하기도 한다.

최근에는 놀이치료, 미술치료, 음악치료, 언어치료, 작업치료, 무용치료 등 다양한 심리치료 서비스가 지역사회 내의 전문가들에 의해 제공되고 있다. 서비스가 제공되고 있는 기간에 사례관리자는 서비스 제공 기관들과 아동, 가족과 정기적으로 접촉하여 계획대로 서비스가 제공되고 있는지 확인하고 필요하면 개입한다. 심리치료는 치료자마다 전문성의 차이가 있어서 간혹 서비스의 질에 문제가 있는 경우도 있으므로 다양한 경로로 서비스의 질을 확인할 필요가 있다. 또한, 이들 치료자가 영유아보육현장에서의 사례관리에 관한 이해가 부족하여 팀워크가 어려운 경우도 발생한다. 이러한 경우에도 사례관리자가 적절한 역할을 수행해야 한다.

최근에는 심리치료와 관련해서는 바우처를 사용할 수 있는 경우가 있다. 필요하면, 바우처를 받을 수 있는지 자격 여부를 먼저 확인하고, 바우처를 받을 수 있도록 절차를 안내하고 사용방법을 안내한다.

d. 놀이, 독서, 학습활동 지원

영유아기에는 인지발달의 속도가 다른 어떤 시기보다 빠르다. 그러므로 이 시기에 인지발달을 위해 적절한 자극을 받지 못하면 누적적으로 영향을 주게 된다. 그래서 빈곤영유아를 대상으로 하는 사례관리 현장에서는 인지발달을 촉진할 수 있는 다양한 활동과 학습지원 서비스가 제공된다. 보육서비스의 일환으로 제공되는 활동 이외에 학습지원 서비스가 필요하다고 판단되면 가정방문 놀이지도, 독서지도 프로그램이나, 한글, 수개념, 한자, 영어 등 다양한 학습지 교사, 자원봉사자들에 의한 학습지원 활동들이 제공될 수 있다.

영유아기에 지나치게 학습 위주의 활동을 하는 것은 바람직하지 못하며, 다양한 신체·정서활동들을 통해서 인지발달이 촉진된다는 점을 부모들에게 이해시킬 필요가 있다. 간혹 부모나 보호자들이 나이에 맞지 않게 인지학습 위주의 활동만을 사례관리자에게 요구하는 경우가 있기 때문이다.

이들 활동 역시, 서비스를 연계할 때 사례관리의 일환으로 제공되는 서비스임을 서비스 제공자가 이해하도록 해야 하며, 서비스 제공 과정 동안에 정기적인 접촉을 통하여 적절한 서비스가 제공되고 있는지 확인한다.

e. 예체능활동 지원

영유아기에는 균형 있는 발달을 위해서 다양한 예체능활동을 지원하기도 한다. 아동의 재능과 흥미에 따라서, 혹은 욕구와 문제에 따라서, 피아노, 미술, 태권도, 수영 등의 활동을 할 수 있도록 지역사회 기관과 연계한다. 예체능활동은 다양한 문화적 체험을 목적으로 지원될 수도 있고, 특별한 영역에 재능과 흥미가 있는 아동에 대한 조기개입으로 지원될 수도 있다. 또한, 공격성이나 주의력집중 문제, 사회성문제 등이 있는 아동에 대해서도 각각의 문제를 완화하기 위한 목적으로 적절한 활동이 연계될 수 있다.

f. 식사 및 가사지원

장애부모나 조손가정의 아동 중에는 간혹 결식의 문제나 불결한 가정환경 때문에 위생이나 안전의 문제가 있는 경우가 있다. 혹시 저녁식사 주말, 공휴일에 결식이 염려되는 경우가 있다면 결식아동 지원을 받을 수 있도록 연계한다. 또한, 지역사회 복지 관련 기관 등을 통해서 필요하면 가사지원 서비스를 받도록 한다.

g. 자원봉사자 활동 연계 및 지원

다양한 목적으로 자원봉사자 활동을 연계한다. 아동과 가족에게 비공식 자원으로서 자원봉사자들의 역량을 강화함으로써 일차적 보호기능을 향상시킬 수 있으며, 자원봉사자들 역시 활동을 통해 자기 성장에 도움을 받게 된다. 그러나 자원봉사활동은 책임감이나 지속성의 문제가 있을 수 있다. 그러므로 자원봉사활동은 사례관리자에 의해서 체계적으로 서비스가 계획되고 관리되어야 한다.

특별한 목적에 따라 자원봉사자를 모집하고 이들이 계획에 따른 활동을 책임성 있게 수행하도록 체계적인 교육을 해야 하며, 이 과정에서 부적합하다고 판단되는 경우에는 활동에 참여시키지 말아야 한다. 충분한 준비과정을 거쳐 자원봉사 활동을 시작한 이후에는 활동상의 어려움이 있는지 정기적으로 확인해야 하며, 필요한 슈퍼비전을 통하여 원활한 활동이 되도록 지원한다. 자원봉사자들이 지속적인 활동을 하기 위해서는 적절한 인증제도를 갖추는 것이 필요하다. 시간이나 노력에 따라 수료증이나 수상기회, 활동보고 기회, 연말 파티, 다른 자원봉사자들을 지도감독할 수 있는 지위의 부여 등 다양한 방법이 있다. 자원봉사센터에 자원봉사활동 시간을 입력해서 자원봉사활동 경력이 관리되도록 하는 것도 중요하다.

사례관리자의 활동이나 집단 프로그램을 보조하는 역할을 할 수도 있고, 아동과 1 : 1로 학습지도나 생활지도, 독서지도 등과 같은 다양한 활동을 할 수도 있다. 또한, 부모나 보호자를 대신해서 외부 치료 서비스를 함께 데리고 다닐 수도 있고, 가정방문을 통해 부모나 보호자에게 자녀양육 역할에 대한 모델이 되거나 멘토가 될 수도 있으며, 가사지원을 할 수도 있다.

h. 공식적 자원 개발, 연계 및 관리

서비스를 연계하기 위해서는 기본적으로 계획에 부합되는 다양한 서비스들이 지역사회 내에 존재해야 하고, 이들 서비스 기관들이 사례관리 서비스에 참여해야 한다. 이를 위해서 다양한 지역사회 자원들의 목록을 작성하고 업데이트(최신화)하는 한편, 유기적인 협조관계를 구축하도록 협약을 체결하거나 기관끼리 계약을 맺도록 한다. 개별 사례마다 하기도 하지만, 대체로 대다수 사례에서 서비스를 받을 필요가 있는 기관에 대해서는 미리 네트워크를 형성해 놓는 것이 바람직하다.

영유아보육현장의 사례관리자들이 주로 네트워크를 형성하고 있는 공식적 자원들은 다음과 같다. 이들 기관 역시 사례관리를 하고 있기도 하므로 팀워크와 역할 조정이 필요하다.

- **지자체 사례관리자** : 지자체마다 사례관리자가 국민기초생활보호대상자를 관리하고 있다. 생계비, 의료비, 교육비 등 최저생계비를 지원하고 있으며, 지자체에 따라서 차상위계층이나 실질적인 빈곤가구를 위한 특별지원을 하는 경우가 있으므로 경제적 지원이 필요한 경우 지자체의 사회복지 서비스에 연계한다. 이외에도 한부모가족, 장애가족, 조손가족, 다문화가족 등에 대한 특별지원이 지자체마다 다양하게 있으므로 확인한다.
- **지역의 사례관리 전담기관** : 드림스타트(전국적으로 설치된 빈곤아동 사례관리 전담기관), 무한돌봄센터(경기도에 설치된 지역 사례관리 전담기관)와 같은 사례관리 전담기관들이 있다.
- **아동보호전문기관** : 아동학대가 의심되는 경우 아동보호전문기관에 신고하고 함께 사례관리한다. 현장조사를 통해 아동학대 여부를 판단하고 필요한 경우 아동과 가족에게 학대피해 관련 치료적 서비스를 제공해준다.
- **가정위탁지원센터** : 조부모나 친인척, 혹은 혈연관계가 없는 일반가정에 아동을 위탁하여 가정위탁보호 서비스를 제공하고 있다.

- 건강가정지원센터 : 가족에게 부모교육, 상담 등 다양한 서비스들을 제공하고 있다.
- 다문화가정지원센터 : 다문화가정에게 한글교육, 한국문화에 관한 교육 등 다문화가정들이 지역사회에 적응하도록 지원하는 서비스들이 제공되고 있다.
- 정신보건센터 : 정신건강과 관련하여 예방 및 치료적 서비스를 제공하고 있다.
- 지역아동센터 : 지역사회 내 방임의 우려가 있는 아동이나 일반아동들에게 방과 후 보육 및 복지서비스를 제공하고 있다.
- 자원봉사센터 : 자원봉사자의 활동시간 입력 및 관리뿐만 아니라 필요한 자원봉사자들을 파견해주기도 한다.
- 복지관 : 종합복지관, 노인복지관, 장애인복지관 등에서 대상별로 다양한 복지서비스를 제공하고 있다.
- 의료기관 : 보건소, 치과, 소아청소년과, 한의원 등 의료서비스를 제공하는 기관들이 있다.
- 심리치료 전문기관 : 소아정신과, 정신과, 아동가족 상담센터, 놀이·미술·음악치료센터 등에서 심리치료 서비스를 제공한다.
- 기타 : 그 외 지역마다 다양한 서비스 제공 기관들이 있다.

ⅰ 비공식적 자원 개발, 연계 및 관리

친구, 이웃, 친인척, 교회 등 다양한 비공식적 자원을 파악하고 이들이 필요한 서비스를 제공할 수 있도록 한다. 사례관리자의 체계적인 노력에 따라, 사례관리 이전에는 아동과 가족에게 별다른 도움이 되지 못하던 이들이 유용한 도움을 줄 수 있는 자원으로 변화될 수 있다. 자원사정을 통하여 비공식적 자원을 파악하고, 필요하고 가능하면 이들의 역량을 강화하여 아동과 가족에게 필요한 서비스를 제공하도록 한다.

예 **부적절한 경제적 지원의 예**

• 장애인보조기와 보육료 지원 : 장애아동 A의 부모는 A의 장애 때문에 갈등이 깊어져서 작년에 이혼하였다. 부는 매달 양육비를 지원하고 있으며, 모는 장애아동인 A의 치료를 위해 소형차를 소유하고 있다고 한다. A는 장애통합 어린이집에 매일 6시간 다니고 있고, A를 돌보기 위해 모는 취업을 하지 않고 있다. 장애아동 무상보육서비스를 받고 있는데, A의 모는 79만원 상당의 장애인보조기 비용 지원 요청을 하였고 사례관리자가 지역자원을 연계하여 지원을 받도록 노력했다.

– 모는 A가 장애아이므로 아이를 돌보기 위해서 취업을 하지 못하고 있다고 하였으나, 매일 6시간은 어린이집에 재원중이고 통원은 어린이집 차로 하고 있다. 모가 취업을 하지 않는 이유를 확인할 필요가 있었으며, 일시적인 장애인보조기 지원보다는 장기적인 소득안정 방안이 검토되었어야 한다.

③ 옹 호

사례관리에서 특징적으로 강조되는 개입 중의 하나가 옹호이다. 옹호란 사례관리자가 클라이언트의 권리를 위해 적극적이고 직접적인 역할을 수행하는 것으로서, 클라이언트는 도움이 필요한데 도움을 주는 기관에서는 서비스를 제공할 의지가 없거나 서비스 제공을 거부하는 경우, 혹은 지역사회 내에 서비스 자체가 존재하지 않을 때 요구되는 역할이다. 클라이언트를 옹호하기 위해서 사례관리자는 서비스가 제공되지 못하는 것과 관련해서 정보를 수집하고, 클라이언트의 욕구와 요구가 정당하다고 주장하며, 또한 서비스를 제공하지 않기로 한 기관의 의사결정에 대해 반박한다. 옹호의 목적은 특정 기관을 검열하거나 비난하려는 것이 아니라 클라이언트의 이익을 위해 그 기관의 서비스 정책을 수정하거나 변화시키는 것이다. 이를 통해 클라이언트의 역량을 강화한다(Zastrow, 2004: 77).

아동과 가족 스스로 자신이 필요한 서비스를 받지 못하는 경우가 있다. 이 경우 아동과 가족을 대신해서, 혹은 이들과 함께 필요한 서비스를 받을 수 있도록 요구하고 협상하여 서비스 제공을 어렵게 하는 상황을 변화시키는 것이다. 만일 지역사회에 필요한 서비스가 없다면, 지역사회 관계자들을 이해시키고 서비스의 필요성과 의의를 이해시키거나 협상하여 서비스를 만들도록 한다.

이러한 활동의 전 과정에서 가족과 함께 하는 것이 중요하다. 옹호는 클라이언트를 위해서 사례관리자가 필요한 서비스를 구해주거나 만들어 주는 것이 아니라 오히려 클라이언트가 필요한 서비스를 받기 위해 권리주장을 할 수 있도록 클라이언트의 역량을 강화하며 지원하는 과정이라 하겠다. 가족들은 사례관리자와 서비스를 만들어가는 과정을 함께 함으로써, 이후 유사한 상황에서 필요한 서비스를 스스로 획득할 수 있는 능력을 쌓게 된다.

실행과정에서 옹호 활동은 다양하다. 클라이언트가 필요한 서비스를 제공하지 않으려 하는 기관을 상대로 자신의 권리를 주장할 수도 있으며, 존재하지 않는 서비스를 만들어내기도 한다. 또한, 지역사회를 대상으로 권리를 주장하거나 권익보호를 위한 활동을 할 수 있다. 혹은 제도나 정책의 수립 및 변화를 위해서 거시적 수준의 활동을 전개하기도 한다. 앞서 언급한 바와 같이 이러한 활동은 클라이언트 스스로 수행하도록 안내하기도 하고, 클라이언트가 수행하도록 사례관리자가 지원하기도 하며, 클라이언트와 함께하기도 하고, 클라이언트나 특정 이슈와 관련해서 사례관리자가 수행하기도 한다.

예 옹호 역할의 사례

- 노인성 질환 때문에 집안일이 어려운 조손가정의 아동 A의 사례관리자가 가정봉사원 파견 서비스를 요청하기 위해서 노인복지관에 서비스를 의뢰하였다. 노인복지관의 사회복지사는 노인복지관 사례가 아니기 때문에 서비스 제공이 곤란하며, 서비스를 받고자 하면 노인복지관의 사례관리 사례로 인테이크되어야 하지만 현재는 사례가 너무 많아서 더 이상의 인테이크를 받기 곤란하다고 하였다.
  - A의 사례관리자는 이 노인복지관의 가정봉사원 파견 사업의 자격기준과 현황을 검토하였고, 위의 설명은 단지 사례를 더 맡고 싶지 않은 사회복지사가 서비스를 거절하기 위하여 부적절하고 복잡한 설명을 길게 한 것이라는 점을 파악하였다. 검토한 내용에 기초하여 다시 사회복지사를 만나서 서비스가 제공되어야 함을 설명하였고 필요한 서비스를 받을 수 있었다.
- 다문화가정 아동 B는 언어발달이 다소 늦어지고 있는데, B의 어머니는 아직 한국어가 서툴러 이제 읽기와 쓰기를 시작한 B의 학습을 도와줄 수 없는 것을 안타까워하고 있다. 한국어를 배우고 싶지만 배울 수 있는 곳이 없어 배우지 못하는 상황이다.
  - B의 사례관리자는 이와 같은 상황에 있는 다문화 여성들이 상당수 있음을 파악하였고, 이들이 한국어를 배우는 것이 얼마나 중요한지 지자체 공무원들과 시의원들에게 이해시켜서 시와 지역의 대학이 협력하여 평생교육원에 다문화 여성을 위한 한국어 강좌를 상설로 개설하게 하였다.

2) 모니터링

모니터링이란 서비스들이 계획대로 제공되고 있는지, 혹은 계획이 클라이언트의 욕구와 문제에 따라 적합한 것이었는지를 점검하고 확인하는 것이다. 전통적인 사회복지 실천과 비교하면, 사례관리에서는 사회복지사가 직접 서비스를 제공하기보다는 서비스 제공 기관에 연계하는 경우가 많기 때문에 모니터링의 중요성이 상대적으로 더 강조된다. 왜냐하면, 자신이 직접 서비스를 제공하는 경우에는 클라이언트의 변화를 직접 관찰하면서 목표가 달성되고 있는지 확인할 수 있지만, 서비스가 다른 서비스 제공 기관에 연계된 경우에는 어떻게 서비스가 전달되고 있는지, 서비스를 통해서 목표로 했던 변화가 일어나고 있는지, 클라이언트가 서비스에 대해서 만족하고 있는지 등을 직접 알 수 없기 때문에 모니터링을 통해서 확인을 해야 하는 것이다.

모니터링을 해야 하는 이유와 어떻게 할 것인지에 대해서는 서비스 계획 수립시 계약단계에서 분명히 각자의 역할을 규정하고 충분히 이해하도록 해야 한다. 그렇지 않으면, 클라이언트와 서비스 제공 기관들이 간섭이나 통제를 받는 것으로 여기거나, 불신하는 것으로 느껴 갈등이 유발되기도 하고, 필요한 정보를 공유하지 않아서 진행에 어려움을 겪게 되기도 한다.

효과적인 모니터링을 위해서 모니터링 방법에 대한 구체적인 계획이 수립되어 있어야 하고, 이에 따라 모니터링이 실행되어야 하며, 정기적으로 수행하는 것이 바람직하다. 일반적으로 사례관리자는 다양한 자료원을 통하여 정보를 수집하게 되며, 아동과 가족, 그리고 지역사회가 목표로 했던 변화를 유발하고 있는지, 세심하게 파악하여야 한다.

모니터링을 통해서 계획했던 변화가 일어나지 않거나, 계획했던 만큼의 변화가 일어나지 않는다면 사례관리자가 원인을 파악하여 대안을 모색하여야 한다. 때로는 클라이언트와 서비스 제공 기관간에 갈등이 야기되기도 하고, 클라이언트나 서비스 제공 기관에 문제 상황이 발생하기도 한다. 이때 사례관리자가 적극 개입하여 관계를 조정하거나 서비스를 조정해야 한다. 모니터링의 기능은 궁극적으로 목표를 달성하기 위한 것이며, 서비스 계획대로 실행되지 못하거나 문제가 발생되면 즉각 조정해야 한다.

사정과 서비스 계획단계에서 어떤 서비스가 가장 적합할지 결정하고 구체적인 계약을 하고, 실행단계에서는 이들 서비스기관이 계획대로 서비스를 제공하고 있는지 모니터링해서 서비스가 적절했는지, 목표달성이 가능할 것인지, 아동과 가족에게 어떠한 변화가 일어나고 있는지, 변화의 양과 속도는 만족스러운지, 아동과 가족, 서비스 제공기관간에 문제나 갈등이 일어나고 있지는 않는지 등과 같은 내용에 관해서 확인한다. 필요하면 모니터링 하면서 중재나 조정을 하게 되며, 아동과 가족, 서비스 제공자에게 동기를 부여하고 변화를 촉진하기 위해 개입한다.

모니터링 결과, 서비스 계획대로 서비스를 제공하기 어렵거나, 서비스 계획대로 서비스를 제공해도 목표가 달성될 수 없는 상황이라고 판단되면 재사정해서 새로운 계획을 수립해야 한다.

요약 모니터링의 과제

- 서비스의 적절성 파악
  계획했던 서비스가 목표달성을 위해 적절한 것이었는지 확인
- 목표 달성 가능성 파악
  실행을 통해서 목표달성이 가능한지 확인
- 변화내용 파악
  아동과 가족에게 어떤 변화가 일어나고 있는지 확인
- 문제 및 갈등 파악
  아동과 가족, 서비스 제공기관 등에 문제나 갈등이 있는지 확인
- 개입
  필요하면 중재나 조정, 혹은 변화를 격려하거나 촉진하는 역할을 수행
- 재사정 및 서비스 계획 수정
  모니터링에 따라 필요하면 다시 사정하여 원래의 서비스 계획을 수정
- 사례회의 개최
  사례관리자가 개별적으로 위 내용을 모니터링하기도 하고, 서비스 계획에 따라, 혹은 필요에 따라 사례회의를 통해 의견을 수렴하고 진행 내용을 검토받음

모니터링은 다양한 방법으로 수행될 수 있다. 클라이언트나 서비스 제공자들을 정기적으로 직접 접촉해서 확인할 수 있다. 이때, 이들과 구두로 확인할 수도 있고 관찰을 통해서 파악할 수도 있다. 직접적인 접촉을 통한 모니터링은 정기적으로 수행되는 것이 바람직하다. 또한, 서비스 계획에 참여하였던 사람을 통해서 간접적으로 확인할 수도 있으며, 이 경우 객관성을 확보하기

위해 주의를 기울여야 한다.

아동은 발달척도 등을 사용해서 객관적으로 변화의 양과 질을 파악할 수 있으며, 가족도 객관적인 자료와 정보를 통해서 변화를 확인할 수 있다. 서비스 제공과 관련된 각종 기록과 문서들을 검토하는 것도 주요 모니터링 방법의 하나이며, 서비스 제공 기관으로부터 필요한 자료를 받거나 서비스 제공 기관을 포함한 주요 서비스 당사자들이 함께 모여 정기적인 사례회의를 함으로써 모니터링을 할 수도 있다.

요약 모니터링 방법

- 아동을 직접 접촉 : 전화, 내방, 가정방문하여 관찰과 상담을 통한 확인
- 가족, 교사, 자원봉사자, 이웃 등을 접촉 : 간접적으로 아동의 변화와 상황 파악
- 척도, 검사 등 : 객관적인 자료를 통해 확인
- 기록, 자료 등 : 교사, 서비스 제공자의 기록과 자료를 검토
- 사례회의 : 서비스 제공자와 관련자가 참여한 사례회의를 통하여 의견 및 정보교환

핵심체크 모니터링시 필요한 질문(Woodside & McClam, 2003: 221)

- 확인되었던 문제를 바꿔야 할까?
- 서비스 의뢰가 적절히 된 걸까?
- 원하는 성과를 얻게 될까?
- 서비스 계획을 수정해야만 할까?
- 사례를 종결해야 할까?

(5) 평가, 종결 및 사후관리

사례관리의 마지막 과정은 종결이다. 서비스 계획에 따라 목표가 달성되었다고 평가가 되면, 종결에 대한 정서를 다룬 후 목표유지와 관련된 전략을 확인하고 사후관리 계획을 수립함으로써 사례를 종결하게 된다. 종결 이후 계획에 따라 일정 기간 내에 달성된 목표가 유지되고 있는지 사후관리한다. 종결과정을 단계별로 설명하면 다음과 같다.

1) 평 가

평가는 사례관리 전 과정을 통해서 계획했던 목표가 달성되었는지, 서비스가 계획대로 제공되었는지, 사례관리에 대해서 클라이언트와 서비스 제공자들이 만족하는지 등과 같은 내용을 확인하는 것이다. 종결을 결정하기 위한 중요한 단계이며, 평가에 따라 종결을 할 것인지, 사례관리를 연장할 것인지를 결정하게 된다.

평가는 '가치'가 개입된 개념으로서, 사례관리자에 의해서 실행된 서비스 계획, 구성요소, 활동들이 가치 있는 작업이었는지를 판단하는 과정이다. 궁극적으로 사례관리자는 클라이언트가 사례관리의 전 과정에 참여함으로써 도움이 되는 성과를 거뒀는지에 관심을 둬야만 하는데, 평가를 통해서 성과가 있었는지 파악할 수 있다. 평가는 모니터링과는 구별되는데, 모니터링이 서비스가 계획대로 잘 실행되고 있는지를 확인하는 것에 초점을 둔다면, 평가는 제공된 서비스들을 통해서 도움이 되는 바람직한 성과를 얻었는지에 초점을 둔다(Moxley, 1989: 124－125). 즉, 평가는 실행된 서비스들을 통하여 목표를 달성했는지, 목표로 설정했던 바람직한 변화가 클라이언트에게 일어났는지를 파악하는 것이라 하겠다. 모니터링과 평가가 중복되는 기능이 있기는 하지만, 기본적으로 모니터링은 실행에 초점이 있으며, 평가는 사례관리 서비스가 클라이언트의 삶에 있어서 차이를 만들어냈느냐에 초점이 있는 것이다.

평가 역시 서비스 계획단계에서 수립해 놓은 대로 실시하게 되는데, 평가의 접근방법은 다음과 같이 구분해볼 수 있다.

① 평가의 접근방법

사례관리자는 다양한 방법을 통해서 평가할 수 있는데, 목슬리는 다음과 같이 네 가지로 설명하였다(Moxley, 1989: 124－140).

a. 서비스 계획 평가 : 서비스 계획이 가치 있는 것인지를 평가한다. 즉, 서비스 계획이 클라이언트에게 전반적으로 실제적인 도움이 되는지를 확인하는 것이다. 서비스 계획은 말 그대로 '계획'이다. 사례관리자와 아동, 가족, 서비스 제공 기관 등 관련 전문가들이 다학제간 팀을 구성해서 정교하게 수립했다고 하더라도 계획은 어떤 것들이 실행되어야 한다는 '임시적인 안'이다. 그러

므로 실제로 서비스 계획이 실행된 후에 제공된 서비스들이 가치 있는 것들이었는지 평가하는 것이 중요하다. 또한, 서비스 계획을 평가함으로써 서비스의 질을 확보할 수 있다. 서비스 계획에는 효과적인 실행에 필요한 자원이나 전달방식, 과정 등이 포함되어 있으므로 실제로 이러한 것들이 적절한지 평가되어야 서비스 질을 보장할 수 있다.

핵심체크 **서비스 계획 평가의 핵심 영역(Moxley, 1989: 127-128)**

1. 투입 평가 : 서비스 계획에서 투입하기로 했던 사람, 서비스, 자원이 목표 달성을 위해 적절한지 평가
2. 과정 평가 : 계획했던 활동과 과제들(서비스들)이 적절한 방식으로 실행되고 있는지 평가
3. 관계 평가 : 서비스 계획이 클라이언트의 욕구를 충족시키고 있는지를 클라이언트의 사회적 관계망을 사정하고 모니터링함으로써 평가

서비스 계획을 평가하는 방법은 다양하다. 특히, 다학제간 팀이나 클라이언트의 사회적 관계망 등을 활용한 정보수집은 중요한 평가수단이 된다. 이들로부터 체크리스트나 설문지 등을 통하여 구조화된 평가정보나 비구조화된 정보를 얻을 수 있다. 정보수집 후 이를 정리하고 요약하여 평가를 위한 회의를 개최하는데, 아래 표와 같이 평가회의 전에 투입, 과정, 관계 등에 대한 질문을 통해 평가자료를 먼저 받는다. 평가회의 동안에는 자유롭게 의논하고, 브레인스토밍하고, 자발적으로 의견을 제시하도록 한다.

예 **서비스 계획 평가를 위한 비구조화된 질문지**
(Moxley, 1989: 128-129에 기초하여 재구성)

귀하는 그동안 저희 어린이집에 재원 중인 박** 아동에게 서비스를 제공해오셨습니다. 박**가 받고 있는 서비스 평가를 위한 회의를 2011년 9월 16일에 개최하고자 하니, 참석하여 주시기 바랍니다. 아래 질문에 답하시어 2011년 8월 16일까지 보내주십시오. 박**군에게 서비스를 제공하고 있는 모든 기관으로부터 회신을 받아 정리하여 평가회의에서 논의하고자 합니다.

1. 전반적으로 사례관리 서비스 계획에 박**군의 욕구가 적절하게 반영되어 있다고 생각하십니까?
2. 목표는 박**군의 욕구를 충족시키기에 적절하게 수립되었다고 생각하십니까?
3. 서비스 계획을 다시 수립해야 할 만한 새로운 욕구가 박**군에게 생겼다고 생각하십니까? 새

로운 욕구가 생겼다면 서비스 계획을 어떻게 수정하는 것이 좋겠습니까?
4. 서비스 계획에서 설정한 서비스들이 박**군의 욕구를 충족시키고 있다고 생각하십니까?
5. 귀하가 보시기에, 서비스 계획에서 설정한 서비스들이 적절한 시기에 적절한 방법으로 제공되고 있다고 생각하십니까?
6. 서비스 계획에서 사람들에게 부과했던 활동과 과업들이 적절한 시기에 적절한 방법으로 수행되고 있다고 생각하십니까?
7. 박**군의 서비스 계획에 대해서 저희와 나누고 싶은 의견이 있으면 자유롭게 적어주십시오.

사례관리자는 평가를 위한 회의를 요청할 때, 모든 서비스 관련자가 참여해서 어떻게 진행되고 있는지, 잘못되고 있는 것은 무엇인지 확인할 수 있도록 동기를 부여한다. 그런데 사례회의에 참여하여 평가하는 팀이 반드시 의사결정집단일 필요는 없다. 다만, 사례관리자와 클라이언트가 서비스 계획이 적절한 것인지 반드시 확인해야 하며, 서비스 제공자들이 모두 참여하여 서비스 계획이 만족스럽게 실행되고 있는지 확인하는 것이 중요하다.

핵심체크 평가회의를 위한 절차(Moxley, 1989: 131)

1. 평가를 위한 정보 및 자료요청
2. 요청한 정보 및 자료수집, 정리(척도합산, 통계처리, 요약 등)
3. 만일 가능하면 평가회의 전에 서비스 계획의 강점과 약점 등이 정리된 평가자료를 미리 검토하도록 발송
4. 자료검토로 회의 시작한 후 평가자료에 대한 논의
5. 5~10분간 참여자들에게 시간을 주고 서비스 계획의 강점과 제한점에 대한 의견을 한두 개씩 제시하도록 함
6. 제시된 의견들 리스트를 보드에 적으며 간략히 논의
7. 서비스 계획에서 새롭게 추가하거나 빼야 할 내용, 더 보강되어야 할 내용에 대한 의견을 제시하도록 함
8. 리스트를 살펴보면서 가장 중요하게 변경해야 할 사안들에 대해서 우선순위 결정(필요하면 투표를 함)
9. 새롭게 결정된 내용을 사례관리자와 클라이언트가 반영

b. **목표달성 평가** : 특정 목표들을 조사해 보는 것이다. 특정 욕구와 관련된 목표가 달성됨으로써 긍정적인 변화를 가져왔는지 확인하는 것이다. 실제로 사례관리 과정으로 산출된 결과를 검토함으로써 목표달성을 평가할 수 있다. 목표는 클라이언트의 욕구에 기초하는 것이다. 예를 들면, 사회적 고립이

클라이언트 B의 양육에 문제가 되어 온 B의 어머니 A의 사회성과 대인관계 향상을 위해서,

- A와 이웃간의 접촉빈도를 증가시킨다.
- A와 학부모간의 접촉빈도를 증가시킨다.
- A와 친구들간의 접촉빈도를 증가시킨다.

라는 목표를 수립하였다. 이 경우, 위와 같은 목표를 달성함으로써 궁극적인 욕구가 충족되었는지 확인해야 한다. 먼저 목표가 달성되었는지가 문제이고, 다음은 목표달성으로 욕구가 충족되는지가 문제이다. A가 이웃, 학부모, 친구들간의 접촉빈도를 확인한 후, 접촉빈도의 증가를 통하여 자녀양육에 필요한 만큼의 사회성이 향상되었는지 평가할 필요가 있다.

목표달성을 평가하기 위해서는 아래와 같은 몇 단계 의사결정을 해야 한다.

i. **목표기술** : 서비스 계획에 기술된 대로 목표를 결정하여 기술

ii. **측정이 필요한 핵심개념 확인** : 구체적이고 분명해야 하는데, 위의 예에서는 '사회적 접촉'이 핵심개념 결정

iii. **지표설정** : 무엇으로 위의 개념이 측정될 수 있는지 설정. 위의 예에서는 A와 다른 사람 사이의 접촉 횟수가 증가하는 것과 접촉한 사람의 수가 증가한 것으로 측정가능

iv. **측정도구와 자료수집 방법 구체화** : 설문지, 면접도구, 클라이언트 기록, 행동관찰 등 다양한 측정도구와 자료수집 방법을 검토하여 어떤 것을 활용할 것인지 결정

v. **자료 제공처 결정** : 자료를 어디서, 누구한테 얻을 것인지 결정. 설문이나 면접을 하기로 했다면 누구에게 할 것인지, 기록에서 빈도를 측정하기로 했다면 어떤 기록을 볼 것인지 등을 결정

vi. **자료수집 빈도결정** : 전체 과정 중에 평가자료를 한 번만 수집할 필요는 없으며, 클라이언트의 변화를 평가하기 위해서는 몇 차례 시간의 흐름에 따라 자료를 수집할 필요가 있으므로, 몇 번이나 자료를 수집할 것인지 결정

예 목표달성 평가를 위한 서비스 계획 양식(Moxley, 1989: 134)

목 표	핵심개념	지 표	측정 및 평가도구	자료 제공처	자료수집 빈도

c. **전반적인 효과성 평가** : 실행에 초점을 두는 평가로서, 서비스 실행을 통하여 클라이언트의 기능이 얼마나 유지, 혹은 향상되었는지 확인한다. 기능수준이란 다양하게 정의될 수 있는데, 성인 정신보건 영역에서는 직장생활, 결혼생활, 교우관계, 사회적 책임 등과 같은 기본적인 사회적 역할을 수행할 수 있는 능력으로 본다. 사회적 역할 수행으로 기능 수준을 보는 것은 다소 규범적인 기준에 의한 것이므로 이와는 다르게, 장애나 건강수준, 교육, 나이, 사회문화적 요소 등과 같은 일반적인 요소를 강조해서 개념화하기도 한다. 또한, 과제수행 능력에 초점을 맞추고, 개인의 인지, 정서, 행동, 신체, 대인관계 능력에 의해서 영향을 받는 자기보호 능력, 일상생활 능력으로 기능수준을 평가하기도 한다.

대체로 영유아보육현장의 사례관리에서는 아동의 보호자 기능 수준에 따라 양육능력에 영향이 있으므로 보호자 기능수준의 향상이 목표가 되는 경우가 많이 있다. 그런데 기능수준을 체계적으로 평가하기는 쉽지 않은 일이며, 매우 주의 깊게 측정도구를 선택해야 한다. 측정도구에 따라서, 신뢰도와 타당도에 차이가 있으며, 측정하고자 하는 기능을 가장 잘 평가할 수 있는 도구여야 한다. 또한, 아동은 발달수준에 관한 평가가 중요하며, 그 외 아동 개인별로 특정 욕구와 문제에 따라 이와 관련된 영역을 평가할 수 있는 도구를 선택하도록 한다.

일반적으로 평가도구는 서비스 계획을 수립할 때 결정하게 되며, 사정시 사용했던 도구를 통하여 평가함으로써 사전사후 조사의 기능을 할 수 있다. 사정시에 측정한 자료를 기초선으로 해서 얼마나 차이가 있는지 같은 도구로 다시 측정하여 비교함으로써 사례관리의 효과성을 측정할 수 있다.

d. **클라이언트 만족도 평가** : 클라이언트가 서비스 계획과 실행, 성과 등에 얼마나 만족하는지 확인할 필요가 있다. 만족도는 클라이언트의 선호도와 관련이 있고, 개인적으로 선호하는 것에 대해 사례관리자가 정보를 수집함으로써 클라이언트를 수동적인 서비스 수혜자가 아니라 적극적인 소비자로서 역할을 강화할 수 있게 된다. 또한, 만족도와 관련된 자료를 수집함으로써 서비스 질을 향상할 수 있게 된다. 만족도에 대한 다양한 정의가 있으나, 버거(Berger, 1983)는 만족도를 '서비스를 받은 사람의 서비스에 대한 정서적 반응으로서 긍정적이거나 부정적인 감정의 조합'이라고 규정하였다.

클라이언트 만족도의 복잡한 양상을 보다 체계적으로 개념화하면 다음과 같다.

i. **관련성** : 사례관리 서비스와 클라이언트의 욕구에 대한 자신의 지각이 어느 정도 일치하는지에 관한 측면

ii. **영향** : 사례관리 서비스가 클라이언트의 욕구를 어느 정도 충족시켰는지에 관한 측면

iii. **만족감** : 사례관리 서비스가 클라이언트의 자아존중감, 자아 개념, 자기 효능감을 어느 정도 향상시켰는지에 관한 측면

iv. **사례관리자의 특징** : 사례관리자가 클라이언트와 관계를 형성하여 도움이 되는 존재로 어느 정도 인식되었는지에 관한 측면

이상 네 가지 측면은 만족도를 평가할 수 있는 도구를 구성할 때 고려되어야 한다. 만족도 평가 도구는 구조화된 질문지나 비구조화된 질문지로 구성될 수 있으며, 개방적 질문을 통해서 다양한 정보를 수집하는 것이 바람직하다. 만족도 조사시 클라이언트들은 대체로 긍정적으로 응답해야 한다는 무언의 압력을 받게 되므로 매우 조심해야 한다. 사례관리자가 아닌 다른 직원이 만족도 조사를 하거나 철저히 무기명으로 응답하게 함으로써 이와 같은 문제를 개선할 수 있다.

예 만족도조사 설문지 (Moxley, 1989: 139)

* 귀하가 A 기관에서 받으신 사례관리 서비스와 귀하와 함께했던 사례관리자에 대해서 어떻게 느끼셨는지 파악하고자 합니다. 아래 질문들을 읽고 얼마나 동의하시는지 해당 칸에 표시해 주시기 바랍니다.

1---전혀 동의하지 않음　4---조금 동의함
2---동의하지 않음　5---동의함
3---조금 동의하지 않음　6---적극 동의함

질 문	1	2	3	4	5	6
1. 사례관리자가 나에게 관심을 두고 잘 돌봐준다고 느낀다.						
2. 나는 사례관리자에게 내 일을 설명하며 의지할 수 있다.						
3. 사례관리기관을 통해 받은 서비스들은 내가 원하는 바로 그런 것들이다.						
4. 내가 사례관리 서비스를 받은 후부터 내 인생이 나아지고 있다고 느낀다.						
5. 나는 사례관리자가 나와 같은 사람을 이해하고 있다고 느낀다.						
6. 나는 도움이 필요한 친구를 이 기관에 보내지는 않을 것 같다.						
7. 사례관리자는 내 문제를 도와주려고 열심히 노력했다.						
8. 사례관리 서비스를 받은 후부터 전반적으로 나빠지고 있다.						
9. 만일 나중에 내게 문제가 생기면 이 기관에 도움을 받으러 다시 오겠다.						
10. 사례관리자는 내 견해를 듣는 데 관심이 있다.						
11. 사례관리 기관에 올 때면 긴장이 된다.						
12. 나는 사례관리자가 가능한 많은 도움을 내게 주고자 한다고 확신한다.						
13. 사례관리자는 내가 필요할 때 항상 내 곁에 있다.						
14. 전반적으로 내가 받은 사례관리는 내가 독립적으로 사는 데 도움이 된다.						

그 외 저희 기관에서 받은 사례관리 서비스에 대한 의견을 자유롭게 써 주십시오.

____

____

연습 평가연습 (Moxley, 1989: 140)

1. 자신이 현재 맡고 있는 사례의 파일 5개를 선택하여, 다음 내용을 평가하면서 기록을 체계적으로 검토하라.
   1) 서비스 계획에 포함된 사람, 서비스, 자원이 서비스 목표달성에 적절하였는가?
   2) 활동과 과제들이 적절하게 실행되었는가?
   3) 서비스 계획이 클라이언트의 욕구에 부합되었는가?
2. 위 연습1을 위해 선택한 파일 중에서 클라이언트 한 명을 선정하여, 적어도 2개 이상의 서비스 목표에 대해서 앞의 표에서 제시한 '목표달성 평가를 위한 서비스 계획 양식'을 완성하라.
3. 귀하의 사례관리 실천에서 클라이언트 만족도와 관련된 자료는 어떻게 모을 수 있는가? 귀하의 기관에서 만족도 자료를 활용하기 위해 극복해야 하는 장애물의 목록을 작성하라.

② 평가방법

평가는 다양한 방법으로 다양한 시점에서 이루어질 수 있다. 일반적으로 사례관리에서는 평가방법의 구분도 평가대상에 따라서 과정평가와 성과평가로 구분되기도 하고, 평가 수집자료의 성격에 따라서 양적 평가와 질적 평가로 구분되기도 한다.

이에 대해서 간략히 설명하면 다음과 같다.

a. 과정평가와 성과평가

과정평가는 사례관리 과정 중에 시행되는 평가로서, 실행과정 동안에 이루어지는 평가는 모니터링의 기능을 하게 되며, 서비스의 질을 관리하게 해준다. 때로 사례관리에서 평가를 종결단계의 과제가 아니라 모니터링의 일환으로 보기도 한다. 한편, 종결 이후에 총괄적인 사례관리의 성과를 평가하기도 하는데, 이때에는 클라이언트 개인이 목표를 성취하고 있는가, 혹은 성취하였는가 뿐만 아니라, 서비스 제공자로서의 사례관리자와 사례관리 기관의 운영, 만족도 등 사례관리 서비스 전달체계에 대한 평가를 포함하여 실시하기도 한다.

일반적으로 종결 여부를 결정하게 되는 성과평가는 종결 직전에 이루어지게 되는데, 서비스 계획을 실행하여 거둔 성과를 평가하는 것이다. 성과평가를 통해서 설정되었던 목표가 달성되었는지 파악할 수 있게 되며, 이를 효과성 평가라고도 한다. 효과성 평가에 대해서는 앞서 기술한 바와 같다. 또한, 성과평가의 일환으로 투입된 비용에 대비 성과를 평가하는 효율성 평가도 시행될 수 있다. 사례관리의 목적 자체가 효과성과 효율성을 증진시키는 것임을 고려해 볼 때, 성과평가는 사례관리에서 매우 중요한 영역이다.

b. 양적 평가와 질적 평가

양적 평가는 평가를 위해서 수집되는 자료가 주로 계량화되어 실험조사와 같은 설계를 통해 객관적 자료가 연역적 방법으로 분석되는 것을 강조하는 평가방법이며, 질적 평가는 자연스러운 상황에서 수량화되지 않는 자료를 수집하여 귀납적으로 자료를 분석하는 데 의미를 두는 조사평가방법이다(황성철, 2005: 295-296).

영유아보육 현장의 사례관리자들이 주로 활용할 수 있는 양적 평가는 아동발달검사, 척도를 사용한 다양한 검사와 조사, 설문지를 활용한 만족도 조사 및 다양한 목적의 조사 등을 통하여 양적 데이터를 수집하여 분석하는 것이다. 아동과 가족에 대한 서비스 기록지 등의 데이터를 양적 자료로 수집할 수도 있다.

반면 질적 평가로는 아동관찰, 면접 등을 통한 주관적 자료를 수집하여 질적 연구방법론으로 평가하는 것이다. 또한, 양적 평가와 질적 평가를 혼합하여 평가하기도 한다.

2) 종 결

종결은 사례관리 서비스 제공을 마치는 단계로서, 클라이언트가 기관의 서비스로부터 떠나는 것을 의미한다. 아동과 가족이 초기 목표를 달성하여 사례관리 서비스가 더는 필요하지 않게 될 때 종결하는 것이 가장 바람직하겠으나, 현실적으로는 다양한 이유와 상황 때문에 사례관리가 종결되기도 한다. 사례관리에서 인테이크 및 사정, 서비스 계획으로 시작하여 실행 및 모니터링에 이르는 과정이 전반적으로 적절하게 이루어지면 평가를 하여 바람직한 종결에 이르게 된다. 그러나 과정 중 언제라도 불가피한 상황이 발생해서 종결되기도 한다.

종결시에는 바람직한 종결이든 불가피하게 맞게 되는 종결이든 적절하게 수행되어야 할 과제가 있다. 간혹 사례관리자들은 바람직한 종결, 혹은 정상적인 종결 이외의 종결에서는 갑작스럽게 종결되었거나 클라이언트가 더 이상의 서비스를 원치 않으므로 종결과정에서 자신의 역할이 없다고 생각하기도 한다. 사정과 서비스 계획이 초기 단계에서 중요하듯이, 종결 역시 사례관리의 전 과정을 마감하는 단계로서 적절하게 이루어져야 사례관리의 궁극적인 목적이 달성되어 클라이언트가 사례관리 동안에 성취한 긍정적인 변화들이 지속해서 유지될 것이다.

종결의 유형과 종결시 과제를 살펴보면 다음과 같다.

① 종결의 유형

바람직한 종결은 목표를 달성한 후 계획되었던 시점에 하는 것이다. 그러나 제공할 수 있는 서비스가 더는 없거나 클라이언트가 거부하여 서비스를 받을 수 없는 상황에 부닥치게 될 때에도 불가피하게 서비스를 종결하기도 한다. 간혹 심각한 장애가 있는 아동이나 만성적이고 영구적인 문제가 있는 아동의 경우, 사례관리 기관의 자격에 나이 제한이 없다면 종결하지 않고 일생 사례관리가 지속되는 경우도 있다.

대체로 영유아보육현장의 사례관리에서 서비스 종결 유형은 아래와 같다.

a. **목표 달성 후 합의된 종결** : 계획했던 목표들이 수립되어 계획된 시점에 하게 되는 바람직한 종결이다. 사례관리 서비스가 더는 필요하지 않은 것으로 평가됨에 따라 아동과 가족의 합의로서 종결이 진행된다.

b. **졸업에 의한 종결** : 아동이 어린이집을 졸업하게 되어 어린이집에서 제공하는 사례관리 서비스를 종결하는 경우이다. 대체로 영유아보육현장에서는 사례관리의 목표를 수립할 때 서비스 제공기간을 재원하고 있는 동안으로 설정하지만, 간혹 재원 동안에 서비스 목표가 달성하지 않더라도 아동이 어린이집을 졸업하면 서비스 제공이 어려워 종결하게 된다.

c. **중도 퇴원에 의한 종결** : 이사, 장기입원, 사망 등에 의해서 아동이 사례관리 동안에 어린이집을 퇴원하게 되도 사례관리가 종결된다. 사례관리 서비스 과정상의 문제보다는 아동과 가족의 상황에 따른 불가피한 종결이다.

d. **서비스 거부에 의한 종결** : 아동과 가족이 사례관리 서비스 과정 동안에 서비스를 거부하여 종결되기도 한다. 제공되는 서비스가 만족스럽지 못하거나 사례관리자나 서비스 제공기관과의 관계가 악화하는 등 여러 가지 이유로 서비스를 거부할 수 있다. 이런 경우에는 서비스를 거부하는 실제 이유를 파악하는 것이 중요하다.

e. **사례 이관(의뢰)에 의한 종결** : 아동이 여전히 어린이집에 재원하고 있더라도, 상황이 급격히 악화하거나 예기치 않은 상황이 발생하여 아동보호전문기관이나 정신건강센터 등 지역사회의 다른 기관에서 주 사례관리 기관으로 서비스를 제공하는 것이 바람직하다는 평가가 이루어지면 다른 사례관리 기관으로 사례를 이관(의뢰)하고 종결한다. 이러한 경우가 흔하지는 않지만, '주 사례관리 기관의 역할'에서 '사례관리 서비스 제공 기관'의 역할로 바꾸는 경우가 있다.

f. **사례관리 기관에 의한 종결** : 사례관리를 하던 어린이집에서 예산이나 기관 정책 등의 이유로 사례관리를 축소하거나 폐지함으로써 서비스가 종결되기도 한다. 물론 이런 경우는 비윤리적이고 바람직하지 못한 경우로서 발생하지 않도록 온갖 노력을 해야 한다.

② 종결시 과제

종결에 관한 결정은 사례관리자와 클라이언트 양자간에 이루어져야 하며, 종결 과정에서 사례관리자는 아동과 가족이 사례관리 과정 동안에 이룬 성취, 즉 긍정적인 변화를 유지하며 스스로 생활할 수 있다고 인식하도록 역량강화한다.

종결시 사례관리자가 수행해야 할 과제는 다음과 같다.

a. **종결시점 고지** : 평가회의를 통하여 종결하기로 하였다면, 서면이나 구두로 종결 날짜를 알리고 어떻게 마무리를 하게 될지 미리 종결절차를 간략하게 알린다. 서비스 거부나 이사 등으로 갑자기 종결하게 되는 경우라고 하더라도 가능하면 지금까지 진행했던 내용이나 성취, 불만족스러웠던 점을 정리하기 위한 시간을 갖도록 노력한다.

b. **종결에 대한 정서에 개입** : 종결시 아동과 가족은 자신이 사례관리의 전 과정을 마치고 목표를 달성했다는 성취감 등을 느낄 것이다. 성취감을 포함한 긍정적인 정서에 개입하여 사례관리 이후에도 이러한 성취를 계속할 수 있다는 자신감과 자신이 해냈다고 자부하도록 한다. 반면, 사례관리자와 헤어져야 한다는 서운함이나 종결 이후에 대한 불안함이 나타날 수 있고, 극단적일 때에는 종결을 거부하거나 현재까지의 성과 자체를 부정할 수도 있다. 계획된 종결을 단계적으로 시행함으로써 이러한 부정적인 정서를 가능한 최소화해야

하며, 사려 깊게 관찰하여 부정적인 정서가 나타나면 적절한 개입을 하도록 한다.

c. **성과확인 및 유지전략 수립** : 사례관리 동안 아동과 가족이 성취한 성과들이 어떤 것들이었는지 구체적으로 함께 확인한다. 이 과정을 통해서 성취감과 자부심을 느끼도록 하며, 종결 이후에도 스스로 이러한 성취를 계속해 나가거나 유지할 수 있다는 자신감을 갖도록 지지한다. 또한, 목표했으나 성취하지 못한 것들에 대해서도 함께 생각하며 앞으로 어떻게 다룰 것인지에 대해서도 검토하도록 한다. 성과를 확인한 이후, 종결 이후에도 긍정적인 변화가 유지되도록 구체적인 전략을 수립한다. 이를 통해 종결에 대한 불안감을 해결할 수도 있으며, 사례관리의 효과를 극대화하게 된다.

d. **사후관리 계획수립** : 일반적으로 일정 기간 사후관리를 함으로써 변화가 유지되고 있는지, 종결에 따른 부정적인 영향은 없는지 확인한다. 그런데 종결과정 동안에 사후관리가 계획되지 않으면, 클라이언트가 종결 이후 사례관리자가 접촉하는 것에 대해서 오해를 할 수 있다. 사후관리의 목적과 방법, 기간, 점검되어야 할 내용에 대한 구체적인 계획을 아동의 보호자와 함께 수립하는 것이 바람직하다.

e. **바람직하지 못한 종결에 대한 개입** : 만일 계획에 따른 종결이 아니라 다른 이유에 따른 종결이라면, 이유에 따라 적절하게 개입해야 한다. 서비스 거부에 의한 종결이라면, 서비스를 거부하는 이유를 아동과 가족이 충분하고 자유롭게 표현하도록 격려해서 실제 원인을 파악한다. 이로써 서비스 개선을 위한 중요한 정보를 얻을 수 있게 될 뿐만 아니라 이유를 파악하는 과정을 통하여 아동과 가족을 존중하는 것을 표현함으로써 좌절감이나 불만족스러움을 최소화하거나 앞으로 다시 서비스를 받게 하는 동기가 부여될 수 있다. 다른 지역으로 이사하거나 장기 입원 등과 같은 이유로 종결하게 될 때에도 종결에 대한 정서적 개입이나 현재까지 성취한 내용을 유지하도록 하는 것, 새로운 곳에서 서비스를 받도록 안내하는 등의 역할을 수행해야 한다.

f. **종결기록** : 다른 모든 과정에서와 마찬가지로 종결 역시 기록으로 보관되어야 한다. 종결기록에는 종결의 유형과 종결일, 아동과 가족이 인테이크 면접 때 제시했던 문제와 욕구, 계획, 평가 등을 간략히 요약하고 사후관리 계획 및 연락처 등을 기록한 후 사례관리자의 의견을 첨부한다.

핵심체크 종결기록 내용

1. 종결유형 및 종결일
2. 아동과 가족이 초기면접시 제시한 문제와 욕구
3. 계획 : 목표, 서비스 내용, 제공자, 제공방법, 제공기간, 계약
4. 평가 : 아동과 가족의 긍정적/부정적 변화, 성취(성취하지 못한 내용 포함)
5. 사후관리 계획 및 연락처
6. 사례관리자 의견

3) 사후관리

사후관리는 사례관리 서비스가 종결된 이후에 아동과 가족이 성취한 변화들을 유지하고 있는지 점검하는 과정이다. 때로는 사후관리를 통한 약간의 도움이 큰 차이를 가져오기도 한다. 아동과 가족으로서는 서비스가 종결되었음에도 사례관리자가 자신들에게 관심이 있다는 느낌을 받을 수도 있고, 스스로 잘 지내야겠다는 책임감을 느끼게 할 수도 있다. 또한, 종결 직후에 나타날 수 있는 다양한 부정적인 반응에 대해서 시의적절하게 개입하도록 기회를 제공해준다. 문제가 재발했거나 재발할 우려가 있을 때에는 즉각적으로 개입함으로써 심각한 위험에 다시 노출되지 않도록 예방하는 효과도 있다. 사후관리 동안에 앞으로 문제가 또다시 발생하거나 다른 어려움에 부닥치게 되어 사례관리 서비스가 다시 필요하게 되면 연락하도록 함으로써 사회적 안전망의 역할을 하게 된다.

대개 종결 이후 6개월 정도 사후관리를 하게 되는데, 사례가 심각했던 정도나 목표가 얼마나 확실히 달성되었는지, 종결에 대한 태도 등에 따라 사후관리 기간은 달리 설정할 수 있다. 가정방문이나 내방 상담 등 직접 만나서 확인하는 것이 바람직하지만, 상황에 따라 e-mail이나 전화 등으로 대신하기도 한다. 또 지역의 다른 기관들과 협력하여 모니터링을 받아 볼 수도 있고, 사례관리 종결 이후에도 어린이집에는 재원하고 있는 경우라면 직접 관찰하거나 상담, 교사를 통한 모니터링을 통해서도 가능하다.

제 4 장

영유아보육 사례관리 실천사례

1. 어린이집이 사례관리 담당기관으로 기능한 사례 : 삼성어린이집 포괄적 보육서비스[1]

삼성어린이집은 1999년부터 포괄적 보육서비스를 시행하고 있으며 보다 효과적으로 포괄적 보육서비스를 제공하기 위해 사례관리 기법을 중점적으로 활용하고 있다. 삼성어린이집 포괄적 보육서비스는 최초로 어린이집에 사회복지사를 별도 배치하여 저소득 가정 영유아를 위해 통합적, 포괄적 사회복지 서비스를 제공하였다. 이에 본 사례는 어린이집이 사례관리를 담당하여 영유아와 가족의 욕구에 맞는 서비스를 제공하는 구체적이고 실제적인 예를 보여 준다.

(1) 실시배경

포괄적 보육서비스는 어린이집에 다니는 저소득 가정의 영유아와 그 가족을 대상으로 다양한 서비스를 서로 연관되고 통합된 방식으로 제공하는 것을 말한다. 저소득 가정은 주거 문제, 경제적 문제, 부부간의 문제, 자녀 양육의 문제 등 다양하고 복합적인 문제에 직면하고 있고 영유아는 부모 및 가정 환경의 영향을 많이 받으므로 영유아의 보호와 교육이라는 한 종류의 지원만

1) 저자들은 2008년부터 현재까지 삼성어린이집 포괄적 보육서비스 슈퍼바이저로 위촉되어 사례에 대한 슈퍼비전과 운영에 대한 자문을 제공하고 있다. 이하 내용은 저자들이 매뉴얼 개발과정에 자문을 제공하고 감수한 '삼성어린이집 사회복지사 매뉴얼'에서 발췌하였다.

으로는 불충분하다. 따라서 부모나 형제 등 가족을 포함하여 포괄적인 서비스를 제공함으로써 영유아의 성장과 발달의 최적화를 도모하고자 한다. 즉 포괄적 보육서비스는 어린이집에 재원하고 있는 저소득 가정 영유아의 보호와 교육, 부모를 위한 부모교육 및 지원, 지역사회와의 연계를 통한 사회복지 서비스의 내용을 포함하는 어린이집의 통합적 보육서비스라고 정의할 수 있다. 이러한 정의에 바탕을 둔 삼성 포괄적 보육서비스의 개념도는 <그림 5>와 같다.

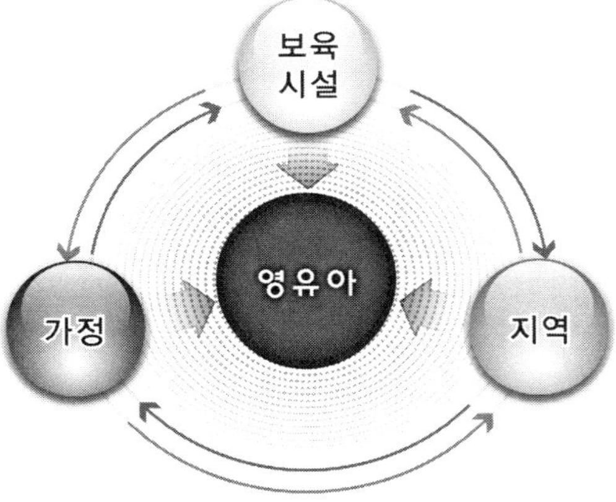

그림 5 삼성어린이집 포괄적 보육서비스의 개념도

빈곤아동 문제와 예방에 대한 대안을 모색하던 삼성복지재단은 '달동네 저소득층 빈곤탈출'이라는 삼성보육사업의 근본취지를 위해 저소득 가정 아동을 위한 포괄적 보육프로그램 개발의 필요성을 절실히 느끼게 되었다. 이에 따라 삼성복지재단에서는 아동학, 유아교육학, 사회복지학, 사회학, 여성학 전공자로 연구진을 구성하여 다각적 관점에서 「포괄적 보육서비스」를 개발하고 시행하게 되었다. 1999년 삼성어린이집 포괄적 보육서비스의 개발을 위한 연구가 착수되었고, 아동교육, 부모지원, 지역사회 연계의 세 영역에 대한 프로그램 개발을 위한 연구 및 현장 적용이 진행되었다. 이 연구들을 바탕으로 아동교육프로그램(김명순 외, 2005), 부모지원프로그램(김희진, 2005), 지역사회연계프로그램(삼성아동교육문화센터, 2005) 매뉴얼이 책으로 출간되었다. 프로그램 매뉴얼을 기본으로 2008년까지 총 18개소 어린이집에서 현장 적용을 하였으며, 분야별 연구진들의 전문가 현장지도를 통해 포괄적 보육서비스의 기본을 다졌다. 또한, 2006~2008년의 3개년 삼성어린이집 포괄적 보육서비스에 대한 종단적 효과 연구가 시행되었다. 이후 보다 효과적인 삼성어린이집 포괄적 보육서비스의 적용을 위해 사회복지서비스 실천방법인 '사례관리' 기법을 강화하고 2008년부터 사회복지 전문가의 현장지도 및 슈퍼비전을 통해 올바른 사례관리 및 사회복지서비스의 적용이 이루어지도록 하였다. 또한, 어린이집에서의 사회복지사 업무 매뉴얼(사례관리, 멘토링, 부모개입)을 개발하였다. 삼성어린이집 포괄적 보육서비스의 개발 및 적용과정을 도식화하면 <그림 6>과 같다.

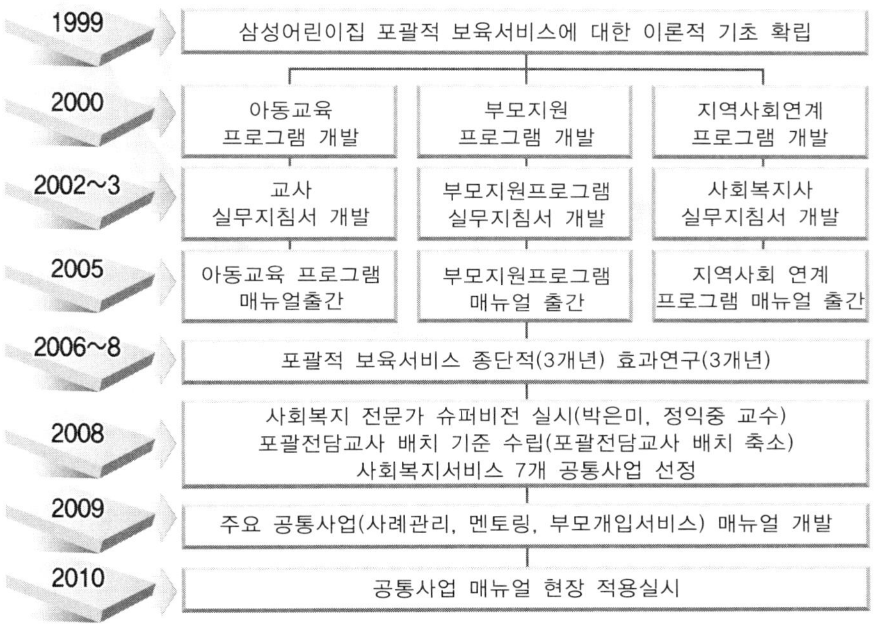

그림 6 삼성어린이집 포괄적 보육서비스 개발 및 연구과정

(2) 서비스 대상

삼성어린이집 중 포괄적 보육서비스를 제공하고 있는 18개[2] 어린이집에 재원하고 있는 원생 중 건강하게 성장·발달하기에 어려운 문제와 욕구가 있는 것으로 파악된 영유아와 가족이 사례관리의 주 대상이다. 영유아에게 적절한 양육환경을 제공하지 못하고 있다고 파악되는 부모를 서비스 대상으로 포함하고 있으며, 어린이집에 재원하고 있지 않은 형제자매도 필요하면 서비스가 제공될 수 있다. 또한, 사례관리의 일환으로 지역사회 서비스 기관들을 연계하게 되며, 지역사회 자원을 개발하거나 지역사회 기관들을 대상으로 서비스를 제공하기도 한다.

(3) 서비스 구조

1999년부터 시작된 '삼성어린이집 포괄적 보육서비스'는 2011년 현재 18개 삼성어린이집에서 포괄적 보육서비스를 제공하고 있고 이를 담당하기 위한 포괄 보육교사와 사회복지사를 별도로 배치하고 있다. 포괄 보육교사는 포괄적 보육서비스의 아동교육프로그램을 담당한다. 아동교육프로그램은 대상 아동들의 특성을 반영하여 제공하는 프로그램으로 사례관리 아동을 대상으로 시행되기도 하지만 교육적 지원이 필요한 저소득 아동 전체 또는 일부를 대상으로 시행되기도 한다. 삼성어린이집에서는 저소득층 아동이 많은 경우 기본적인 교사 대 아동 비율에서 포괄 보육교사 1명을 추가 배치하여 낮은 교사 대 아동의 비율로 양질을 교육을 진행하고 있다.

사회복지사는 사례관리를 통해 아동과 가족의 문제를 조기 발견하고 문제의 유형과 성격에 따라 다양한 해결방안을 찾아서 제공한다. 삼성어린이집 포괄적 보육서비스는 아동의 단순 보호와 교육뿐 아니라 부모의 요구 및 문제를 해결하여 아동과 가정의 복지를 향상시키는 전문적이고 다차원적인 서비스를 제공하고자 한다. 따라서 사회복지사는 어린이집의 교사, 영양사, 간호사 등과 함께 협력하고 지역사회 자원을 연계함으로써 아동과 가족의 문제와 욕

---

2) 인천삼성, 대전삼성, 대구삼성, 전주삼성, 성남삼성, 구로삼성, 수정삼성, 상봉삼성, 사하삼성, 덕진삼성, 원주삼성, 의정부삼성, 포항삼성, 익산삼성, 강릉삼성, 김해삼성, 부천삼성, 안산삼성 어린이집

구를 해결하여 아동의 부모와 지역사회의 복지는 물론 궁극적으로 아동의 복지향상을 추구한다. 사회복지사는 개별 어린이집 소속이며, 원장과 교사, 포괄보육교사, 영양사 등과 함께 원내에서 정기적인 사례회의를 한다.

삼성복지재단에서는 포괄적 보육서비스를 진행하는 데 필요한 예산을 지원하며, 사례관리를 담당하는 사회복지사들의 교육과 지원을 담당한다. 외부 슈퍼비전 교수 2명에게 정기적인 집단 슈퍼비전을 받도록 하고 있으며 필요에 따라 개별 슈퍼비전이 상시 제공되고 있다.

(4) 서비스 내용 및 진행과정

1) 서비스의 내용

포괄적 보육서비스의 특징은 일반 보육프로그램과 달리 아동의 보호와 교육에만 국한되는 것이 아니라 부모를 위한 부모교육 및 부모지원, 지역사회와의 연계를 통한 사회복지 서비스의 내용을 포함하여 아동과 가족에게 심리적, 정서적, 사회적 서비스를 포괄적으로 제공하는 것이다. 삼성어린이집 포괄적 보육서비스는 사회복지사에 의해서 제공되며, 아동지원 서비스, 가족지원 서비스, 지역사회 연계 서비스로 구성된다. 아동지원 서비스에는 아동교육 프로그램, 멘토링, 건강 및 영양, 안전 등과 관련된 프로그램이 있다. 가족지원 서비스로는 경제적 지원이나 취업지원과 같은 빈곤탈출 프로그램이나 부모상담 및 교육, 가족문화체험 등이 있으며, 지역사회 연계 서비스로는 지역사회 자원개발이나 자원봉사자 관리와 같은 프로그램이 있다. 이들 서비스는 필요한 경우 사례관리 대상이 아닌 원아들에 대해서도 제공된다.

핵심체크 **삼성어린이집 포괄적 보육서비스의 구성**

- 아동지원 서비스 : 아동교육프로그램, 상담, 소집단 활동, 멘토링, 건강·영양·안전 관련 서비스 등
- 가족지원 서비스 : 부모교육, 상담, 소집단 활동, 가족문화체험, 빈곤탈출 프로그램 등
- 지역사회 연계 서비스 : 지역사회 자원개발, 자원봉사자 관리 등

사회복지사에 의해서 사례관리가 필요하다고 판단되어 사례관리 대상이 되면, 이들 포괄적 보육서비스를 중심으로 서비스가 제공되며, 포괄적 보육서비스로 제공되고 있지 않지만 필요한 서비스들은 서비스를 개발하여 직접 제공하거나 지역사회 서비스 제공기관들과 연계하여 간접 서비스로 제공한다. 삼성어린이집에서 제공되는 포괄적 보육서비스의 내용을 구체적으로 살펴보면 다음과 같다.

① 아동교육프로그램

삼성어린이집은 아동중심프로그램을 기본으로 한다. 아동중심프로그램은 영유아의 발달에 적합하고 놀이를 중요한 학습의 매체로 하는 프로그램으로 국가 수준의 표준보육과정이 반영되어 있다. 아동중심프로그램은 삼성어린이집의 모든 아동을 대상으로 하며 영유아의 기본적인 욕구를 충족시키고 나이에 따른 전반적인 발달이 이루어지도록 한다.

저소득 가정 영유아에게 기본적인 아동중심프로그램과 더불어 포괄적 보육서비스의 아동교육프로그램을 제공함으로써 영유아의 잠재력을 최대로 증진하고자 한다. 포괄 보육교사는 어린이집 저소득층 아동의 특성을 분석하고, 그 결과를 바탕으로 신체·표현증진 활동, 사회정서 증진 활동, 언어증진 활동, 수·과학 탐구 활동, 기본생활습관 형성 등 아동의 특성에 맞는 아동교육프로그램을 계획하고 진행한다. 아동교육프로그램은 사례관리 대상이 아니더라도 교육적 지원이 필요한 아동을 대상으로 실시되기도 한다.

② 아동상담

아동상담이란 아동의 바람직한 성장에 지장을 주는 장애들을 극복하도록 도와주고, 그들이 가진 잠재적 자원을 최적의 상태로 발달시키도록 도와주는 과정이다. 상담을 통해 아동을 정서적으로 지원하고 부정적 행동에 변화를 줄 수 있도록 하는 것이다. 사회복지사는 부적응 행동을 하거나 발달상의 어려움을 겪고 있는 아동들과 친구 같은 신뢰감과 아동의 눈높이에 맞춘 대화를 통해서 라포를 형성하고 이를 통해 아동의 문제와 욕구를 사정하고, 상담 및 서비스 지원을 통해 아동의 건강한 성장을 지원해 나간다. 아동의 상담내용에 따라서 외부 전문상담가를 연결할 수도 있다.

③ 멘토링

멘토링은 사례관리 대상 아동 중에서 심리 · 정서적으로 불안정하고 위축되어 있거나 학습능력이 부진한 아동에게 자원봉사자와 1 : 1로 결연을 하여 진행하는 프로그램이다. 멘토링을 통해 대상 아동에게 심리 · 정서적 지원을 제공하는 한편 개별학습을 하여 가정에서 간과하기 쉬운 부모역할을 보완하고 아동의 자존감 및 사회성을 향상한다. 어린이집에서의 멘토는 대학생, 전문 자원봉사자 등이 해당되며, 멘티는 도움이 필요한 아동을 뜻하고, 결연관리자는 아동과 자원봉사자를 연결해 주고 관리하는 사회복지사를 들 수 있다.

멘토링 프로그램에서는 우선 자원봉사자를 발굴하고 멘토링 활동이 원활하게 시작될 수 있도록 동기를 부여하며 아동의 나이를 이해할 수 있도록 발달단계를 교육하고 아동의 개별적 특성을 고려하여 프로그램 목표를 계획할 수 있어야 한다. 그리고 자원봉사자와 협의하여 일정을 정하고 매주 아동의 개별 욕구에 맞춘 내용(개별학습지도, 놀이지도, 동화읽기, 미술활동 등)을 아동에게 제공한다. 자원봉사자와 대상 아동의 멘토링 활동이 효과적으로 진행될 수 있도록 정기적으로 점검 및 평가의 시간을 갖도록 하고 자원봉사자들은 최소 1년 동안 활동할 수 있는 학생들로 선발하고 지속해서 관리하여 질 높은 프로그램이 진행될 수 있도록 한다.

④ 소그룹 부모교육

소그룹 부모교육은 저소득 가정 및 한부모 가정, 맞벌이 가정, 조손가정 등과 같이 아동의 보호와 양육에 어려움을 겪고 있는 가정을 우선적인 대상으로 하여 주양육자의 소그룹 부모교육 참여를 통해 아동의 건전한 발달과 복지를 도모할 수 있도록 한다. 사회복지사는 사전 욕구 조사와 대상자 파악을 통해 소그룹 부모교육의 연간 계획을 세우고 대상의 특성에 맞는 소그룹 교육의 개발이 필요하다.

⑤ 부모상담

부모상담은 가정에서 발생하는 심리 · 정서적 문제, 가족관계, 자녀양육, 가정문제 등 다양한 상담 욕구가 있는 부모를 대상으로 제공된다. 사회복지사는 부모가 이야기하는 문제와 욕구를 파악하고 도움이 필요한 경우 정보를 제공한다. 특히 사례관리 대상 아동의 부모에게는 지속적인 상담을 통해 부모가 심리 · 정서적 문제, 아동의 문제를 해결하고자 하는 의지를 갖추고 역량을 강화할 수 있도록 돕는다. 전문적인 상담이 필요한 경우에는 지역의 전문상담기관이나 전문상담가를 연계하여 상담을 받을 수 있도록 지원한다.

⑥ 가족문화체험

가족문화체험은 저소득 가정의 자녀와 부모가 체험학습에 함께 참여하면서 부모-자녀 관계를 강화하고, 다양한 경험을 통해 아동의 정서발달을 도우며 가족간의 소중한 추억을 만들 수 있도록 지원하는 프로그램이다.

맞벌이로 인한 시간 부족과 경제적 어려움 등으로 문화체험이 부족한 가정을 대상으로 가족들이 함께 참여할 수 있는 적합한 장소와 프로그램을 선정하여 진행한다. 이때 사회복지사는 가족문화체험을 통해 참여 대상자들의 부모-자녀간 유대관계를 향상시키고 이를 통해 대상자들이 가족의 중요성을 인식하고 부모역할을 원활히 수행할 수 있도록 지원을 해야 한다(삼성아동교육문화센터, 2006 재인용).

⑦ 빈곤탈출 프로그램

빈곤탈출 프로그램은 저소득층 부모가 취업훈련을 통해 안정된 직업과 기술을 가지고 맞벌이에 전념하여 적극적인 사회참여와 경제적인 자립을 할 수 있도록 지원하는 프로그램이다. 빈곤탈출 프로그램은 경제적인 안정을 성취하여 삶의 질을 향상할 수 있도록 하는 데 목표를 두고 있으며, 이러한 기회제공은 저소득 가정에게 보다 나은 생활 설계를 하게 하여 아동이 밝고 건강하게 자라서 국가발전에 이바지할 수 있도록 한다.

빈곤탈출 프로그램을 진행하기 위해서 사회복지사는 대상자를 발굴하여 취업까지 연계할 수 있도록 지원을 해야 한다. 이때 대상자의 이전 직업 경험과 적성을 고려하여 적절한 훈련을 받을 수 있는 기관을 연계하고 정보를 제공하는 것이 필요하다. 훈련을 받는 중에도 대상자가 중도 포기하지 않고 책임감을 가질 수 있도록 지속적인 지지와 격려를 줄 수 있도록 한다.

⑧ 지역사회 자원개발 및 관리

대상 아동과 가족들의 욕구에 맞는 다양한 서비스를 제공하기 위해서는 한정된 어린이집 내부의 자원만으로는 부족하다. 이런 부족함을 채우기 위해서는 지역사회의 공공기관, 학교, 지역센터 등 여러 기관의 인적, 물적 자원을 연계하는 것이 중요하다. 기관연계를 위해서 어린이집의 포괄적 보육서비스에 대한 홍보활동, 기관연계 프로그램 진행협조, 산학협약 체결, 지역 연계기관 회의참석 등 지역 네크워크 형성을 위한 활동에 적극 참여하면서 많은 자원을 확보하고 관련 자원이 없을 때에는 새로운 기관을 개발하는 적극성이 필요하다. 사회복지사는 이러한 기관과 자원을 활용한 프로그램을 만들 수 있도록 한다.

⑨ 자원봉사자 관리

어린이집의 교직원만을 활용하여 아동과 가족들에게 서비스를 제공하는 것에는 시간적, 질적인 한계에 부딪히게 된다. 사례관리 대상아동만이 아닌 일반 아동의 보육에도 신경을 써야 하는 교사에게 과외의 업무를 부여받는 느낌을 줄 수도 있다. 이를 극복하기 위하여 자원봉사자를 모집하여 다양한 영역에서 활동할 수 있도록 지원할 수 있다.

교실에서 활동하며 교사의 업무를 보조하는 역할을 할 수도 있고, 아동의 1 : 1 프로그램을 진행하여 아동의 욕구를 채워주는 역할을 할 수도 있다. 또한, 치료사나 상담가 등 전문영역의 자원봉사자를 구하게 되면 교사, 사회복지사 등이 지원할 수 없는 영역에서의 도움을 받을 수 있다.

2) 사례관리 진행과정

사회복지사는 포괄적 보육서비스를 제공하는 한편, 특별한 욕구와 문제가 있는 것으로 보이는 영유아에 대해서는 사례관리 서비스를 제공하게 된다. 대체로 입학 초기에 교사와 사회복지사의 관찰이나 학부모 면접 등을 통해서 사례관리 대상으로 의뢰되면 사회복지사는 사례관리자로서 영유아를 인테이크하게 된다. 이후 사정을 위해 아동 및 부모면접, 가정방문, 발달검사, 관찰 등을 하며 사정결과에 기초하여 개별 아동에 대한 서비스 계획을 수립한다. 서비스는 포괄적 보육서비스를 포함하여 사례관리자가 직접 제공하는 서비스와 지역사회 기관들이나 자원봉사자들에 의해서 간접적으로 제공되는 서비스가 있다. 서비스가 제공되는 동안 계획에 따라 적절하게 서비스가 제공되고 있는지 정기적으로 모니터링하며, 서비스 목적이 달성되었는지 평가하여 종결하고, 종결 이후 6개월 정도 사후관리를 한다. 서비스 계획 수립 이후 어떤 시점에라도 계획을 변경할 만큼 중요한 내용이 파악되면 재사정하며, 필요에 따라 서비스 계획을 수정하거나 전면 재수립하기도 한다.

서비스 제공기간은 개별 영유아와 가족의 문제와 욕구에 따라 다르며, 어린이집을 퇴원하기 전이라도 사례관리의 서비스 계획에 따른 목적이 달성된 경우에는 사례관리를 종결한다. 목적이 달성되지 못하였으나, 다른 지역으로의 이사 등에 의한 퇴소, 혹은 어린이집 졸업 후 초등학교 입학으로 인한 경우에도 사례관리를 종결하는데, 이 경우에는 지역아동센터나 아동복지기관, 사례관리 전담기관 등 지역사회의 적절한 기관에 사례관리를 의뢰하고 사후관리하거나 이후 서비스 제공기관으로 참여한다.

효과적인 사례관리 진행을 위하여 사례관리자는 정기적으로 어린이집 내부에서 원장, 교사, 간호사, 영양사 등이 참여하는 '내부 사례회의'를 개최하여 사정, 서비스 계획, 서비스 제공, 평가 및 종결에 대한 슈퍼비전을 받으며, 지역사회 서비스 제공 기관들과 '지역 사례회의'를 개최하여 서비스 제공 기관들의 의견을 수렴한다. 또한, 슈퍼바이저로 위촉된 사회복지 전공교수로부터 사례관리를 수행하고 있는 18개 삼성어린이집 사례관리자들이 전체, 혹은 집단으로 정기적인 슈퍼비전을 받고 있다.

요약 삼성어린이집 포괄적 보육서비스의 사례관리 진행과정

- 어린이집 입학 → 교사·사회복지사·학부모의 관찰 및 의뢰 → 인테이크 → 사정(재사정) → 서비스 계획 수립(수정 혹은 재수립) → 서비스 제공 및 연계 → 모니터링 → 평가 → 종결 → 사후관리
- 사례회의
  - 내부 사례회의 : 사례관리자, 원장, 교사, 간호사, 영양사 등 참석
  - 지역 사례회의 : 사례관리자, 서비스 제공자 혹은 관련자, 필요에 따라 가족 및 슈퍼바이저 (지역 전문가)
- 슈퍼비전
  - 개별 슈퍼비전 : 위촉된 슈퍼바이저(사회복지 전공교수 2인)와 수시로 실시
  - 집단 슈퍼비전 : 권역별 사례관리자들과 정기적으로 실시
  - 전체 슈퍼비전 : 18개 사례관리자와 위촉된 슈퍼바이저와 정기적으로 실시

(5) 사 례

본 사례는 삼성어린이집의 사례관리자에 의해서 약 3년 동안 진행된 사례이며, 삼성어린이집 사회복지사 사례관리 매뉴얼(배정임 외, 2010) 개발 과정에서 정리되어 보고되었다. 의뢰부터 종결까지의 과정을 간략히 요약하고, 어린이집에 배치된 사회복지사가 주사례관리자의 역할을 담당하며 실행한 본 사례를 통해서 영유아 보육현장에서의 사례관리에 대한 의의와 한계, 시사점 등을 정리하였다. 참고로 삼성어린이집 포괄보육 서비스에서 개발・활용되고 있는 양식으로 작성된 과정별 기록이 첨부되었다. 사례는 비밀보장과 이해를 위하여 일부 내용이 삭제되거나 수정되었다.

1) 사례개요

① 기초정보 및 의뢰사유

어린이집에 재원중이던 ct는 의뢰 당시 만 4세 남아였으며, 기초생활수급가정의 아동으로서 깨끗이 씻지 않고 등원을 하거나 준비물을 제대로 챙겨오지 않고 사회성과 언어표현력이 부족한 것으로 담임교사에 의해 관찰되었다. 경제적인 어려움과 부모의 방임으로 인하여 ct의 발달에 부정적인 영향이 있을 것으로 염려되어 담임교사가 사례관리자에게 의뢰하였다.

부모 모두 고등학교를 졸업하였으며, 부는 인테이크 당시 만 38세였고, 정신장애와 알코올문제로 실직상태에 있었다. 모는 만 32세로 가사도우미로 일하고 있고, ct의 형은 만 7세로 초등학교 1학년에 재학중이다. 가족 모두 함께 살고 있으며, 기초생활수급가정으로서 보육료는 100% 지원을 받고 있다.

〈가족정보〉

관계	이름	나이	학력	직업	동거 여부	질병 및 장애	비고
부	최 □ □	만 38세	고졸	무	동거	정신장애	알코올문제
모	고 ◇ ◇	만 32세	고졸	가사도우미 등	동거	–	–
형	최 △ △	만 7세	초1	학생	동거	–	–
ct	최 ○ ○	만 4세	재원	–	동거	–	–

■ 100% 보육료지원 ■ 국민기초생활수급 ■ 의료급여

② 사 정

a. 아동 발달 및 욕구

가. 임신 및 출산 : ct는 3.2kg으로 정상 분만되었으며 이후 특별한 병력은 없었으나 1~2세경 부가 음주 후 가정폭력을 할 때 놀라서 경기를 1~2번 정도 했다고 한다.

나. 건강상태 : 또래보다 키(100cm)가 작고 체중(16kg)이 적게 나가는 편으로서 전반적인 발육상태는 좋지 못한 상황이지만, 특별한 질병이나 장애는 없다.

다. 언어발달 : 또래보다 늦은 편이며 읽기는 가능하나 쓰기는 잘 안 되고 전반적으로 학습이 뒤떨어진다.

라. 사회성발달 : 또래 관계에 소극적이고 따돌림을 당하기도 하며 교사에게 의지하려고 한다. 따돌림의 이유는 잘 씻지 않거나 옷을 갈아입지 않고 다녀서 다른 아동이 싫어하기 때문으로 파악된다.

마. 정서발달 : 고집이 매우 세고, 다른 아동이 자기 영역을 침범하는 것을 참지 못한다. 자신을 건드리지 않으면 먼저 다른 아동을 괴롭히지는 않는다. 자존감이 다소 낮은 편이다.

바. 가정보육 상황 : 모가 주양육자이나 경제적으로 어려워서 비정규직으로 일하고 있다. 야간 근무가 잦아서 ct를 적절히 보호하지 못하고 있으며 부와 양육태도가 일치하지 못하고 있다. 집에서는 주로 세 살 위인 형과 놀고 있다.

사. 문제 및 욕구 : ct는 모가 야간 아르바이트를 가거나 일을 갈 때 끼니를 제대로 챙겨주지 않아 결식의 우려가 있으며, 아침을 못 먹고 왔다고 할 때가 잦다. 집에서 TV를 보거나 게임을 하는 시간이 많은데, 형과 같이 길에서 오락을 하다가 집에 안 들어가는 경우가 발견되기도 한다.

아. 강점 : 어린이집에서 만들기 활동을 좋아하며 과학영역에 관심이 많다.

b. 가족력 및 가족의 욕구

가. 결혼 : ct의 모는 부와 몇 번 만나지 않은 채 중매결혼을 하였으며 지

인에게 속아서 결혼하였다고 생각하고 있다, 결혼 직후 이혼하려고 했으나 첫째가 임신이 되어 그냥 살게 되었는데, 이후 그때 이혼하지 않은 것을 후회하면서 살고 있다고 한다. 부가 친가 얘기하는 것을 매우 싫어하여 부의 결혼 전 생활에 대해서는 잘 모르고, 현재도 연락하지 않고 지내고 있다.

나. 확대가족관계 : 외조부는 모가 초등학생일 때 사망하였으며, 외조모가 어렵게 생계유지를 해왔다. ct의 외삼촌은 선원이고, 큰이모는 귀금속 장사로 여유가 있어서 ct 가정에 경제적인 도움을 주고 있다.

다. 경제적 상황 : 부는 실직상태이며, 정부로부터 받는 월 45만원(기초생계급여)과 모가 가사도우미나 화장품 방문판매 등으로 일하여 버는 월 15만원의 근로소득이 전부이다. 17만 3천원의 보육료는 지원을 받고 있으나, 매달 10만원의 월세와 모가 화장품 방문판매 때문에 받은 카드대출(500만원 연체) 상환금이 월 20만원씩 지출되고 있어서 경제적으로 매우 어려운 상황이다. 교회에서 가끔 경제적 지원을 받고 있으며 집주인인 교회의 지인이 전기세 등을 내주고 있다. 외가로부터도 결혼 직후부터 비정기적인 경제적 지원을 받고 있다.

라. 주거상황 : 보증금 1천만원에 월세 10만원의 원룸형 다가구 주택에서 현재 3년째 생활중이다. 단칸방에서 4식구가 함께 생활하고 있어서 놀이공간이나 수면환경이 열악하다. 환기가 잘되지 않아서 악취가 나며 채광이 부족하다.

마. 문제 및 욕구 : ct의 부는 알코올중독과 정신장애로 몇 차례 입원을 한 적이 있으나 입원비 부담 때문에 곧 퇴원하였다. 음주 후 가족에게 폭력을 행사하거나 며칠, 혹은 몇 달씩 가출을 하기도 하였다. 모는 부의 알코올문제의 치료를 원하고 있다.

모는 고의적으로 방임한다기보다는 가사도우미와 화장품 방문판매 등으로 집을 비우는 시간이 많아서 아이들을 제대로 돌보지 못하는 상황이며 이에 대해서 미안하게 느끼고 있다. ct의 어린이집 활동에 관심이 없으며 부모 교육 등에도 참여하지 않고 있다. 이에 모는 안정적인 직장을 구하고 싶어한다.

바. 자원 및 강점 : 모는 고의적으로 방임하는 것은 아니며, 아동을 제대

로 돌보지 못하는 것에 대해서 미안해하고 있다. 부 대신 경제활동을 적극적으로 하고 있고, 결혼 전부터 직장생활의 경험이 많다.

모가 바빠서 ct의 등하원을 돌봐주지 못하는 경우, 형이 ct를 챙겨주곤 한다.

ct의 모는 친정과는 친밀한 관계를 유지하고 있으며 수시로 왕래하고 있다. 주민지원센터의 사회복지사와 수시로 접촉하고 있으며, 교회의 목사와 지인들을 매주 만나고 있다.

③ 서비스 계획

이와 같은 사정내용에 기초하여 서비스 계획이 수립되었다. 문제 및 욕구에 따라 수립된 서비스 목표와 서비스 내용은 다음과 같다. 서비스 계획에는 목표별 평가방법에 대한 계획도 수립되었다((3)양식과 기록의 서비스계획표 참조).

〈영유아〉

목표 1. 친구들과 자연스럽게 집단활동에 참여할 수 있다.
- 주 1회 원예활동에 참여한다.
- 월 2회 소그룹 포괄수업에 참여한다.

목표 2. 글자에 관심을 두고 자연스럽게 책을 읽을 수 있다.
- 주 1회 1 : 1 멘토링 프로그램에 참여한다.

목표 3. 혼자서 세수와 양치를 할 수 있다(재사정 후 추가된 목표).
- 치아우식증을 치료받는다.
- 세수와 양치 등 기본 생활습관에 대한 개별지도를 받는다.

〈가족〉

목표 1. 부가 술과 가정폭력 빈도를 줄인다.
- 월 1회 부부상담을 받는다.

목표 2. 모가 아동과 함께하는 활동과 시간을 늘린다.
- 월 1회 부모상담과 주 1회 소그룹 부모교육을 받는다.

목표 3. 모가 직업훈련을 받아 안정적인 직장에 취업한다.
- 직업훈련을 지원받는다.
- 취업연계를 위한 지원을 받는다.

④ 실행내용 요약

본 사례는 어린이집 입학 후부터 약 3년간 사례관리되었다. 아동과 가족에 대한 포괄적 사정에 기초하여 서비스 계획이 수립된 후 이에 대하여 ct의 모와 계약서를 작성하였다. 서비스 계획에 따라 서비스가 제공되었으며, 적절하게 서비스가 제공되고 있는지 정기적인 점검이 이루어졌고, 사례회의도 개최되었다. 아동이 어린이집에 재원중이어서 교실과 원내에서 주로 서비스가 제공될 수 있었고, 관찰과 면접을 통한 모니터링도 원활하게 진행되었다.

아동지원 서비스로는 원예활동, 소그룹 포괄수업, 멘토링이 이루어졌다. 원예활동과 소그룹 포괄수업과 같은 집단활동에 참여하도록 함으로써 자연스럽게 친구들과 어울리는 경험을 제공하여 ct가 또래 관계와의 상호작용을 활발히 하고 자존감을 향상할 수 있도록 지원하고자 하였다. ct는 약 3년간 26회에 걸쳐 주 1회 원예활동에 참여하였으며((3)양식과 기록의 사례관리 진행기록 참고), 월 2회 소그룹 포괄수업에 참여하였다.

멘토링은 ct가 또래보다 언어발달이 늦고 전반적으로 학습이 뒤떨어지므로 글자에 관심을 두고 자연스럽게 책을 읽을 수 있도록 1 : 1 멘토링으로 진행하였다. 자원봉사자를 연계하여 주 1회 4개월간 책읽기 개별지도가 이루어졌다.

가족지원 서비스로는 소그룹 부모교육, 부부상담, 부모상담, 빈곤탈출 프로그램 등이 진행되었다. 소그룹 부모교육은 집단 프로그램으로서, 사회복지사가 부모교육이 필요한 부모들에게 안내하여 부모들이 자발적으로 참여하도록 하는데, ct의 모는 사례관리자와의 상담을 통하여 참여를 결정하게 되었다. 3년간의 사례관리 기간에서 초기 3개월간 소그룹 부모교육이 이루어졌고, 부모가 아동과 함께할 수 있는 활동을 포함한 내용으로 진행하여 ct의 모가 자녀와 함께하는 시간을 가질 수 있도록 지원하였다. ct의 모는 3개월간 총 11회에 걸쳐 소그룹 부모교육에 참석하였다.

부모상담과 부부상담을 월 1회 진행하여 부모가 자녀에게 관심을 두고 상호작용하며 부가 음주를 자제하고 가정폭력을 자제할 수 있도록 지원하고자 하였다. ct의 모는 월 1회 상담에 참여했지만 부는 사례관리자가 지속적으로 노력했는 데도 부모상담과 부부상담에 참여하지 않아서 계획된 서비스가 제공되지 못하였다. 그러나 사례관리자와의 지속적인 개인 대면상담과 전화상담을 통하여 부부가 함께 교회에 나가고 음주 횟수를 줄이게 되었다.

빈곤탈출 프로그램의 일환으로 ct의 모에게 직업훈련 및 취업연계를 위한 지원을 제공하고자 제과제빵 교육과 이미용 기술훈련 교육을 연계하였다. 먼저 고용안정센터에서 실시하는 직업선호도를 검사를 받을 수 있도록 하고 제과제빵 기술학교를 연계하여 무료로 교육을 받고 자격증을 취득할 수 있도록 지원하였다. 그러나 ct 모의 나이가 많고 건강상의 문제가 있어 취업으로 연계하는 데 어려움이 있었다. 이에 과거 미용실 취업경험을 되살려보기로 하고, 새로운 이미용 기술을 습득할 수 있도록 기초수급자를 대상으로 하는 무료 직업훈련과정을 연계하였다. 모는 열심히 훈련과 연습에 임하여 교육생 중에 드물게 자격증 시험을 한 번만에 합격하였다. 이미용 자격증과 메이크업 자격증을 취득한 후, 미용실 보조로 일하면서 미래를 준비하고 있다.

사례관리를 진행하는 중에 정기적인 모니터링을 통하여 ct의 치아우식증이 발견되었다. 치아우식증의 원인이 양치질 등 기본적인 생활습관의 문제라고 파악되어 재사정을 위한 사례회의를 개최하였으며, 이에 따라 치아우식증의 치료와 기본적인 생활습관지도가 새로운 목표로 추가되었다. 치과와 연계하여 어금니 5개를 치료받을 수 있도록 하였고 기본생활습관 지도로 스스로 이를 닦을 수 있도록 지도하였다.

⑤ 평 가

a. 목표달성 평가

ct는 3학기 이상에 걸친 원예활동을 통하여 계속 칭찬을 받으면서 자신감이 향상했고, 소집단 활동에서 또래와 상호작용이 증가하였다. 자원봉사를 통한 멘토링으로 글자를 익히게 되었고, 교사에게 질문하는 횟수가 늘었으며 북아트 수업을 통해 책에 관한 관심도 증가하였다. 치아우식증 치료를 통하여 5개의 치아를 치료받았으며, 이후 양치질과 세수 등 기본적인 생활습관 지도를 통하여 점심 식사 후 혼자서도 할 수 있게 되었다.

모는 사례관리자와의 지속적인 상담을 통하여 사례관리의 필요성을 이해하게 되었고, 서비스 계획에 따라 소그룹 부모교육에 참석하면서 긍정적인 변화가 일어났다. 부모교육 수료시에는 자발적으로 쿠키를 만들어오기도 하였으며, 아동과 함께 가족문화체험에 참여하고 교사면담에도 참여하였다. 부는 계획했던 부부상담이나 부모상담에 참여하지는 않았지만, 지속적인 사례관리자와의 상담을 통하여 술을 끊겠다고 가족과 약속하게 되었고, 가족들과 함께 교회를 나가게 되었다.

가족목표 3의 경우, 모가 아직은 안정된 직장을 구한 것은 아니지만, 500만원 가치의 직업훈련을 무료로 받을 수 있도록 안내를 받아 적극 참여하였고, 성공적으로 제과제빵과 이미용자격증을 취득하여, 자발적으로 복지관에 이미용 자원봉사를 가거나 미용실 보조로 일하기 시작하여 미래에 대한 희망을 품게 되었다.

b. 위험도사정 평가

ct는 결식우려가 있었으나, 모가 정규직으로 근무하게 되어서 아동의 생활에 신경을 쓰게 되면서 위험도가 낮아졌으며, TV를 보는 시간이나 게임을 하는 시간도 줄어든 것으로 관찰 및 보고되었다. 학습과 관련된 문제 징후가 있었으나, 글을 알게 되고 소집단 활동에 적극 참여할 수 있게 됨으로써 또래와도 잘 어울리고 활동에도 주도적으로 참여하는 등 학습문제는 보이지 않고 있다. 부의 알코올 문제는 부가 금주를 약속하였으나 지속적인 관찰이 필요한 상황이다.

⑥ 종결 및 사후관리

사례회의를 통하여 목표달성과 위험도 등에 대한 평가를 하여, 본 사례가 계획하였던 목표를 달성하였기에 종결하기로 하였다. 종결이 결정된 후, 부모에게 목표가 달성되었기에 사례관리 서비스를 종결한다는 안내문을 발송하였다.

사례관리가 종결되고 곧 졸업이 예정되어 있지만, 지역의 아동복지기관과 연계하여 매월 후원금이 지급되도록 연계중이고, ct가 초등학교에 입학한 후 방과 후 보호를 위하여 형과 함께 지역아동센터에 다니도록 계획하였다. 향후 6개월간 월 1회, 전화상담 및 대면상담을 통하여 사후관리하기로 하였다.

2) 논 의

본 사례는 어린이집에 배치된 사례관리자에 의해서 사례관리 서비스가 제공된 사례이다. 어린이집에 재원중인 영유아에 대해서 조기에 집중적으로 사례관리를 함으로써 문제가 심각하게 진전되기 전에 예방적으로 개입할 수 있었다. 또한, 어린이집에 재원중인 영유아뿐만 아니라 알코올 문제가 있는 부와 아동방임의 우려가 있던 모에 대해서도 부모교육과 상담 등 필요한 서비스를 제공하여 부모가 적절한 부모역할을 할 수 있게 변화되었다. 경제적인 어려움 때문에 아동양육에 관심을 보일 수 없었던 모에 대해서 기존 어린이집에서 제공되는 보육서비스 이상의 서비스, 즉, 지역사회 자원을 개발·연계하여 직업훈련을 받도록 안내하고 취업을 연계하여 모가 아동양육에 적극적인 관심과 참여를 할 수 있도록 변화하였으며, 장기적으로는 영유아가 안정적으로 양육되는 가정환경이 조성될 수 있는 기반이 마련되었다.

본 사례의 사례관리자는 ct와 부모에게 개별상담을 수시로 제공하고, 부모교육 프로그램과 같은 집단 프로그램을 운영하여 직접 서비스제공자로서의 역할을 수행하였다. 또한, 사례관리자가 직접 제공할 수 없는 서비스 중 어린이집 내에서 제공할 수 있는 서비스는 어린이집 교사와 자원봉사자가 사례관리 서비스 계획에 기초하여 서비스를 제공하도록 하였다. 치과치료나 직업훈련 및 취업연계 등과 같이 어린이집 내에서 제공할 수 없는 서비스들도 지역사회 자원들을 발굴하여 연계하였다.

이처럼 어린이집 내에서 영유아에게 사례관리가 제공되는 경우, 조기개입을 통한 예방적 효과가 극대화될 수 있으며, 재원하고 있는 영유아와 부모를 가까이서 매일 만나면서 아동과 가족의 욕구를 포괄적으로 사정하고 통합적인 서비스를 제공할 수 있다는 점에서 맞춤형 서비스가 가능한 장점이 있다. 보육현장은 영유아를 가장 먼저, 가장 가깝게 만날 수 있는 현장으로서 영유아와 가족의 욕구와 문제를 가장 먼저, 가장 쉽게 파악하여 접근할 수 있는 실천현장이다. 또한, 보육서비스만으로는 해결되지 않는 다양한 욕구와 문제를 가진 경우, 보육현장에서는 보육서비스만을 제공하고, 그 외 복잡하고 심각한 다른 욕구와 문제들은 분절적으로 다른 아동복지 서비스, 가족복지 서비스, 장애인복지 서비스 등으로 제공하는 것은 공적 예산의 투입에서도 비효과적이며 비효율적이다.

개별 어린이집에 삼성어린이집의 포괄적 보육서비스와 같이 사례관리자를 배치하는 것은 정책적으로 쉽지는 않은 일이다. 그러나 개별 어린이집에 사례관리자가 배치될 수 있다면, 앞서 언급한 바와 같이 영유아와 가족의 문제에 조기개입 함으로써 예방적 효과를 거둘 수 있을 뿐만 아니라 보육의 효과를 극대화할 수 있고, 복지 서비스를 통합적으로 제공함으로써 효과성과 효율성을 극대화할 수 있음이 본 사례를 통하여 시사되었다. 빈곤영유아가 밀집해 있는 지역에 우선 배치해보거나, 국공립어린이집에 우선 배치하거나, 혹은 지역단위로 몇 개 어린이집을 한 명의 사례관리자가 담당하게 하는 등 다양한 형태의 시범사업을 통해 영유아보육 현장에서의 사례관리 서비스의 가치를 검토해 볼 수 있다.

3) 양식과 기록

사례관리 진행과정의 이해를 돕기 위해 삼성어린이집 포괄보육 서비스의 사례관리에 사용되고 있는 양식에 따라 기록된 내용을 일부 수정하여 수록하였다. 편의상 모든 기록을 수록하지는 않고, 과정을 파악할 수 있도록 대표적인 내용만 발췌하였다.

인테이크

인테이크번호 : 삼성-20○○-01-01

<table>
<tr><td>인테이크일자</td><td colspan="3">○○○○년 ○월 ○일</td></tr>
<tr><td>입소일자</td><td>○○○○년 ○월 ○일</td><td>담당</td><td>○○○사회복지사</td></tr>
</table>

<table>
<tr><td colspan="2">아동성명</td><td colspan="3">최 ○ ○ (만 4세, ■남 □여)</td><td colspan="2">주민등록번호</td><td colspan="2">******-*******</td></tr>
<tr><td colspan="2">주 소</td><td colspan="3">부산시 동구 수정○동
○○○번지</td><td colspan="2">연락처
(연락가능시간)</td><td colspan="2">123-4567</td></tr>
<tr><td colspan="2">담임교사
(주 관찰교사 표시:*)</td><td colspan="3">*정 ◍ ◍, 우 ▥ ▥</td><td colspan="2">반</td><td colspan="2">□□반</td></tr>
<tr><td rowspan="5">가족사항</td><td>관계</td><td>이름</td><td>주민번호(나이)</td><td>학력</td><td>직업</td><td>동거
여부</td><td>질병
장애
유무</td><td>비고</td></tr>
<tr><td>부</td><td>최 □ □</td><td>******-*****(38세)</td><td>고졸</td><td>무</td><td>동거</td><td>○</td><td>알콜릭</td></tr>
<tr><td>모</td><td>고 ◇ ◇</td><td>******-****(32세)</td><td>고졸</td><td>가사도우미
등</td><td>동거</td><td>×</td><td></td></tr>
<tr><td>형</td><td>최 △ △</td><td>******-****(7세)</td><td></td><td>초등학교 재</td><td>동거</td><td>×</td><td></td></tr>
<tr><td>본인</td><td>최 ○ ○</td><td>******-****(4세)</td><td></td><td>본원 재원</td><td>동거</td><td>×</td><td></td></tr>
<tr><td>서비스
의뢰자</td><td colspan="2">정 ◍ ◍</td><td>아동과의
관계</td><td>담임교사</td><td colspan="2">연락처</td><td colspan="2">123-5678</td></tr>
<tr><td>의뢰사유</td><td colspan="8">현재 만 4세반에 재원중인 ct는 기초수급가정으로 선정되어 보육료 지원을 받고 있음. ct의 경제적인 곤란과 아동에 대한 모의 관심 부족, 사회성과 언어표현력의 부족으로 상담을 하게 됨</td></tr>
<tr><td rowspan="3">세대유형</td><td rowspan="2">복지
급여
유형</td><td colspan="7">■ 100%(법정) □ 100% □ 60% □ 30% □ 만 5세 무상 □일반</td></tr>
<tr><td colspan="7">□ 건강보험 ■ 의료급여 □ 기타 ( )</td></tr>
<tr><td>가구
형태</td><td colspan="7">■ 부모 □ 부자 □ 모자 □ 조손 □ 친척 양육 □ 기타 ( )</td></tr>
<tr><td rowspan="2">긴급
연락처</td><td>이름</td><td colspan="3">박♠♠</td><td colspan="2">아동과의 관계</td><td colspan="2">모의 친구</td></tr>
<tr><td>주소</td><td colspan="3">부산시 동구 ◎◎동</td><td colspan="2">전화번호</td><td colspan="2">123-6789</td></tr>
<tr><td>특이사항</td><td colspan="8">깨끗이 씻지 않고 등원을 하거나 준비물을 제대로 챙겨오지 않는 등 가정에서 부모의 아동에 대한 방임이 염려됨</td></tr>
</table>

사 정

사례번호 : 삼성-20○○-01-01

작성일자	○○○○년 ○월 ○일	작성자	○○○사회복지사
아동성명	최 ○ ○ (만 4세, ■남 □여)		

1. 경제사항

소득현황	총 월소득	773,000원	지출현황	총 월지출	773,000원
	주요 소득원	정부지원금 : 450,000원 근로소득 : 150,000원 보육료 지원 : 173,000원		주요 지출 내역	월세 : 100,000원 대출상환 : 200,000원 기타 생활비 : 300.000원 보육료 : 173,000원
특이사항		- 부는 무직으로 모가 주 수입원으로서 파출부, 화장품 방문판매 (○○ 마임) 등의 일을 하고 있음 - 카드 연체금 500만 원이 있음. 방문판매를 하다가 빚이 생김 - 교회에서 가끔 경제적 지원을 받는다고 함			

2. 주거사항

주거환경	주택 소유 상황	□ 자가 (소유주) □ 전세 (전세금 만 원) ■ 월세 (보증금 천만 원/월세금 10만 원) □ 영구임대 □ 무상임대 □ 기타 ( )			아동환경	독립 놀이 공간	□ 양호 ■ 협소 □ 없음
						놀이감 및 도서	□ 충분 ■ 부족 □ 없음
	주택 유형	□ 아파트 □ 단독주택 ■ 다가구주택) □ 기타 ( )				수면 환경	□ 혼자 ■ 부모 □ 조부모 ■ 형제 □ 기타
	거주 기간	3년 개월	이사 계획	□ 유 ( ) ■ 무 ( )		주변 환경	□ 소음 □ 대로변 ■ 환기부적절 □ 유흥가 ■ 악취/불결 ■ 채광부족 □ 문제없음
	동거 인원	4명	방	1 개(평)			
특이사항		교회에 아는 분의 집에 월세로 살고 있으며, 전기세 등을 주인집에서 내주고 있다고 함 방과 부엌, 거실이 전체 연결되어 있는 형태임					

3. 가족·사회적 관계

가계도	생태도
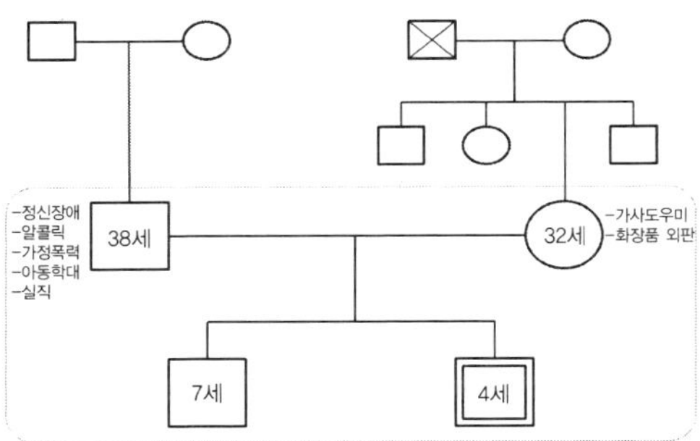	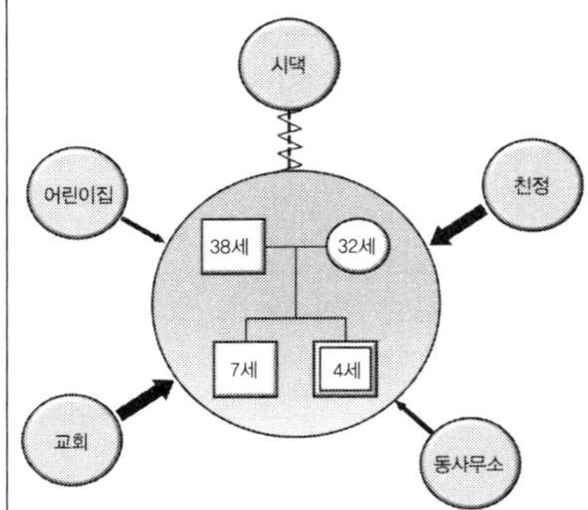

구분	지원처 (이름/관계)	지원내용	접촉기간	접촉빈도	연락처
공식적 자원	**주민지원센터 (김○○, 전문요원)	생계비 지원, 보육료 지원 등	20**년~현재	수시	123-1234
비공식적 자원	교회 (박○○, 목사)	전셋집 지원 비정기적 후원	20**년~현재	주1회이상	123-2345
	친정 (고○○, 이모)	비정기적 경제적 지원	결혼직후부터 ~현재	수시	123-3456

4. 건강상태

<table>
<tr><td rowspan="8">건강상태</td><td>출생상태</td><td colspan="2">■ 정상 □ 미숙아 □ 만숙아 □ 저체중아</td></tr>
<tr><td rowspan="7">현재 건강상태</td><td>전반적인 건강/발육상태</td><td>□ 양호 □ 보통 ■ 불량</td></tr>
<tr><td>영양상태</td><td>□ 양호 ■ 보통 □ 불량</td></tr>
<tr><td>장애유무</td><td>■ 무 □ 유 (장애명 : 발생/진단시기 :)</td></tr>
<tr><td>질병유무</td><td>선천성 ■ 무 □ 유 | 후천성 □ 무 □ 유</td></tr>
<tr><td>현재약물복용/기타 치료상황</td><td>■ 무 □ 유 ( )</td></tr>
<tr><td>주이용 의료기관</td><td>□ 보건소 ■ 의원(한의원) □ 병원 □ 종합병원</td></tr>
<tr><td colspan="2">원하는 건강 관련 도움 /특이사항</td><td colspan="2">다른 아동들에 비해서 발육상태가 좋지 못함. 또래보다 키와 체격이 작은 편임</td></tr>
</table>

5. 가정보육현황

<table>
<tr><td rowspan="6">가정보육현황</td><td>주
양육자</td><td colspan="3">■ 모 □ 부 □ 조모 □ 조부 □ 외조모 □ 외조부 □ 친척 ( ) □ 기타 ( )</td></tr>
<tr><td>주
양육자
취업형태</td><td colspan="3">□ 취업 (□ 정규직 ■ 비정규직 근로시간 : 일정치 않음, 야간 근무도 잦음)
□ 무직 □ 기타 ( )</td></tr>
<tr><td>양육
태도</td><td colspan="3">□ 양육자간 일치 ■ 양육자간 불일치</td></tr>
<tr><td rowspan="3">가정
생활
습관</td><td colspan="2">청결상태</td><td>□ 매우양호 □ 양호 ■ 보통 □ 불량 □ 매우불량</td></tr>
<tr><td rowspan="2">놀이</td><td>놀이
장소</td><td>■ 집안 □ 골목 □ 놀이터 □ 기타 ( )</td></tr>
<tr><td>주놀이
상대</td><td>■ 형제자매 □ 모 □ 부 □ 조모 □ 조부
□ 외조모 □ 외조부 □ 또래친구 □ 기타 ( )</td></tr>
</table>

6. 가족력 및 특이사항

- 가족력

모 : 만 32세. 2남 2녀 중 셋째. 고향은 충무 통영이며, 중학교 때 부산 동구 좌천동으로 이사를 왔으며, 효성여상을 졸업하고 삼촌이 운영하는 오락실에서 경리를 보았음. 95년 중매로 결혼함. 파출부로 일하면서 화장품 외판인 알로에 마임도 하고 있음

부 : 만 38세. 결혼 전 식구들과 장사를 한 것 같다고 함(모가 부의 결혼 전 생활에 대해서 정확하게 잘 모른다고 함). 결혼 후에도 식당을 운영하였으며, 알콜릭과 정신이상으로 몇 차례 입원을 한 적이 있음. 가족들에게 폭력을 행사할 때도 있고 며칠 동안 집을 나가기도 함

외가 : 외조부는 모가 초등학생일 때 사망하였으며, 외조모 혼자서 살림을 이끌어와서 어렵게 컸다고 함. ct의 외삼촌은 선원이며, 이모 중 큰이모가 귀금속 장사를 하면서 경제적 여유가 있어서 ct의 가정에 도움을 줌. 작은이모는 기장에 거주

친가 : 연락을 하지 않고 지냄. 부가 본가 얘기하는 걸 매우 싫어한다고 함

- 특이사항

가정 방문시 집안이 많이 어질러져 있는 것은 아니었으나 깔끔하게 정리가 되어 있지도 않았음. 모가 고의적으로 아이들을 방임한 것은 아니었음. 가정의 주 수입원인 모가 방문판매와 파출부 등으로 돈을 벌기 위해서 집을 비우는 시간이 많아서 아이들을 제대로 챙기지 못하는 상태였으며, 아이들을 제대로 못 돌봐주는 것을 미안해 함

모는 아이들을 위해서 여러 가지 일을 하면서 양육에 힘을 쓰고 있으나 부는 무관심하며 경제적, 정서적인 아무런 노력도 하지 않고 있다. 오히려 술을 마시면 아이들을 때리기도 하고 잦은 가출 때문에 아이들에게 좋지 않은 영향을 주고 있음

모가 바빠서 아이들을 돌보지 못한다면 부는 전혀 아이들에게 신경을 쓰지 않고 있어서 양육에 거의 도움이 되지 않고 있음

7. 사정도구

가계도, 생태도

8. 가족 · 환경 사정

<table>
<tr><th></th><th>문 항</th><th>없다</th><th>주의 요망</th><th>있다</th></tr>
<tr><td rowspan="4">1.학대와 방임 과잉 보호</td><td>① 아동에 대한 구타와 욕설 등 신체적, 정서적 학대가 있다</td><td>○</td><td></td><td></td></tr>
<tr><td>② 아동에 대한 신체적, 의료적, 교육적 방임이 있다</td><td>○</td><td></td><td></td></tr>
<tr><td>③ 지나친 과잉보호가 있다</td><td>○</td><td></td><td></td></tr>
<tr><td colspan="4">소견 : 모가 일을 하느라 아동들만이 집에 방치되는 경우가 있음. 어린이집의 활동 등에 대해서 모가 큰 관심을 가지지 못함</td></tr>
<tr><td rowspan="6">2.장애와 질환</td><td>① 보호자가 정신분열증이나 지적장애 등과 같은 정신장애가 있다</td><td>○</td><td></td><td></td></tr>
<tr><td>② 보호자가 신체장애가 있다</td><td>○</td><td></td><td></td></tr>
<tr><td>③ 보호자가 신장병, 당뇨병 등 만성적인 신체질환이 있다</td><td>○</td><td></td><td></td></tr>
<tr><td>④ 알코올 · 약물 · 기타 중독이나 남용의 징후가 보인다</td><td></td><td>○</td><td></td></tr>
<tr><td>⑤ 형제 · 자매가 장애나 만성질환이 있다</td><td>○</td><td></td><td></td></tr>
<tr><td colspan="4">소견 : 알콜릭으로 병원에 입원을 한 적이 있음. 모가 정확한 병명을 말하지는 않지만 정신과적인 문제로 병원에 입원을 한 적도 있다고 함. 자주 가출을 하기도 하여 연락두절이 될 때도 있음</td></tr>
<tr><td rowspan="6">3.가정 문제</td><td>① 배우자 학대가 있거나 부부갈등이 심각하다</td><td></td><td>○</td><td></td></tr>
<tr><td>② 보호자가 만성적인 실직상태이다</td><td></td><td>○</td><td></td></tr>
<tr><td>③ 가족 내 다른 가족구성원에 의한 폭력이 있다</td><td></td><td>○</td><td></td></tr>
<tr><td>④ 가출, 별거, 이혼, 사별 문제가 있다</td><td></td><td>○</td><td></td></tr>
<tr><td>⑤ 부모-자녀간의 관계에 문제가 있다</td><td>○</td><td></td><td></td></tr>
<tr><td colspan="4">소견 : 부의 알콜릭으로 인한 부부간의 갈등이 심하며, 부가 모에게 폭력을 행사한 적이 있음</td></tr>
<tr><td rowspan="5">4.주거 환경</td><td>문 항</td><td>아니다</td><td>주의 요망</td><td>그렇다</td></tr>
<tr><td>① 가정환경의 위생상태가 불량하다</td><td>○</td><td></td><td></td></tr>
<tr><td>② 주거의 안전상태가 불량하다</td><td>○</td><td></td><td></td></tr>
<tr><td>③ 안정적인 주거가 없다</td><td>○</td><td></td><td></td></tr>
<tr><td colspan="4">소견 : 청결 상태가 깨끗하지는 않았으나 불량하다가 할 정도는 아니였음</td></tr>
<tr><td>가족의 강점</td><td colspan="4">- 모가 너무 바쁘다보니 ○○의 어린이집 생활에 관해서 관심을 기울이지 못하고 있음. 하지만 가정에서 아이들과 생활을 하기 위한 경제적인 노력은 열심히 하고 있음
- 모가 바빠서 못 챙기면 형이 ○○의 등하원을 챙기는 등 노력을 한다</td></tr>
<tr><td>기타사항</td><td colspan="4">모가 아이들의 어린이집 활동에 관심이 없었으며, 어린이집의 부모교육 등의 부모활동에도 참여하지 않음. 첫 면담도 전화로 하였음</td></tr>
</table>

9. 아동 사정

	문 항	없다	주의 요망	있다
5. 장애	① 지적장애가 있다	○		
	② 신장병이나 소아당뇨 등 지속적인 관리를 요하는 만성 질환이 있다	○		
	③ 시각·청각장애나 지체장애 등의 신체장애가 있다	○		
	④ 선천적 기형이 있다	○		
	소견 :			
6. 발달 수준	① 연령(월령)에 비해 운동발달이 늦다	○		
	② 연령(월령)에 비해 언어발달이 늦다	○		
	③ 체중 16kg			
	④ 신장 100cm			
	소견 : 평균 성장 발달보다 약간 늦음			
7. 영양 상태	① 결식의 우려가 있다		○	
	② 인스턴트 과잉 섭취로 영양 불균형의 우려가 있다	○		
	소견 : 모가 야간 아르바이트를 가거나 일을 나가면서 자녀들의 끼니를 제대로 챙겨주지 못하는 경우가 있음. 등원을 할 때 아침을 못먹고 왔다고 얘기를 할 때가 자주 있음			
8. 심리·정서	① 정서상태가 불안정하거나 우울하다	○		
	② 자존감이 떨어진다	○		
	③ 자신감이 떨어진다	○		
	소견 : 교실 활동에서 다른 아이들과 참여하는것을 어려워하는 경우는 가끔 있다			
9. 문제 행동	① 눈을 깜박이거나 코를 킁킁거리는 등의 틱 증상을 보인다	○		
	② 자신만의 세계에 빠져 있는 등 자폐성 장애의 징후가 있다	○		
	③ 공격성의 징후가 있다	○		
	④ 주의력 결핍, 과잉행동장애의 징후가 보인다	○		
	⑤ 배설이나 섭식관련 문제행동이 있다	○		
	⑥ TV를 많이 본다		○	
	⑦ 게임을 많이 한다		○	
	소견 : 모의 부재시 형과 길에서 오락을 하고 집에 안 들어 가는 경우가 발견됨			
10. 어린이집 생활	① 학습과 관련된 문제 징후가 있다		○	
	② 또래와의 상호작용에 문제가 있다		○	
	③ 담임교사와의 관계에 문제가 있다	○		
	④ 출결과 관련된 문제가 있다	○		
	소견 : 학습발달이 다른 아동보다 느림. 말이 어눌하여 친구들과의 상호작용에 어려움이 약간 있음.			
아동의 강점	- ○○은 교실에서 만들기 활동을 좋아하고 과학영역에 관심이 많은 것을 확인할 수 있었다.			
기타사항	아동의 방임이 염려되어 상담을 시작하였으나 방임으로 단정짓기는 어려움. 지속적인 아동 개입과 부모와의 상담을 통해서 변화를 줄 필요가 있음. 자존감이 낮은 ct를 위한 프로그램과 ct의 모가 관심을 둘 수 있도록 유도하여 교육, 신체적 발달 등에 관심을 두도록 할 필요성이 있음			

서비스 계획

1. 사례개요

사례번호 : 삼성-20○○-01-01

작성일자	○○○○년 ○월 ○일	작성자	○○○사회복지사
아동성명	최 ○ ○ (만 4세, ■남 □여)		

2. 서비스 계획 내용

개입 체계	문제 및 욕구	서비스 목표	서비스 내용	평가방법
아동	- 언어 능력이 또래 보다 떨어짐 - 친구들과 잘 어울리지 못하며 사회성이 부족함	친구들과 자연스럽게 집단활동에 참여할 수 있다.	- 원예활동 참여(주 1회) - 소그룹 포괄수업 참여(월 2회)	프로그램 종결 후 과정평가
		글자에 관심을 두고 자연스럽게 책을 읽을 수 있다.	- 1 : 1 멘토링 프로그램(주 1회)	교사 관찰을 통한 평가 사전사후 비교평가
가족	- 부가 자주 가출을 하며, 알콜릭 증상을 보임 - 술을 마시고 가족들에게 폭력을 행사할 때가 있음	- 술 마시는 빈도를 줄인다. - 가정폭력 빈도를 줄인다.	- 부부상담 지원(월1회)	음주 및 가출 횟수/가정폭력 여부 확인
	- ct의 어린이집 생활에 모가 관심을 둘 여유가 없음 - 모가 일하는 동안 아이들의 보살핌이 필요함	- 모가 아동과 함께 하는 시간을 늘린다. - 모가 아동과 함께하는 활동을 늘린다.	- 소그룹 부모교육 지원(주 1회) - 부모상담 지원(월 1회)	부모교육 참여 횟수, 만족도 조사,
	경제적으로 힘들어서 안정적인 직업을 구하고 싶어함	- 직업훈련을 받아 안정적인 직장에 취업한다.	- 직업훈련 지원 - 취업연계 지원	훈련참여/자격증취득/취업/출근여부 확인

사례관리 계약서

1. 계약자

담당자	기관명	○○삼성어린이집	성 명	○○○사회복지사
이용자	아동명	최○○	보호자명	고◇◇
	주민등록번호	****** - *******	전화번호	123-4567
	주 소	부산시 동구 수정○동 ○○○번지		

2. 서비스 이용 내용

이용 기간	20○○. ○ . ○ . ~ 20○○. ○ . ○○ .		
개입 체계	문제 및 욕구	서비스 목표	서비스 내용
아동	- 언어 능력이 또래보다 떨어짐 - 친구들과 잘 어울리지 못하며 사회성이 부족함	친구들과 자연스럽게 집단 활동에 참여할 수 있다	- 원예활동 참여(주 1회) - 소그룹 포괄수업 참여 (월 2회)
		글자에 관심을 두고 자연스럽게 책을 읽을 수 있다	- 1 : 1 멘토링 프로그램 (주 1회)
가족	- 부가 자주 가출을 하며, 알콜릭 증상을 보임 - 술을 마시고 가족들에게 폭력을 행사할 때가 있음	- 술 마시는 빈도를 줄인다 - 가정폭력 빈도를 줄인다.	- 부부상담 지원(월 1회)
	- ct의 어린이집 생활에 모가 관심을 둘 여유가 없음 - 모가 일하는 동안 아이들의 보살핌이 필요함	- 모가 아동과 함께하는 시간을 늘린다. - 모가 아동과 함께하는 활동을 늘린다.	- 소그룹 부모교육 지원 (주 1회) - 부모상담 지원(월 1회)
	경제적으로 힘들어서 안정적인 직업을 구하고 싶어함	- 직업훈련을 받아 안정적인 직장에 취업한다.	- 직업훈련 지원 - 취업연계 지원

위와 같이 서비스 계약을 체결하고 상호 계약 조건을 성실히 이행할 것을 서약합니다.

20○○ 년 ○ 월 ○ 일

○○삼성어린이집 · 담당자 : * * * (인)

보호자 : 고 ◇ ◇ (인)

상 담 일 지

작성일자	○○○○년 ○월 ○일	장소	회의실
내담자	최○○ 모		
상담방법	□ 전화상담 □ 서신상담 ■ 면접상담 □ 기타		
상담내용	△△이가 집에 늦게 들어오고, 나쁜 아이들이랑 어울리고 최근 모의 말을 잘 듣지 않아서 걱정을 많이 함. 친구들과 놀다가 밤에 10시가 넘어서 집에 들어오기도 함. 학교를 마치고 학원을 보내려고 해도 경제적 여건이 되지 않아서 못함. 복지관의 방과 후 지도에 대해서 알아보기로 함 ct는 글자를 가르쳐도 잘 배우려고 하지 않아서 걱정을 많이 함. 올해에 학교를 보내려고 하였으나, 글자를 잘 몰라서 미뤘다고 함. 집에서 글자를 써보라고 하면 손이 아프다면서 쓰려고 하지 않고, 활동할 때도 다리가 아프다고 잘 안 하려고 한다고 함. ct가 다른 아이들에 비해서 성장통을 심하게 하는 것 같기도 하다고 함. 집에서 ct 이름과 형, 자기 이름 정도는 쓴다고 함. 친구들과 잘 어울리지 못하는 것에 대해서도 걱정을 많이 함 모는 빈곤탈출 훈련중이며, 4월부터 특강을 들어가서 매직스트레이트와 드라이 기술 등에 대해서 배우게 됨(기초수급자 무료훈련과정으로). 일반으로 배우려면 500만원 정도를 들여야지 배울 수 있음. ct의 모는 실기시험을 준비할 때 하루에 2시간씩 자면서 연습을 하였다고 함. 학원에서 붙은 사람이 몇 명 없으며, 한 번에 붙기도 어렵다고 함(ct의 모는 자신이 한 번만에 붙은 것에 대해서 매우 자랑스러워하며, 미용쪽으로 최선을 다할 생각이라고 함). 특강을 받으면서도 오후에는 지금 미용실에 나가서 연습하고 과정을 마치고도 일을 할 예정이라고 함		
개입내용	- 아동의 초등학교 입학 준비를 위하여 글자에 관심을 가질 수 있도록 교실에서 지원받을 수 있도록 담임교사와 면담하도록 함 - 모가 훈련을 마칠 수 있을 때까지 정서적 지지를 지속함		
차기계획	- 모가 훈련 과정을 마친 이후에 정식으로 미용실에 취업할 수 있도록 현재의 학원 담당교사와 취업지원 상담을 함.		
상담유형	□ 보육료 감면상담 □ 빈곤탈출기반조성사업 상담 □ 가족문제 및 자녀양육 상담 ■ 기타 : 신학기 면담		

사 례 회 의

1. 회의개요

회의일자	○○○○년 ○월 ○일	작성자	○○○ 사회복지사
참석자	원장, 사회복지사, 담임교사, 포괄 담당 교사		

2. 회의내용

주요문제 1. 현재 ct는 치아우식증이 많이 진행되어서 치료가 필요한 상태임

교실에서 아동을 관찰한 결과 평소 생활에서 기본적인 청결상태가 좋지 않음. 세수하기와 양치하기 등의 기본 위생을 교사가 지도하고 있지만 잘 이루어지지 않고 있음. 가정에서의 지도가 연계되지 않다 보니 나아지지 않는 것 같다고 함
그리고 치아 상태가 매우 안 좋아서 빠른 시기에 치료가 들어가야 할 것 같다고 함. 담임교사의 지인 중 치과 의사가 있어서 그쪽 병원에 부탁할까 한다고 함
현재 본원에서 연계하고 있는 치과와 의논해서 아동의 치료가 가능한지 확인하고 그 기관에서 치료가 안 되면 경우 담임교사의 지인에게 연락을 취하기로 함
아동이 치과 치료를 하게 되더라도 이후의 관리가 매우 중요하므로 교실에서 ct의 개별 양치지도를 하는 것이 좋을 것 같다고 함. 그래서 세수하기 양치하기 등의 기본생활 습관을 몸에 익힐 수 있도록 지원하기로 함
가정에서도 ct가 치료를 받으러 갈 때 모와 동행할 수 있도록 해서 모도 ct의 치아 상태의 심각성을 깨닫고 양치지도 등의 중요성을 알 수 있도록 하여 가정과 연계한 기본생활 습관 지도를 진행하기로 함

주요문제 2. 원예활동 참여에 따른 아동의 변화 체크

소그룹으로 원예활동에 참여하고 있으며, ct는 소그룹 활동을 통해서 조금씩의 변화를 보이는 것 같음. 원래 관찰을 하고 그림 그리는 것에 관심이 있던 아동은 원예활동 속에서 여러 가지 식물의 이름을 이야기하기도 하고 친구들에게 가르쳐 주면서 자신감을 가지게 되는 것이 보임. 활동중에도 지도교사가 ct에게 계속적인 긍정적 피드백을 주고 있어서 이를 자랑스럽게 여기며 더 적극적으로 참여하는 모습이 관찰됨
교실에서도 최근에는 글자에 관심을 두며, 책을 읽어보려는 모습이 나타나서 문장해석 활동을 연계한 언어지도까지 연계할 예정이라고 함

모니터링

1. 점검개요 (4차)

사례번호 : 삼성-20○○-01-01

작성일자	○○○○년 ○월 ○일	작성자	○○○ 사회복지사
아동성명	최 ○ ○ (만 5세, ■남 □여)		

2. 사례관리 진행 사항

개입체계	서비스 목표	서비스 내용	서비스 점검 /평가 내용	사례관리자 의견
아동	친구들과 자연스럽게 집단활동에 참여할 수 있다.	- 원예활동 참여 (주 1회) - 소그룹 포괄수업 참여(월 2회)	활동에 관심을 두고 적극 참여하고 있음	수업중 아동에게 관심을 표현하고 발표를 할 수 있도록 지원을 하는 것이 좋은 것 같음
	글자에 관심을 두고 자연스럽게 책을 읽을 수 있다.	- 1:1 멘토링 프로그램(주1회)	자신의 이름을 적는 것에 관심을 두기 시작함	교사가 1 : 1로 북아트를 이용한 문장해석 활동을 연계하기로 함
	치아우식증을 치료받는다.	치과 치료 연계	△△ 치과 연결 치료 진행중	지속적 관심 필요, 아동 개별 양치지도 필요함
가족	- 술 마시는 빈도를 줄인다. - 가정폭력 빈도를 줄인다.	- 부부상담 지원	- 부의 거부로 상담을 전혀 하지 못함 - 교회에는 나가기 시작하였다고 함	어린이집과의 교류는 전혀 없으나 최근 교회를 나가며 변화가 보이기 시작함
	- 모가 아동과 함께 하는 시간을 늘린다. - 모가 아동과 함께 하는 활동을 늘린다.	- 소그룹 부모교육 지원(주 1회) - 부모상담 지원	- 지속적 연락으로 모가 소그룹 부모교육에 참여를 시작 (ct와 뮤지컬 관람, 체육활동 참여)	- ct의 어린이집 생활에 무관심하던 모가 함께 하는 활동을 통해 아동에게 관심을 두게 됨 - 지속적인 참여유도가 필요함
	- 직업훈련을 받아 안정적인 직장에 취업한다.	- 직업훈련 지원 - 취업연계 지원	- 매직 스트레이트와 드라이 기술을 배우고 있음 - 미용 실기시험 합격 - 미용실 아르바이트 중	- 자신의 일에 열심히 참여하고 추가수업을 찾아서 듣고 있음
모니터링 결과		사례회의 일자 :	■ 유지 □ 재사정 □ 서비스 계획 수정	
		종합의견 : 오랜 시간 모와의 라포 형성을 통해서 조금씩 반응을 보이기 시작함. 아동에게 제공하고 있는 프로그램에 대해서 모에게 계속 연락을 주면서 관심을 둘 수 있도록 지원을 하는 것이 필요할 것 같음		
차기 사례회의 예정 일자				

재 사 정

사례번호 : 삼성-20○○-01-01

<table>
<tr><td>작성일자</td><td>○○○○년 ○월 ○일</td><td>작성자</td><td>○○○ 사회복지사</td></tr>
<tr><td>아동성명</td><td colspan="3">최 ○ ○ (만 5세, ■남 □여)</td></tr>
</table>

<table>
<tr><td rowspan="3">세대유형</td><td rowspan="2">복지급여유형</td><td colspan="2">■ 100%(법정) □ 100% □ 60% □ 30% □ 만5세 무상 □일반</td><td>책정연도</td><td>20**</td></tr>
<tr><td colspan="4">□ 건강보험 ■ 의료급여 □ 기타( )</td></tr>
<tr><td>가구형태</td><td colspan="4">■ 부모 □ 부자 □ 모자 □ 조손 □ 친척 양육 □ 기타( )</td></tr>
<tr><td colspan="2">재사정 유형</td><td>■ 새로운 욕구 발생
□ 긴급한 상황 발생
□ 기타</td><td>재사정 요인</td><td colspan="2">□ 아동과 가족에 의한 요인
□ 기관과 사회복지사에 의한 요인
■ 자원과 환경에 의한 요인</td></tr>
<tr><td colspan="2">재사정 필요성</td><td colspan="4">1. 모의 취업이 안 됨 : 모는 제과 관련 교육을 받았으나, 나이와 건강상의 이유로 제과 쪽으로 취업이 안 됨. 새로운 취업교육이 필요함
2. 아동의 치아우식증 : 치아 상태가 매우 안 좋아서 치료가 필요함</td></tr>
<tr><td colspan="2">사례관리자 의견</td><td colspan="4">1. 제과 관련 취업의 어려움으로 다른 훈련이나 직장을 알아볼 필요가 있어서 모와 재상담. ct 모의 취업을 위해서 지역 제과점에도 취업을 의뢰하고 학원에도 여러 번 부탁 하였으나 모의 나이가 많아서 취업에 어려움이 많음. 사전에 취업 가능성을 확인 했어야 함. 이전에 미용실에서 일했던 경력을 살려보기로 함
2. ct의 치아우식증 치료를 위해서 지역의 치과를 연계하여 치료를 받을 수 있도록 지원을 하기로 함</td></tr>
<tr><td colspan="2">재사정 결과</td><td colspan="4">■ 서비스 재계획 □ 의뢰 □ 현 상태 유지</td></tr>
<tr><td colspan="2">향후계획</td><td colspan="4">1. 기초생활수급 대상으로 무료 국비지원훈련이 가능하므로 취업할 수 있는 훈련을 모색하고 지원을 할 수 있도록 함
2. 지역연계 기관의 치과와 연락을 하여 ct가 치료받을 수 있도록 함</td></tr>
</table>

평 가

1. 사례개요

사례번호 : 삼성-20○○-01-01

작성일자	○○○○년 ○월 ○일	작성자	○○○ 사회복지사
아동성명	최 ○ ○ (만 6세, ■남 □여)		

2. 목표달성 정도

	아동	가족
목표 1	친구들과 자연스럽게 그룹활동에 참여할 수 있다	부가 술과 가정폭력 빈도를 줄인다
평가	친구들과의 상호작용이 잦아지고 놀이 참여가 늘어남	- 스스로 술을 끊겠다고 가족과 약속을 함 - 모와 함께 교회를 나가고 있음
목표 2	글자에 관심을 두고 자연스럽게 책을 읽을 수 있다	모가 아동과 함께하는 활동과 시간을 늘린다.
평가	- 멘토링 참여를 통하여 글자를 익힘 - 교사에게 질문하는 횟수가 증가함 - 한글에 대해서 관심을 두고 북아트 수업을 통해서 책 만들기에 집중함	- 소그룹 부모교육 참여 : ○○회 - 수료식 참여시 자발적으로 쿠키를 만들어서 제공 - 교사면담에 참여한 것을 확인 함 - 아동의 개별활동에 대한 개인 통신문을 발송하여 모가 아동의 어린이집 생활에 대해서 관심을 둘 수 있도록 하였음 - 소그룹 부모교육 중 아동과 함께하는 참여수업과 문화체험에 참여하여 모와 아동이 즐거운 시간을 보낼 수 있도록 지원함
목표 3	치아우식증을 치료받는다	모가 직업 훈련을 받아 안정적인 직장에 취업한다
평가	- 치아 5개 치료 종결 - 스스로 양치를 할 수 있게 됨	- 제과제빵과 미용훈련 수료 및 자격증 취득 - 미용실 취업 - 자발적으로 복지관 이·미용 자원봉사 참여

3. 사전 사후 결과

측정도구	사전검사결과	사후검사결과

4. 개입 전-후 위험도 사정 평가

구분	개입 전		개입 후 위험도 수준	평가
	위험 항목	수준		
아동 관련 위험도	7-①	주의요망	저	모가 가사도우미와 방문판매하러 다니느라 아동의 끼니에 신경을 쓰지 못하였으나, 정규직으로 근무하면서 아동의 생활에 신경도 쓰고 형도 동생을 챙기는 노력을 하는 것을 볼 수 있음
	9-⑥	주의요망	저	모가 부재시 TV를 보는 시간이 많아서 학습에 대해 전혀 관심이 없었으나 멘토링과 소그룹 활동 등을 통해서 학습에 관심을 두고 책을 보는 시간이 늘어났음
	9-⑦	주의요망	저	형과 함께 하원시 집으로 바로 가지 않고 길거리에서 오락을 하는 모습이 초기에 많이 발견이 되었으나 최근에는 관찰되지 않고 있음
	10-①	주의요망	0	초기에는 글자와 어린이집 활동에 관해서 관심이 매우 부족하였으나 소그룹과 멘토링 지원을 통해서 적극 참여하고 현재는 글자에도 매우 관심을 두며 혼자서 북아트 활동을 통한 책 만들기를 하는 등 적극적인 관심과 자신감을 보이는 것을 관찰할 수 있었음
	10-②	주의요망	0	초기에는 위생상태가 불량하여 친구들에게 냄새가 난다고 따돌림을 받았으나 계속된 개인위생 지도로 외모 문제가 해결되었으며, 원예활동중 아동에게 의도적인 칭찬을 계속 함으로써 자신감을 회복하고 친구들에게 관심을 둘 수 있도록 유도하여 현재는 친구들과 매우 잘 어울리고 주도적으로 활동하는 모습이 관찰되기도 함
가족·환경 관련 위험도	2-④	주의요망	중	술을 끊고 교회에 다니며 가족들에게 잘하겠다고 약속을 하였으나, 지속적인 관찰이 필요한 상태임

5. 생태도 개입 전-후 비교

개입 전

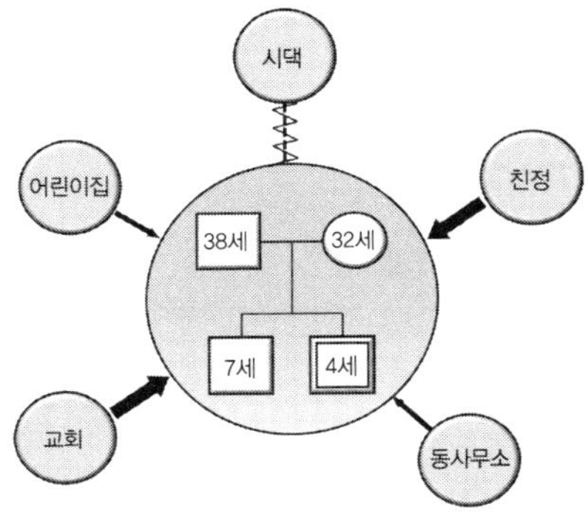

개입 후

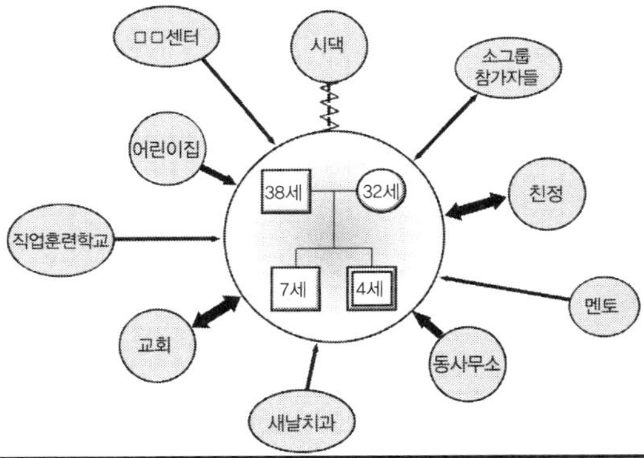

6. 사례관리 평가결과

평가결과	■ 종결 □ 유지 (□ 재사정 □ 서비스 계획 수정) □ 의뢰
	사유 : 목표달성

종결예정 안내문

최 ○ ○ 보호자님 귀하

우리 어린이집의 사례관리에 많은 관심을 주시고 여러 가지 프로그램과 활동에 적극 참여해 주셔서 항상 감사드립니다. 사례관리를 통해 다양하고 복잡한 욕구가 있는 아동과 가족에게 효과적이고 효율적인 서비스를 제공하기 위해 항상 노력하고 있습니다.
사례관리 계약시 작성하였던 계약기간이 만료예정으로 아래와 같이 알려 드립니다.

작성일자	○○○○년 ○월 ○일	작성자	○○○ 사회복지사
아동성명	최 ○ ○ (만 6세, ■남 □여)		
이용시작일	20○○년 ○월 ○일	종결예정일	20○○년 ○월 ○일
종결유형	■ 서비스 목표달성 □ 서비스 거부 및 포기 □ 퇴소 □ 졸업 □ 기타 ( )		

개입체계	목표	서비스 내용
아동	친구들과 자연스럽게 집단 활동을 할 수 있다.	- 원예활동 (주 1회) - 포괄그룹 수업 (월 2회)
	글자에 관심을 두고 자연스럽게 책을 읽을 수 있다.	- 교사: 아동 개별지도 - 1 : 1 멘토링 프로그램
	혼자서 세수와 양치를 할 수 있다.	- 아동의 기본 생활 습관을 교사가 개별지도 (수시) - 치과와 연계한 치아우식증 무료치료 제공
가족	부가 술과 가정폭력 빈도를 줄인다.	부의 알콜릭 치료와 가족과의 관계를 완화시킬 수 있도록 월 1회 부부상담을 제공함
	모가 아동과 함께하는 활동과 시간을 늘린다.	- 전문가 양육상담 지원(1회) - 소그룹 부모교육 참여(15회)
	모가 직업훈련을 받아 안정적인 직장에 취업한다.	- ○○ 제과제빵 학원 수료 (제과제빵 자격증 취득) - △△ 미용학원 수료 (미용사 자격증 취득)

종 결

사례번호 : 삼성-20○○-01-01

<table>
<tr><td colspan="2">작성일자</td><td>○○○○년 ○월 ○일</td><td>작성자</td><td>○○○사회복지사</td></tr>
<tr><td colspan="2">아동성명</td><td colspan="3">최 ○ ○ (만 6세, ■남 □여)</td></tr>
<tr><td colspan="2">종결유형</td><td colspan="3">■ 서비스 목표달성 □ 서비스 거부 및 포기 □ 퇴소 □ 졸업
□ 기타 ( )</td></tr>
<tr><td rowspan="8">사례요약</td><td>개입체계</td><td>문제 및 욕구</td><td>서비스 목표</td><td>서비스 내용</td></tr>
<tr><td rowspan="3">아동</td><td rowspan="2">- 언어 능력이 또래보다 떨어짐
- 친구들과 잘 어울리지 못하여 사회성이 부족함</td><td>친구들과 자연스럽게 집단 활동을 할 수 있다.</td><td>- 원예활동 (주 1회)
- 포괄그룹 수업 (월 2회)</td></tr>
<tr><td>글자에 관심을 두고 자연스럽게 책을 읽을 수 있다</td><td>- 교사: 아동 개별지도
- 1 : 1 멘토링 프로그램</td></tr>
<tr><td>세수·양치 등의 기본생활 습관이 제대로 이루어지지 못함
치아우식증 치료를 원함</td><td>혼자서 세수와 양치를 할 수 있다</td><td>- 아동의 기본 생활습관을 교사가 개별지도(수시)
- 치과와 연계한 치아우식증 무료 치료 제공</td></tr>
<tr><td rowspan="3">가족</td><td>- 부가 자주 가출을 함. 알콜릭 증상을 보임
- 술을 마시고 가족들에게 폭력을 행사할 때가 있음</td><td>부가 술과 가정폭력 빈도를 줄인다</td><td>부의 알콜릭 치료와 가족과의 관계를 완화시킬 수 있도록 월 1회 부부상담을 제공함</td></tr>
<tr><td>- ct의 어린이집 생활에 모가 관심이 부족함
- 모가 일하는 동안 아이들이 방임되고 있음</td><td>모가 아동과 함께하는 활동과 시간을 늘린다</td><td>- 전문가 양육상담 지원(1회)
- 소그룹 부모교육 참여(15회)</td></tr>
<tr><td>경제적으로 힘들어서 안정적인 직업을 구하고 싶어 함</td><td>모가 직업 훈련을 받아 안정적인 직장에 취업한다</td><td>- ○○ 제과제빵 학원 수료 (제과제빵 자격증 취득)
- △△ 미용학원 수료 (미용사 자격증 취득)</td></tr>
<tr><td rowspan="2">개입효과</td><td>아동의 변화</td><td colspan="3">교실 활동에 적극 참여하며, 원예활동, 1 : 1 개별지도 등의 소그룹 활동을 통하여 아동의 자존감이 회복된 것을 확인할 수 있었다. 또한, 치아우식증을 전부 치료할 수 있었음</td></tr>
<tr><td>가족의 변화</td><td colspan="3">소그룹 부모교육 참여를 통하여 학부모들과 친해지고 아동의 어린이집 활동에 대해서 관심을 가지기 시작함. 빈곤탈출 기반조성사업 참여를 통하여 미용과 제과제빵 기술을 익히고 자격증을 취득하게 되었음. 이미용 자격증을 취득하여 현재는 미용실에 취업하여서 일하고 있으며 남편과의 문제를 해결하기 위해서 부부가 함께 종교 생활도 열심히 하기 시작함
취업을 통해서 새로운 경제적 발판을 마련하였으며 직업훈련학교, 미용실 등 새로운 자원이 생기게 되었다</td></tr>
<tr><td colspan="2">종합평가</td><td colspan="3">모의 무관심으로 인한 아동의 방임이 문제가 되었던 사례로서 사례관리에 참여시키기 위해서 시간과 노력이 필요하였다. 하지만 사례관리 시작 후 적극적인 모의 참여와 아동의 변화를 확인할 수 있었다. 졸업을 앞두고 있어서 □□센터에 의뢰를 하여 형제가 □□센터에서 월 정기후원과 방과후 지원을 받을 수 있게 되었다.</td></tr>
<tr><td colspan="2" rowspan="2">의뢰</td><td>의뢰기관 및 담당자</td><td colspan="2">의뢰내용</td></tr>
<tr><td>의뢰기관 :□□센터
담당자명 :김○○사회복지사</td><td colspan="2">후원금 지원, 방과후 학습지도</td></tr>
<tr><td colspan="2" rowspan="2">사후관리</td><td>담당자</td><td>사후관리 내용</td><td>사후관리 주기</td></tr>
<tr><td>○○○사회복지사</td><td>전화상담, 면접상담 등</td><td>월 1회 정도 6개월간</td></tr>
</table>

사례관리 진행기록

1. 사례개요

사례번호	삼성-20○○-01-01	작성자	○○○사회복지사
아동성명	최 ○ ○ (만 6세, ■남 □여)		

2. 서비스 제공 목록

1) 진행기록 요약

(3년에 걸쳐 사례관리가 진행되었기 때문에 과정별로 주요 내용을 요약하였음)

일자	대상	과정	내용	제공
**.03.27	교사	인테이크	교사의 의뢰를 통한 사례 인테이크	사회복지사
**.04.04	모	사정	부모상담을 통한 사정	사회복지사
**.05.01	모	서비스 계획	사정 후 서비스 계획 후 부모와의 사례관리 계약(확약)서 작성	사회복지사
**.07.03	모	실행	직업 선호도 검사	◎◎고용안정센터
**.07.15	모	실행	빈곤탈출 무료훈련 지원	▲▲제과제빵 기술학교
**.11.6	최○○, 모	실행	어머니와 아이들이 함께하는 율동	▲▲삼성어린이집
**.04.05	최○○, 모	점검	사례회의	사회복지사
**.03.22	최○○	실행	원예치료 : 텃밭의 조별 팻말 제작	▲▲삼성어린이집
**.03.29	최○○	실행	1 : 1 책 읽기 지도	자원봉사자
**.08.20	모	실행	빈곤탈출 무료훈련 지원	◇◇미용학원
**.10.06	최○○	실행	원예치료 : 모종 채집하여 스크랩하기	▲▲삼성어린이집
**.04.05	모	재사정	욕구변화로 인한 재사정 및 서비스 계획서 재작성	사회복지사
**.05.19	최○○	실행	치아 검진 및 치료(왼쪽 위 어금니 1개)	새날치과
**.05.20	최○○, 모	점검	프로그램 점검을 위한 모니터링	사회복지사
**.05.21	최○○	실행	치아 검진 및 치료(왼쪽 아래 어금니 2개)	새날치과
**.05.24	최○○	실행	소그룹 포괄수업 : 나뭇가지를 이용한 액자 만들기	▲▲삼성어린이집
**.02.01	최○○	평가	종결을 위한 사례관리 전반에 대한 평가	사회복지사
**.02.28	최○○	종결	졸업을 통한 종결	사회복지사
**.04.05	최○○, 모	사후관리	의뢰기관 서비스 유지 상황 검토	□□센터

2) 소그룹 부모교육 진행기록(초기 3개월간 진행)

번호	일시	주제
1	10.5(토)	부모교육 사전 오리엔테이션
2	10.19(토)	'빨간 모자와 음흉한 늑대'(뮤지컬 관람)
3	10.26(토)	골판지 공예
4	11.2(토)	다중지능이론 - 기계와 구성활동, 과학활동
5	11.9(토)	다중지능이론 - 음악 · 신체 · 수학활동
6	11.16(토)	어머니와 아이들이 함께하는 율동
7	11.23(토)	만족사고 불만사고
8	11.30(토)	만족사고 불만사고
9	12.7(토)	부모교육 중간평가
10	12.12(목)	다중지능 이론 및 요리활동
11	12.14(토)	만족사고 불만사고

3) 원예활동 진행기록(2년간 진행)

번호	일시	주제
1	9.15(월)	2학기 프로그램 설명 및 텃밭에 잡초 제거하기
2	9.22(월)	텃밭의 조별 팻말 제작
3	9.29(월)	모종 키우기
4	10.6(월)	모종 채집하여 스크랩하기
5	10.13(월)	텃밭에 모종과 씨앗심기
6	10.20(월)	씨앗 살펴보고 스크랩하기 및 팻말 부착
7	3.15(월)	꽃밭을 어떤 모양으로 만들까
8	3.22(월)	꽃밭 이름을 지어주세요
9	3.29(월)	딱딱한 땅을 부드럽게 만들어요
10	4.12(월)	내 꽃을 심어요
11	4.19(월)	내가 심은 모종에서 어떤 꽃이 필까?
12	4.26(월)	얼마만큼 자랐나요?
13	5.3(월)	꽃설탕과자 만들기
14	5.10(월)	자연물로 곤충만들기
15	5.17(월)	꽃밭 그리기 및 압화만들기
16	5.24(월)	나뭇가지를 이용한 액자 만들기
17	6.15(화)	개운죽을 이용한 수경재배
18	6.22(화)	트레이드에 씨앗심기
19	7.6(화)	오이를 이용한 국화 꽃꽂이
20	7.13(화)	트레이드 상추 텃밭에 옮겨심기
21	7.20(화)	국화 물 올리기
22	9.24(금)	민들레 뿌리로 만드는 민들레 커피(1회)
23	10.1(금)	민들레 뿌리로 만드는 민들레 커피(2회)
24	10.8(금)	수중재배 식물심기
25	10.15(금)	수중식물 관찰하여 그리기
26	10.22(금)	페트병을 이용한 나의 정원 만들기

4) 치과진료(3주간 진행)

연번	일시	내용	장소
1	5.19	치아 검진 및 치료(왼쪽 위 어금니 1개)	**치과
2	5.21	치아 검진 및 치료(왼쪽 아래 어금니 2개)	**치과
3	5.24	치아 검진 및 치료(오른쪽 위 어금니 2개)	**치과

2. 어린이집이 사례관리 서비스 제공 기관으로 기능한 사례 : 시소와그네[3)]

(1) 실시배경

'시소와그네 영유아통합지원사업'은 저소득층 영유아의 공평한 출발 기회를 보장하는 효과적인 개입을 통해 빈곤이 영유아의 발달에 미치는 부정적 영향을 최소화시키고 나아가 빈곤의 대물림을 방지할 목적으로 2007년에 사회복지공동모금회에 의해 시작되었다. 초등학교 입학 전의 취약계층 영유아들을 위해 지역사회가 '시소와그네'가 되어 높은 희망을 위한 공평한 인생출발을 할 수 있도록 밀어주고, 신체, 심리, 정서적으로 균형을 이룬 영유아로 함께 키워내고자 한다.

영유아의 발달을 직접 지원하거나 건강, 보육, 부모교육 등 다양한 프로그램을 직접제공, 혹은 지원 연계하는 등 집중적인 지원을 하고자 하며, 사후대처가 아닌 취약계층 가정의 영유아 전체에게 보편적이고 예방적인 통합적 서비스를 제공하고자 한다. 개인 맞춤형, 지역사회 밀착형 사례조정 기능을 강화하며, 기존의 지역사회복지 네트워크 체계와 전략적인 연계로 지역의 접근성과 효율성을 강화한다.

2007년 11월 영유아통합지원사업전문위원회의 사업자등록을 시작으로 영유아통합지원사업 전문위원회가 발족되었으며, 2008년 사업명을 '시소와그네'로 확정한 후 5개 지역에서 센터를 개소하였고, 다음 해에 6개 센터가 증설되어 2011년 현재 전국적으로 11개 센터가 운영되고 있다.

(2) 서비스 대상

영유아기를 인생에서 가장 중요한 시기로 규정하고 0~7세의 학령전기의 영유아와 그 가족, 그리고 저소득가정의 임산부를 대상으로 한다. 영유아를

---

3) 이하 내용은 시소와그네 홈페이지(www.seesawswing.org)와 "시소와그네 사업소개"(장혜림, 2010)에서 발췌하였으며, 사례는 시소와그네 의정부센터의 허락을 받아 정리하였다.

대상으로 하여, 이들의 욕구에 기초하여 건강한 발달을 지원하기 위하여 사례관리 서비스를 제공하며, 부모와 가족을 대상으로 하여 양육능력을 강화한다. 또한, 영유아를 위해 지역사회가 움직일 수 있도록 지역사회 네트워크를 구축하고 지역조직화 활동을 전개하는 등 지역사회도 서비스 대상이 된다.

(3) 서비스 구조

1) 조직 및 인력

사회복지공동모금회가 영유아복지에 관심이 높은 지자체와 협약을 맺고, 지역사회 내 복지네트워크가 수행주체가 되어 사업이 시작된다. 기획단계부터 복지, 보육, 보건, 아동심리 등의 전공 교수진 7인과 상임위원 1인, 간사 2인으로 구성된 사회복지공동모금회의 전문위원회로부터 총괄적인 관리와 지원을 받는다. 전문위원회는 사업 전반에 걸친 자문과 프로그램 개발, 교육과 평가 등을 담당한다.

사업 실무를 담당하게 되는 시소와그네 센터는 센터장, 팀장, 사회복지사, 보육교사, 간호사 등으로 구성된다. 초기 인력은 5명이나 서비스 대상 수 등을

핵심체크 시소와그네 사업추진체계도

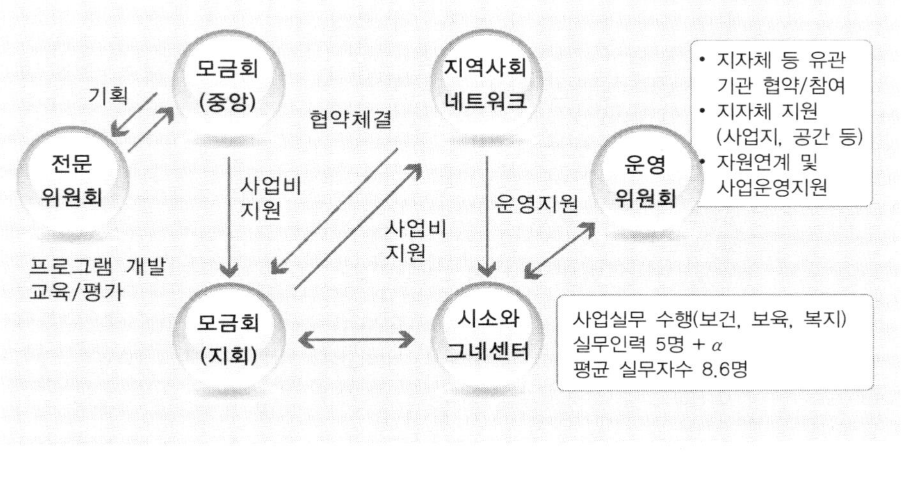

핵심체크 시소와그네 개별 센터의 조직

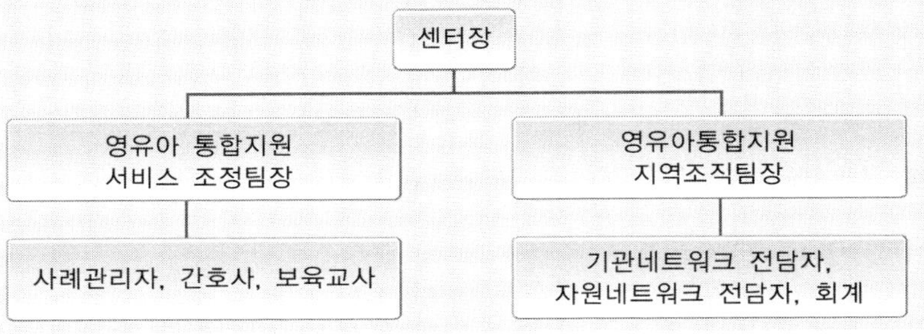

고려하여 필요시 인력 충원이 가능하게 되어 있다. 또한, 각 센터는 운영지원을 위해 운영위원회를 구성하였고, 지역 내 복지, 보건, 보육 등 분야별 관련 전문가로 구성된 운영위원회는 센터운영 전반에 걸친 지원 활동을 수행하게 된다.

2) 예 산

사회복지공동모금회는 지자체와 협약을 맺고, 시범사업시 센터당 연간 6억 원씩 3년간 18억 원의 예산을 지원하였으며, 이후 지자체와 매칭펀드 방식으로 예산지원을 하고자 한다.

(4) 서비스 내용 및 진행과정

1) 서비스의 내용

시소와그네 서비스는 복지·보건·보육(교육)을 통합적으로 지원해주는 서비스로서, 각 사업은 영유아와 가족, 지역사회 영역으로 구분되어 진행되고 있다. 특히, 사례관리, 부모교육, 가정방문영아건강관리, 유아부모와 함께 하는 교육중재프로그램, 지역사회 성과평가 방법과 실제 등 5개 영역의 프로그램은 공통 프로그램으로 모든 센터에서 제공되고 있으며, 그 외 센터별로 지역별 특화 프로그램을 진행하고 있다.

영유아를 대상으로 하여 이들의 건강한 발달을 지원하기 위하여 사례관리 서비스를 제공하고 있는데, 건강가정방문 서비스, 임산부 출산지원 서비스, 유아와 부모가 함께하는 교육중재 프로그램, 기초학습 능력 프로그램, 인지언어 치료지원 프로그램, 장애진단 및 개별상담 지원 서비스 등이 포함된다.

부모와 가족을 대상으로는 부모교육 프로그램, 위기가정지원서비스나 긴급의료비 지원과 같은 양육지원, 양육능력향상 프로그램, 자활의식 고취 및 고용정보 제공, 부모의 정신건강 지원, 양육 품앗이나 자조모임 및 지지체계 구축 등과 같은 가족 지지망 구축, 가족캠프 등과 같은 문화활동 프로그램 등의 서비스가 제공되고 있다.

또한, 지역사회를 대상으로 하여 통합사례회의를 개최하고, 센터와 지역 영유아 기관간 사례의뢰 등 서비스 조정 및 연계활동을 수행하고, 자원개발 및 관리, 지역사회 조직사업 등을 수행하고 있다.

요약 시소와그네 영역별 서비스 내용

- 영유아 : 건강 가정방문서비스, 임산부 출산지원 서비스, 유아부모가 함께하는 교육중재 프로그램, 기초학습능력 프로그램, 인지언어 치료지원 프로그램, 장애진단 및 개별상담 지원 서비스 등
- 가족 : 부모교육 프로그램, 부모양육지원(위기가정지원서비스, 긴급의료비 지원 및 연계 등), 양육능력향상 프로그램, 자활의식 고취 및 고용정보 제공 등, 부모 정신건강 지원, 가족 지지망 구축(양육 품앗이, 자조모임과 지지체계 구축 등), 가족캠프 등 문화활동 프로그램
- 지역사회 : 통합사례회의, 서비스 조정 및 연계 활동: 센터와 지역 영유아 기관간 사례의뢰 등, 자원개발 및 관리, 지역사회 조직

2) 사례관리 진행과정

지역 내 0~7세(만 0~6세) 영유아와 가족 중 요보호 가정, 보건과 복지 그리고 보육 영역에서 1가지 이상 복합적 욕구가 있는 가정, 지자체 및 관계기관(어린이집, 복지관, 보건소 및 기타 영유아서비스 단체 등)의 협조를 구해 아웃리치를 통해 발굴된 가정 등이 사례관리의 대상이 될 수 있다. 발굴된 사례에 대한 사정을 위해 다양한 정보가 수집되는데, 영유아의 발달적 측면뿐만 아니라 환경과의 상호작용 과정에 주목한 관점을 취하고 있으며, 영유아 발달단계상의 욕구, 양육능력, 가족과 환경적 요인을 중심으로 욕구를 사정하고 서비스

계획을 수립한다. 위험사정 결과에 따라 사례관리 개입의 집중도를 결정하게 된다. 집중형 사례관리는 적어도 2주에 1회 이상씩 사례관리자가 가정을 방문하여 모니터링을 하게 되고, 일반형 가정은 만 0~3세 영아는 적어도 한 달에 1회 이상, 만 4~6세 유아는 적어도 두 달에 한 번 이상씩 가정방문을 통한 모니터링을 하게 된다.

시소와그네 사업은 질 높은 사례관리를 위해 사례관리자 1인당 집중형은 최대 30명(집중형만 담당할 경우), 일반형은 0~3세이면 최대 60명, 4~6세이면 최대 120명(일반형만 담당할 경우)의 사례를 맡고 있다.[4] 또한, 사례회의는 기관 내부인 경우에는 수시로 진행하고, 사례관리자와 지역 내 서비스 제공기관의 실무자들이 참여하는 통합사례회의는 한 달에 한 번 이상 진행하는 것을 원칙으로 하고 있다. 사례관리자가 센터 내에서 지속적인 슈퍼비전을 받을 수 있는 체계를 구축하고 있고, 사례회의를 진행할 때, 필요시 사례관리 담당 전문위원이나 지역 내 자문위원이 참여하고 있다.

요약 시소와그네의 사례관리 진행과정

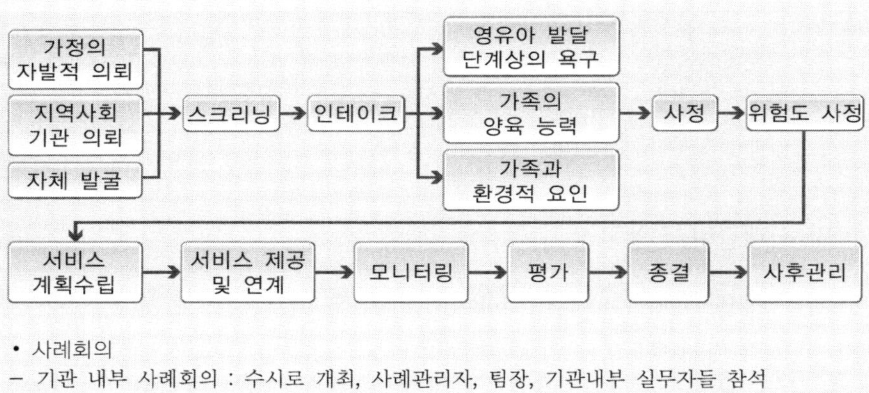

• 사례회의
– 기관 내부 사례회의 : 수시로 개최, 사례관리자, 팀장, 기관내부 실무자들 참석
– 통합 사례회의 : 월 1회 이상 개최, 사례관리자, 지역 내 서비스 제공자 혹은 관련자, 필요에 따라 전문위원이나 지역 자문위원 참석

4) 집중형 1명은 일반형에서 0-3세이면 2명, 4-6세이면 4명과 같은 기준임.

• 슈퍼비전
– 사례회의시 담당전문위원이나 지역 내 자문위원이 참여하는 슈퍼비전 체계구축

• 담당 사례수
– 집중형 사례관리 : 사례관리자 1인당 최대 30사례
– 일반형 사례관리 : 0~3세는 사례관리자 1인당 최대 60사례
4~6세는 사례관리자 1인당 최대 120사례

(5) 사 례

본 사례는 시소와그네 의정부센터의 사례관리자에 의해서 14개월간 진행된 사례이다. 지역사회 사례관리 기관인 시소와그네의 사례관리자가 주 사례관리자로서의 역할을 수행하고, 어린이집에서 사례를 의뢰하고 사례관리 서비스의 일환으로 보육서비스를 제공하며 서비스 제공 기관으로서 사례관리에 참여한 사례이다. 지역사회 내에 사례관리 전담기관이 있는 경우, 영유아 보육현장에서 사례관리에 어떻게 참여하게 되는지를 살펴볼 수 있는 사례로서, 사례개요를 간략히 정리한 후, 시사점 등을 논의하였다. 참고로 시소와그네에서 개발·활용되고 있는 양식으로 작성된 과정별 기록을 첨부하였다. 사례는 비밀보장과 이해를 위하여 일부 내용이 삭제, 혹은 수정되었다.

1) 사례개요

① 기초정보 및 의뢰사유

ct가 어릴 때 ct의 부와 이혼한 모는 혼자서 생계유지를 해야 했기 때문에 ct를 방임하였다. 발달검사를 받은 적이 있다고는 하나 부정확하고, 언어발달지체가 의심되는 상황으로 주 5일, 종일반에 다니고 있는 어린이집 원장이 의뢰하였다.

ct의 모가 이혼 후 경제활동을 하느라 ct와 24개월, 19개월 된 ct의 동생들을 24시간 어린이집에 맡긴 상태이며, 이혼때문에 일시적으로 수급비가 삭감된 채로, 부식거리조차 해결되기 어려운 상황이었다.

ct의 학습능력 향상을 위한 학습프로그램 지원을 요청하였으며, 이혼으로 인한 정서적 어려움에 대한 지지와 경제적 어려움에 대한 지원을 원하였다.

〈가족정보〉

관계	이름	생년월일	학력	직업	동거 여부	질병 및 장애	비고
모	최 □ □	80. 07. 28(29세)	중졸	취업	동거	–	–
ct	임 ◇ ◇	05. 10. 13(4세)		–	동거	–	–
남동생	임 △ △	08. 02. 09(2세)		–	동거	–	–
여동생	임 ○ ○	09. 07. 05(19개월)		–	동거	–	–
■ 100% 보육료지원 ■ 국민기초생활 조건부 수급							

② 사정

a. 아동 발달 및 욕구

가. 임신 및 출산 : 3.0kg으로 정상분만, 분유수유되었다. 임신중 산전검사를 전혀 하지 못했으며, 대변은 36개월, 소변은 38개월에 가릴 수 있게 되었다.

나. 건강상태 : 3년 6개월 나이에 체중 15kg, 키 100cm로 보통인 체격이나 예방접종을 제대로 하지 않은 상태(위험사정 1점)이다.

다. 언어 및 사회성 발달 : 덴버발달스크리닝 검사 결과 사회성 및 언어영역에서 문제가 발견되었다(위험사정 2점).

라. 생활습관 : 충치가 2~3개 있으며, 모의 방임적 양육태도로 이유식 시기를 놓치고 경제적 어려움 때문에 식자재가 전혀 없는 등 식생활에 심각한 문제가 있다(위험사정 2점).

마. 놀이 및 가족관계 : 모와의 관계가 위축되어 있으며, 부모 이혼 전 잦은 부부싸움으로 오줌을 지리는 등 위축된 행동을 보이기도 했다. 표현력이 부족하여 또래 관계 형성에 어려움이 있어서 또래 친구가 없다(위험사정 2점).

바. 부모 및 가족기능 : 이혼 후 모가 종일 일을 하면서 ct와 동생 둘을 어린이집에 맡긴 상태이고, 방임적인 양육태도를 보이고 있다(위험사정 2점). 모는 청소년시절에 가출하여 외가 쪽 관계가 단절된 상황이다.

사. 환경 : 놀이공간이 협소하고, 주거환경은 열악하다. 18평 반지하 방 2개를 보증금 100만 원에 월세 10만 원에 살고 있는데, 채광 및 환기가 되지 않아 악취와 곰팡내가 심하여 곰팡이 감염이 우려된다(위험사정

2점).

아. 종합의견 : 부모가 최근 이혼한 상태로 정서적 어려움과 경제적 문제로 모가 방임하고 있어서 ct와 ct의 동생 둘을 안정적으로 양육할 수 있는 경제적인 지원과 주거 환경의 조성이 필요한 것으로 판단된다. 위험사정 결과 총점 11점으로 월 2회 이상 대면접촉이 필요한 집중형 사례관리가 요구된다. ct에게는 건강문제, 신체발육, 교육 및 학습 영역에 대한 개입이 필요하며, 모에게는 경제적 지원과 취업, 주거 안정 지원이 필요한 것으로 파악되었다.

b. 강점 및 욕구 사정

가. 영유아의 발달적 특징 : 기본적인 예방접종이 전혀 안 되어 있으나 신체 건강상태는 양호하다. 예방접종과 지속적인 건강관리가 필요하다. 교육중재 프로그램에 참여하고 싶지만, 시간적 여유가 없는 것을 안타까워 하고 있어서, 학습자원봉사자를 활용하여 학습 및 독서지원을 할 필요가 있다. 의뢰 초기보다 상호작용이 많이 늘어났다고 어린이집 교사가 보고하며 또래 관계가 형성되기 시작하였다고 한다.

나. 양육능력 및 부모의 특성 : ct 모는 음주와 흡연을 줄이고 있으며 최근 아이들과 놀아주려고 노력하고 있다. 이혼 후 안정감을 느끼고 있으며, 지역자활센터 및 주민센터 등을 통하여 적극적으로 정보를 수집하고 있다. 안정적인 양육환경을 확보하기 위해서 이사를 하고 싶어하며, 양육스트레스 경감을 위한 상담이 필요하다.

다. 가족과 환경적 특성 : 모는 새어머니와는 가끔 연락하고 지내며, 혼자 힘으로 월세 보증금을 마련하였고, 지역사회 자원을 적극 활용하고자 하는 욕구를 보인다. 안정적인 일자리와 영구임대주택을 지원하고자 한다.

라. 종합의견 : 갑작스러운 이혼으로 경제적·정서적 어려움을 겪고 있으나, 이혼 이후 안정감을 찾고 있고 적극적인 자세로 지역사회 자원을 활용하며 생활하고 있다. 아동양육과 취업, 주거, 경제적 지원이 필요한 것으로 판단된다.

③ 계획

이상과 같은 사정에 기초하여 서비스 계획이 수립되었다. 개입체계별로 수립된 결과목표와 서비스 목표, 서비스 계획 내용은 아래와 같다.

〈영유아〉 결과목표 : 건강한 발달을 도모한다.

서비스 목표 1. 정상체중을 유지하고 정기 건강검진을 받는다.
- 예방접종 및 영양제 지원
- 정기적인 건강 상담 연계

서비스 목표 2. 언어 및 사회성 발달과 학습능력을 향상한다.
- 지역 치료기관 연계
- 대학생 자원봉사자 연계

〈부모〉 결과목표 : 안정적 양육환경을 확보한다.

서비스 목표 1. 양육태도를 변화한다.
- 가정방문 부모교육 지원
- 부모교육 아카데미 참여
- 양육상담 지원

서비스 목표 2. 안정적인 경제활동을 한다.
- 직업정보 제공 및 자활근로 연계

〈가족 및 환경〉 결과목표 : 공식적·비공식적 지원망을 강화한다.

서비스 목표 1. 거주환경을 바꾼다.
- 정부지원 영구임대 주택 정보제공

서비스 목표 2. 가족나들이를 한다.
- 문화정서 지원 및 나들이 프로그램 연계

④ 실행내용 요약

이 사례는 ct의 부모의 이혼과정에서 잦은 부부싸움 노출로 정서적으로 위축되고 방임에 따른 언어발달 지체와 사회성 문제, 또 주거 및 경제적 문제로 개입한 사례로서, 사례관리자가 약 14개월 동안 가정방문 상담 및 대면상담 서비스 등을 직접 제공하고, 다양한 지역사회 서비스 기관들과 연계하여 간접 서비스를 제공하였다.

시소와그네의 사례관리자는 주 사례관리자로서 정기적으로 사례관리자, 팀장, 간호사 등 기관 내부의 실무자들이 참여한 사례회의와 시청의 복지지원과와 주민생활지원과, 보건소 간호사, 어린이집 원장, 지역복지협의체 팀장 등이 참여한 통합 사례회의를 통해 사례를 계획하고 점검하고 조정, 평가하였다.

수급권 등록 등 제반 행정절차는 동 주민지원센터와 시 주민생활지원과에서 서비스를 제공하였고, 시 복지지원과에서 생계지원비와 의료비를 지원하도록 연계하였다. 지역 푸드뱅크를 연계하여 주부식을 지원하기도 하였다. 또한 보건소로부터 모의 절주와 금연 프로그램, 영양제 및 식품영양 사업을 제공하는 영유아 건강 플러스 서비스를 지원받도록 하였다. 지역 병원을 연계하여 건강관리를 받도록 하였으며, 보육정보센터와 치료센터 등을 연계하여 놀이치료와 언어치료를 받도록 함으로써 나이에 맞는 언어발달과 사회성 발달을 하도록 지원하였다. 사례를 의뢰했던 어린이집에서는 지속해서 보육서비스를 제공하는 한편, 발달상황을 확인하도록 하였다. 사례관리가 진행되는 동안 서비스 계획에 있는 서비스 이외에도 ct와 가족의 긴급한 욕구에 따라 다양한 서비스들이 제공되었다.

⑤ 평가 및 종결여부 결정

a. 서비스 평가

언어발달과 사회성 발달을 촉진하기 위해서 제공된 언어치료와 놀이치료, 부모양육 능력을 지원하기 위한 부모교육과 교육중재 지원, 부모의 경제력을 지원하기 위한 지역자활센터 근로와 희망근로 지원 등의 서비스가 제공되었는데, 서비스의 양, 내용, 질, 제공방법, 만족도를 확인하는 모든 영역에서 '매우 동의'하는 것으로 평가되었다.

b. 클라이언트 평가

모의 양육태도, ct의 사회성 발달, 부모의 경제력 증진에서 각 영역 모두 0.4점으로 기대한 정도의 향상을 보인 것으로 평가되었다.

c. 위험사정

위험사정은 개입 전 11점에서 개입 후 5점으로 집중형 사례관리에서 일반형 사례관리로 긍정적인 변화가 있었다.

d. 종결여부 결정

본 사례는 위험사정 결과 위험도가 낮아지고, 서비스 및 클라이언트 평가에서 긍정적인 성과가 있었으나, 아직 계획했던 모든 목표가 충분히 달성되지는 못하였고, 위험사정은 여전히 5점으로 지속적인 사례관리는 필요한 상황으로 사례를 유지하기로 하였다. 앞으로 월 1회, 또는 격월로 대면접촉을 필수로 하는 일반형 사례관리 서비스가 제공될 예정이다.

2) 논 의

본 사례는 사회복지공동모금회의 전략적 기획 사업으로 설치된 시소와그네의 영유아통합지원사업의 사례관리 사례로서, 지역사회 내의 영유아보육현장에서 민간단체가 주도하여 집중적인 맞춤형 통합 서비스가 제공되는 과정과 성과를 보여주고 있다.

부의 경제적 무능력과 가정폭력으로 이혼하는 과정에서 양육을 맡은 모에 의해서 방임되고 언어발달이나 사회성 발달에 문제를 보이고, 경제적인 어려움과 주거환경의 문제로 건강상의 문제도 우려되던 ct와 모에게 사례관리자가 지역의 다양한 공공자원과 민간자원을 서비스로 연계하고 조정하며 맞춤형 서비스를 제공하였다.

ct뿐만 아니라 ct의 동생 둘도 유사한 상황에서 발달상의 어려움이 예견되었으나, 조기에 집중적인 서비스를 받음으로써 문제가 심화되는 것을 예방 또는 지연시킬 수 있었다고 파악된다. ct 모의 입장에서는 가장 절실하게 도움이 필요한 시점에 적극적으로 지역사회 기관들로부터 계획된 서비스를 받게 됨으로써 이혼 후 정서적인 어려움과 경제적인 어려움을 극복하고 새로운 삶의 의지를 갖게 되었다고 스스로 보고하고 있다.

만일 ct와 가족에게 이와 같은 맞춤형 통합 사례관리 서비스가 제공되지 못했다면, ct가 지속적으로 방임되어 언어발달 및 사회성 발달의 문제가 심화될 수 있었고, ct의 동생들도 비슷한 문제를 겪게 되었을 수도 있을 것이다. 모가 스스로 경제적 어려움을 극복하지 못하였다면 최악에는 아동양육을 포기하게 됨으로써 가족해체를 겪게 될 수도 있다.

본 사례를 통해서, 가능한 조기에 집중 개입하여 예방적인 서비스를 제공하고자 하는 영유아 대상 사례관리 서비스의 효과성이 확인되었다고 할 수 있다. 또한, 본 사례는 최근 확대 설치되고 있는 지역사회 사례관리 기관과 영유아보육현장이 어떻게 유기적으로 협조체계를 구축하여 긍정적인 성과를 거둘 수 있는지에 대해서도 시사점을 제공하고 있다.

3) 양식과 기록

시소와그네의 사례관리 과정에 대한 이해를 돕기 위해 시소와그네에서 개발하여 사용하고 있는 양식에 따라 기록된 내용을 첨부하였다. 편의상 모든 기록을 수록하지 않았으며, 비밀보장을 위해서 일부 내용은 수정하거나 삭제하였다.

가구 인테이크 기록지

작성일시	****. *. *	상담자	***	면접장소	■ 방문 □ 내방 □ 전화
추가면접시 작성일/면접자/면접장소	20**.4.5 / 4.18 / 4.22 / 4.23 / 20**. 3. 28 / 20**. 4. 1 / ct 모 /ct의 집				
의뢰경로	00어린이집 원장	의뢰자	황00	의뢰일시	
의뢰사유 인테이크 이유	ct가 어릴 때 일 때문에 방치, 발달검사 받은 경험은 있으나 부정확. 언어지연의심				
초기 사정시 참여자	ct 모 / ct / 사회복지사 ***				
성 명 (주양육자)	최00	성별	□ 남 ■ 여	주민번호	800728-2******
주 소 현거주지	**도 **시 **동	연 락 처	(집) (H.P)		
		연 락 처			
방문/연락 가능한 시간	전화연락 후 언제나 가능	주양육자 외 비상 연락처	(성명) (관계) (전화번호)		

	연번	관 계	성 명	생년월일	직 업	학 력	장애/질병유무	동거 여부	비고
가족사항	1	모	최00	**.**.28	가 사	중졸		동거	
	2	ct	임00	**.10.**		만 4세		동거	
	3	남동생	임00	**.**.09		24개월		동거	
	4	여동생	임00	**.07.**		19개월		동거	
	5								
	6								
	7								
	8								

세대유형				
	보호유형	□ 수급자 ■ 조건부수급자 □ 차상위 □ 모부자가정지원 □ 기타 저소득	책정연도	20**년
		□ 기타		
	가구형태	□ 부 모 □ 편 부 ■ 편 모 □ 조부모 □ 친척양육 □ 위탁가정 □ 입양가정 □ 동거(사실혼포함) □ 기타( )		

소득 및 지출				
	총 월소득	80만 원	경제적 어려움에 관한 정보	- 이혼으로 인한 일시적 수급비 삭감 - 월세보증금 200만 원 또한 체납으로 135만 원 부채 - 가정에 부식거리 해결이 어려움
	총 월지출	100만 원 이상		

주거환경				
	주거형태	□ 자가(소유주) □ 전세(보증금 만원/전세금 만원) ■ 월세(보증금100만원/월세금10만원) □ 영구임대 □ 무상임대 □ 기타 ( )		
	주택유형	□ 아파트 □ 연립 □ 단독주택 ■ 다가구주택(반지하)		
	거주기간	3년	이사계획	□ 유(재건축) ■ 무
	동거인원	4인 가족	방	2개(18평)
	의견: 반지하 거주 / 방 두 개를 간이 벽으로 막아 입구 출입문을 각각 달아놓고, 옆집에는 50대 독거 노인이 거주. 현관문을 하나로 놓고 쓰고 있으며, 방음, 환기가 되지 않음			

<table>
<tr><td rowspan="14">가정
보육
환경</td><td colspan="2" rowspan="2">현 보육형태
(복수응답)</td><td colspan="2">■ 모 □ 부 □ 조모 □ 조부 □ 친척( )
□ 아이돌보미 ■ 어린이집 □ 유치원 □ 학원 □ 기타:</td></tr>
<tr><td colspan="2">의견: 이혼으로 인한 양육책임은 모에게 편중되어 있으며, 24시간 어린이집을 주중 이용하고 있음</td></tr>
<tr><td colspan="2">현 이용시설
유형</td><td colspan="2">□ 국공립어린이집 ■ 민간어린이집 □ 유치원 □ 학원 □ 기타:</td></tr>
<tr><td colspan="2">이용기간</td><td colspan="2">□ 현 시설 이용기간 20**년 04월 ~ 년 월 (년 1개월)
□ 전체 어린이집 이용기간 20**년 05월 ~ 년 월 (2년 개월)</td></tr>
<tr><td colspan="2">이용시간</td><td colspan="2">9시 분 ~ 6시 분 (1일 8시간 / 주 5일)</td></tr>
<tr><td colspan="2">통원방법</td><td colspan="2">□ 도보(보호자:) ■ 통원버스 □ 기타:</td></tr>
<tr><td colspan="2" rowspan="2">보육서비스
비용</td><td>감면가구</td><td>■ 저소득무상 □ 장애아무상 □ 다자녀무상 □ 기타:</td></tr>
<tr><td>비감면가구</td><td>월평균가구부담비용: 만원</td></tr>
<tr><td rowspan="2">방문
서비스</td><td>이용여부</td><td colspan="2">□ 이용중 ■ 이용하지 않음 (이유: 경제적 부담연)</td></tr>
<tr><td>이용유형</td><td colspan="2">□ 가정방문 보육/놀이지도 □ 가정방문 교육/학습지도
□ 교구(놀이감)대여서비스 □ 기 타:</td></tr>
<tr><td colspan="2">희망보육시기/
특이사항</td><td colspan="2">연령 세부터 보낼 예정 / 이유:
□ 국공립 □ 민간(21인 이상) □ 가정어린이집(20인 이하) □ 선교원
□ 학원 □ 방문서비스(종류:) □ 기타:</td></tr>
</table>

	서비스 명	서비스 제공자 또는 기관	연락처
현재 이용 서비스	보육서비스	000어린이집 황00원장	

가족이 원하는 도움/욕구	가구의 특이사항/ 면접자 의견 (필요시 가족력, 생태도 기타 가족관련 사항 포함)
-ct의 학습능력 향상을 위한 학습프로그램 지원 -모의 안정적인 경제활동 -경제적인 지원 원함(부식거리 및 공과금)	20**년 3월 부모 합의 이혼 이혼 후 이사하고, 호적을 정리하는 과정에서 부와의 감정적 마찰이 심하였음 모에 대한 지속적인 정서적 지지를 요구함

영유아 인테이크 기록지

작 성 일 시	20**. 4. 10	상담자	***	면접장소	■ 방문 □ 내방 ■ 전화
추가면접시 작성일시/면접자/면접장소					
영유아 성명	임00	성 별	■ 남 □ 여	실제생년월일	**. 10. ** (3년6개월)

사정영역		사정내용	위험사정
발달력	출생상태	■ 만숙아 (자연분만)	2 0:발견된 문제없음 1:발달검사결과를 제외한 영역(기타)에서 2개 이상의 문제가 있음 2:발달검사 1개 이상에서 문제가 발견됨
	출생시 체중	3.0kg / 수유방법: □ 모유 ■ 분유 □ 모유와 분유	
	낯가림	■ 유 (24)개월 □ 무 □ 문제가 될 정도로 심각함	
	분리불안	■ 유 (24)개월 □ 무 □ 문제가 될 정도로 심각함	
	대소변훈련	대변가리기 완료시기 (36)개월, 소변완료시기 (38)개월	
	성격특성	□ 까다롭다 □ 보통이다 ■ 순하다	
	현 발달상태 : 발달검사결과	Denver II: □ 정상발달 ■ 의심스러운 발달 □ 검사불능 Vineland: (　　) 점 / PBCL: (　　) 점	
	기타의견	임신중 계획성 있게 받을 수 있는 검사를 전혀 하지 못했음 잦은 부부싸움으로 위축된 행동을 보인다고 표현함(오줌 지림) 덴버검사에서 사회성 및 언어인지 지연으로 평가됨	
건강상태	신체발육	현재 체중 (15)kg 현재 신장 (100)cm	1 0:발견된 문제없음 1: 영양이 불량하거나 예방접종을 제대로 접종하지 않음 2: 신체발육상태가 평균에 현저히 못 미치는 경우 신체질환이 있는 경우 장애가 있는 경우
	영양상태	□ 양호 ■보통 □ 불량	
	예방접종	□ 지시대로 접종하고 있음 ■ 접종 안 함(종류 :　　　)	
	선천성/만성신체질환	□ 유 ■ 무 질환명: 발병시기 :	
	장애유무	□ 유 ■ 무 장애명 : 등급 : 발생시기 : 진단시기 :	
	기타 의견	양육자의 낮은 경제력으로 인한 母의 사회성 결여로 예방접종 못하거나, 시기를 놓침	
생활습관	위생	목욕 :5~6회/주 / 손씻기 ■ 잘함 □ 보통 □ 못함 이닦기 : 회/일 (충치:2~3개) / 머리감기 : 회/주 관리 □ 스스로 가능 ■ 부분적 도움 □ 양육자가 해줌	2 0:2개 이하의 문제가 발견됨 1:관찰/주의가 요구됨 2:문제가 심각하여 즉각적인 개입이 요구됨
	식사	이유식 / 시작시기 : 개월, 완료시기 : 개월 식사량 □ 적당 ■ 부족 / 식습관 □ 양호 □ 보통 ■ 불량 간식 : 회/일	
	수면	수면장소 : 부모와 동침 / 수면시간 22시 - 8시 (총 10시간) 수면문제 : / 낮잠 시(총 시간 분)	
	배변	대변횟수 회/일, 소변횟수 회/일(기저귀 가는 횟수)	
	기타의견	모의 방임적 양육태도로 이유식 시기를 놓치고 경제적으로 어려워 식자재가 전혀 없는 등 식생활이 불규칙함	

<table>
<tr><th colspan="2">사정영역</th><th colspan="2">사정내용</th><th>위험사정</th></tr>
<tr><td rowspan="12">놀이 및 관계</td><td rowspan="4">놀이</td><td colspan="2">주놀이 상대 (중복체크)
■ 혼자 ■ 모 □ 부 □ 조모 □ 조부 ■ 형제자매 □ 또래</td><td rowspan="12">2

0:문제가 발견되지 않음
1:임상적 주의나 지속적인 관찰을 요함
2:문제가 심각하여 즉각적인 개입이 요구됨</td></tr>
<tr><td colspan="2">놀이장소 ■ 집안 □ 골목 □ 놀이터 □ 기타</td></tr>
<tr><td colspan="2">좋아하는 놀이 : 혼자놀이함 좋아하는 장난감 : 블럭</td></tr>
<tr><td colspan="2">놀이에서 발견되는 문제점 : 혼자 놀이함/칭얼대거나 관심행동이 없음</td></tr>
<tr><td rowspan="2">또래와의 관계</td><td>친구수</td><td>■ 없음 □ 1-2명 □ 3명 이상</td></tr>
<tr><td>또래와의 관계</td><td>□ 좋음 □ 보통 □ 나쁨</td></tr>
<tr><td rowspan="3">가족과의 관계</td><td>주양육자와의 관계</td><td>□ 좋음 ■ 보통 □ 나쁨</td></tr>
<tr><td>부모와의 관계</td><td>□ 좋음 □ 보통 ■ 나쁨 (동생보다도 위축됨)</td></tr>
<tr><td>형제자매와의 관계</td><td>□ 좋음 □ 보통 ■ 나쁨</td></tr>
<tr><td rowspan="2">성인과의 관계</td><td>다른 어른과의 관계</td><td>□ 좋음 ■ 보통 □ 나쁨</td></tr>
<tr><td>선생님과의 관계</td><td>□ 좋음 ■ 보통 □ 나쁨</td></tr>
<tr><td>기타 의견</td><td colspan="2">자기표현력 부족으로 또래 관계 형성에 어려움이 있다고 이야기함
(모, 어린이집 원장 황00)</td></tr>
<tr><td rowspan="8">부모 및 가족 기능</td><td>주양육자</td><td colspan="2">■ 모 □ 부 □ 조모 □ 조부
□ 친척 □ 도우미 □ 기관 □ 기타 :</td><td rowspan="8">2

0:문제가 발견되지 않음
1:주의/관찰을 요함
2:방임, 학대, 부모의 병력 및 가족안정성에서 문제가 심각하여 즉각적인 개입이 요구됨</td></tr>
<tr><td>모의 취업형태</td><td colspan="2">□ 가사 ■ 취업(■ 종일 □ 반나절 □ 심야까지</td></tr>
<tr><td>양육태도</td><td colspan="2">□ 양호 □ 보통 ■ 방임 □ 학대 (내용 :)</td></tr>
<tr><td>가족병력
(신체정신질환)</td><td colspan="2">□ 유 (누구: 질환:) ■ 무</td></tr>
<tr><td>부부관계</td><td colspan="2">□ 좋음 □ 보통 ■ 갈등 심함 □ 학대 (내용:)</td></tr>
<tr><td>가족안정성
(중복체크가능)</td><td colspan="2">□ 치매노인, 중증장애인이 있음
□ 부모님이 돌아가시거나 안 계심(조손가정, 친인척보호)
□ 다문화가정임 □ 장기 실직상태임</td></tr>
<tr><td>비공식지지체계</td><td colspan="2">■ 부족 (내용: 母의 청소년 시절 가출로 외가 쪽 관계가 전무)</td></tr>
<tr><td>기타 의견</td><td colspan="2">최근 ct의 부모는 이혼을 하였으며, 현재 모가 양육을 전담하고 있으나, 경제활동으로 24시간 어린이집에 ct와 형제를 맡긴 상태임</td></tr>
<tr><td rowspan="7">환경</td><td rowspan="3">놀이환경</td><td>놀이공간</td><td>□ 양호 ■ 협소 □ 무</td><td rowspan="7">2

0:문제가 발견되지 않음
1:주의/관찰을 요함
2:문제가 심각하여 즉각적인 개입이 요구됨</td></tr>
<tr><td>위 험 성</td><td>□ 안전 ■ 보통 □ 위험</td></tr>
<tr><td>놀이기구</td><td>□ 안전 ■ 보통 □ 위험 □ 놀이감 없음</td></tr>
<tr><td rowspan="3">주거환경</td><td>청 결</td><td>□ 양호 □ 보통 ■ 불량</td></tr>
<tr><td>냉 난 방</td><td>□ 양호 ■ 보통 □ 불량</td></tr>
<tr><td>주변환경</td><td>□ 소음 ■ 악취/불결 ■환기부적절
■ 채광부족 □ 유흥가 □ 대로변</td></tr>
<tr><td>기타 의견</td><td colspan="2">가정 내 환기, 채광상태 불량으로 곰팡내/ 곰팡이 감염</td></tr>
<tr><td rowspan="2">판단</td><td>종합의견</td><td colspan="2">ct의 부모는 최근 이혼하였고, ct와 형제의 양육을 전담하고 있는 모의 안정적인 경제활동이 시급함
영유아를 안정적으로 양육할 수 있는 환경조성이 필요함</td><td>총점 : 11점</td></tr>
<tr><td>사례관리
개입유형</td><td colspan="2">■ 집중형(월 2회 이상 대면접촉)
□ 일반형(영아:월 1회 이상 대면접촉/유아: 격월 1회 이상 대면접촉)</td><td>(6점 이상:집중형)</td></tr>
<tr><th colspan="5">인테이크 면접 후 개입이 요구되는 영역</th></tr>
<tr><td colspan="2">영유아</td><td colspan="3">■ 건강문제 ■ 신체발육 □ 언어/의사소통발달 □ 정서/행동발달 □ 사회성/또래 관계
■ 교육/학습 □ 놀이 □ 기타( )</td></tr>
<tr><td colspan="2">가족 및 환경</td><td colspan="3">① □ 기본보호 □ 일상생활(가사, 청소, 반찬 등) □ 건강문제 □ 여가활동 ■ 경제 ■ 주거 ■ 고용/직업
② □ 교통/이동 □ 법률 □ 부부문제 □ 가족관계 □ 방임, 학대 □ 양육태도 □ 기타( )</td></tr>
</table>

강점/욕구 사정표

작성일자	20**. 04. 01 (목)	사례관리자	***

영역	자원 및 강점	개인적 바람 / 욕구
영유아의 발달적 특징		
건강	모의 방임적 양육태도로 기본 예방접종 전혀 안 되어 있으나, 신체 건강상태는 양호함	영유아 예방접종 및 지속적인 건강관리
학습	모는 책읽어주기, 놀이 등 정서에 도움이 되는 양육기술을 인지하지 못하고 있어서 실천도 불가함	교육중재를 다시 참여하고 싶지만 시간 여유가 없음을 안타까워함 학습지원봉사자를 활용하여 학습 및 독서지원 연계 필요함
정서 및 행동발달	의뢰초기에 비해 상호작용이 크게 늘어났다고 어린이집 교사가 이야기함	어린이집 담당교사의 지속적인 모니터링 요구됨
사회적 관계 형성	친구하고 놀고 싶다고 표현하며 친구들 이름도 3명 이상 관찰되며 적극적임	

양육능력/부모특성		
기본적인 보호 및 안전	ct 모는 음주, 흡연 부분에서 크게 줄이고 있다고 보고하며, 어린이집 이후에는 깔끔한 모습으로 아이들과 놀아주려고 노력함	현재 반지하 단독주택으로 안정적인 양육 환경을 위해 이사하고 싶어함
정서적 안정	이혼 이후에 훨씬 안정되었다고 표현 함. 부와의 음주 후 싸움에 노출시키는 것보다 이혼 후 안정된 모습을 보여주는 것이 더 바람직하다고 표현함	이혼 후 정서적으로 안정을 찾기는 했으나, 혼자 양육을 감당하기 때문에 양육스트레스 완화를 위한 상담 및 교육이 필요함
독립심 형성	시소와그네를 통해 역경을 견뎠고 살아볼 만하며, 지역자활센터 및 동주민센터등을 활용하여 정보를 얻는 데 적극적임	양육 및 경제활동에 도움이 될 수 있는 정보제공이 필요함

가족과 환경적 특징		
가족력 및 가족기능	이혼 이후 부와는 거의 연락을 안 하고 있음 ct와 형제는 이혼으로 갑자기 부와 헤어지게 되었고, 24시간 운영하는 어린이집에 맡겨지고 있는 상황임	부가 정기적으로 ct와 형제들을 만나 정서적인 지지를 하도록 부부상담이 필요함
확대가족	모는 어린시절 가출하여 연락되는 가족은 없으며, 수급자 신청과정을 겪어 연락이 닿은 새어머니와 가끔 연락하고 지낸다고 함	
주택, 고용, 경제적 상태	모는 혼자힘으로 보증금을 마련, 지역자활센터 및 수급자 근로 급여로 생활하고 있음	양육에 도움이 될 수 있는 안정적인 일자리 원함 정부지원 영구임대주택 지원 원함
지역사회 자원 이용	현재 ct 모는 보건소, 지역자활센터 등 혼자 찾아다니고 있으며 부모교육 프로그램에 참여를 희망하는 등의 욕구를 보임	지속적인 관찰이 요구됨
종합소견	ct와 형제는 갑작스러운 부모의 이혼(가족해체)과 24시간 어린이집에서 주로 생활하게 되어 정서적으로 불안정해질 수 있어 지속적인 관찰이 필요함 이혼 후 ct의 모는 적극적인 자세(금연 및 금주, 경제활동 등)로 혼자힘으로 아이를 양육하기 위해 열심히 생활해나가고 있음. 이에 지지해줄 수 있는 부모교육 및 상담지원, 지역복지정보 제공이 필요함	

사례관리 계획표

<table>
<tr><th>작성일자</th><td colspan="3">20**. 4. 10</td><th>사례관리자</th><td>***</td></tr>
<tr><th rowspan="8">사례 종합 계획</th><th>개입 체계</th><th>결과목표</th><th>서비스 목표</th><th>서비스 계획 내용</th><th>담당 서비스 관리자 및 외부 기관</th></tr>
<tr><td rowspan="3">영유아</td><td rowspan="3">건강한 발달 도모</td><td>정상 체중 유지
정기적 건강검진</td><td>예방접종 및 영양제 지원
정기적인 건강상담 연계</td><td rowspan="3">시소와그네</td></tr>
<tr><td>언어 및 사회성 발달 촉진</td><td>놀이치료, 언어치료 기관 연계</td></tr>
<tr><td>학습능력향상</td><td>학습능력 향상을 위한 대학생자원봉사자 연계</td></tr>
<tr><td rowspan="2">부모</td><td rowspan="2">안정적 양육환경</td><td>양육태도 변화</td><td>가정방문 부모교육진행
부모교육아카데미 참여
양육상담 지원</td><td>건강가정지원센터
시소와그네</td></tr>
<tr><td>안정적인 경제활동</td><td>직업정보제공 및 자활근로연계</td><td>시소와그네
지역자활센터</td></tr>
<tr><td rowspan="2">가족 및 환경</td><td>공식적 지원망 강화</td><td>거주환경 이주</td><td>정부지원 영구임대주택 정보제공</td><td>**시청
주민생활지원과
동주민센터</td></tr>
<tr><td>비공식적 지원망 확대</td><td>가족나들이 갖기</td><td>문화정서지원 및 나들이 프로그램 연계</td><td>시소와그네</td></tr>
</table>

기관내부 사례회의

<table>
<tr><td>(1)차 기관내부
사례회의 일시</td><td>20**. 4. 27 (월)</td><td>사례관리자</td><td>***</td></tr>
<tr><td>참여자</td><td colspan="3">팀장 ***/ 사회복지사 ***, ***, *** / 간호사 ***
사례관리자 ***, *** <총7명></td></tr>
<tr><td>(1)차 기관내부
사례회의 결과
(종합의견)</td><td colspan="3">집중형 사례관리 대상으로 선정에 관한 현황 설명
1) 경제생활에 관한 정보
① 월세 25만원 / 보증금 200만원 : 월세보증금 200만원
기준보다 135만원 체납
: 찾을 보증금도 없는 상황
② ct 모는 사기사건 피의자로 주민등록 말소된 상태

서비스 계획 수립에 대한 검토 및 의견수렴
1) 모의 정서적 어려움에 따른 건강검진 요구됨
: 담당자의 가정방문을 통한 정서적 지지

2) ct 임00의 언어지연 및 정서상의 문제에 대한 개입
언어진단 지원 및 치료 서비스 수립
: **보육정보센터 내 언어, 놀이치료센터의 무료 프로그램
의뢰 및 서비스 진행 모니터링.

3) 모의 경제력에 대한 개입
: 지역자활센터 근로에 따르는 제반 서비스에 대한 서비스 안내
자활센터로의 유도 및 직업에 대한 성공경험 배양이 요구됨</td></tr>
<tr><td>(2)차 기관내부
사례회의 예정일시</td><td colspan="3">20**. 5. 11 통합사례회의 상정 후 결과보고</td></tr>
</table>

서비스 이용 동의서

영유아 성명 : 임00

서비스 제공 목표 : 발달촉진 및 가족에 대한 안정적 환경 구축

서비스 제공 계획 : 사회복지 정책 및 전달체계 정보제공 및 긴급지원

	개입체계	서비스 제공 내용		담당 서비스관리자 및 외부기관
사례 종합 계획	영유아	정상 체중 유지 정기적 건강검진	예방접종 및 영양제 지원 정기적인 건강상담 연계	시소와그네
		학습능력향상	학습능력 향상을 위한 대학생자원봉사자 연계	건강가정지원센터 시소와그네
	부모	양육태도 변화	가정방문 부모교육진행 부모교육아카데미 참여 양육상담 지원	시소와그네 지역자활센터
		안정적인 경제활동	직업정보제공 및 자활근로연계	**시청 주민생활지원과 동주민센터
	가족 및 환경	거주환경 이주	정부지원영구임대주택 정보제공	시소와그네
		가족나들이 갖기	문화정서지원 및 나들이 프로그램 연계	

사례관리자의 역할	서비스 모니터링/ 욕구 재사정 / 정보제공 및 서비스 실시에 따른 동행서비스
영유아 및 가족의 역할	제반서비스에 대한 충실한 이수
종결조건	□ 목표달성 □ 서비스 자격변동(의뢰된 기관 : 의뢰일 :) □ 서비스 거절이나 포기 □ 연락두절 □ 불성실한 참여 □ 다른 지역 이주 : □ 제공자 사업 종료 □ 사망 □ 시설 입소(기관명 : 입소일 :) □ 기타( )

본인은 **20**년 4월 10일부터** 상기와 같은 서비스 이용에 동의하며, 적극적으로 변화의 노력에 동참할 것을 약속합니다. 또한 위의 내용은 비밀보장을 원칙으로 하나, 보다 나은 서비스 제공을 위해서 본인 및 자녀에 대한 정보를 협력 기관과 공유하는 것에 대해 충분히 이해하였고 이에 동의합니다. 그리고 사례관리팀으로부터 받은 서비스와 상담내용이 본인(및 자녀)에 대한 지원과 전문가 양성을 위한 훈련 및 학문적 목적에 사용되는 것을 허락합니다.

보 호 자 성 명 : 최00 (인)
영유아와의 관계 : 母
날 짜 : 20**. 4. 10
사 례 관 리 자 : *** (인)

대상자 의뢰서

<table>
<tr><td>작성 일자</td><td colspan="3">20**. 4. 17 (금)</td><td colspan="2">사례관리자</td><td colspan="2">사회복지사 *** (인)</td></tr>
<tr><td>영유아성명</td><td colspan="3">임00</td><td colspan="2">보호자
연락처</td><td colspan="2"></td></tr>
<tr><td>주 소</td><td colspan="7">**도 **시 **1동</td></tr>
<tr><td>의뢰사유</td><td colspan="4">복잡한 가구 구조(전처의 자녀와 동거, 모의 주민등록 말소로 인해 수급권 등록조차 되지 못하며, 낮은 경제력과 부모의 불화로 ct의 현저한 발달 지연 및 불안감을 보이고 있음)

또래관계 형성이 어려우며, 가족의 긴급지원 또한 이뤄져야 할 필요</td><td colspan="2">의뢰
서비스</td><td>**보육정보센터

언어치료 및 발달 치료</td></tr>
<tr><td>의뢰기관</td><td>시소와그네
**센터</td><td>의뢰
날짜</td><td>20**. 4. 21</td><td>담당자</td><td>***</td><td>연락처</td><td>***-1234</td></tr>
<tr><td>첨부내용</td><td colspan="7">초기 사정지</td></tr>
</table>

본 기관의 대상자에게 전문적 서비스 제공을 통해 효과적인 문제해결을 지원하고자 위와 같이 의뢰하오니 협조하여 주시기 바랍니다.

20**년 4월 21일

대상자 의뢰서

<table>
<tr><td>작성 일자</td><td colspan="3">20**. 4. 23 (목)</td><td>사례관리자</td><td colspan="3">사회복지사 *** (인)</td></tr>
<tr><td>영유아성명</td><td colspan="3">임00</td><td>보호자
연락처</td><td colspan="3"></td></tr>
<tr><td>주 소</td><td colspan="7">**도 **시 **1동</td></tr>
<tr><td>의뢰사유</td><td colspan="4">복잡한 가구 구조(전처의 자녀와 동거, 모의 주민등록 말소로 인해 수급권 등록조차 되지 못하며, 낮은 경제력과 부모의 불화로 ct의 현저한 발달 지연 및 불안감을 보이고 있음)

또래관계 형성이 어려우며, 가족의 긴급지원 또한 이뤄져야 할 필요

가구주 및 양육자의 주민등록말소 해제에 대한 상담과 향후 생활 개선 대책에 대한 전반적이고 총체적인 사례관리 의뢰드림</td><td>의뢰 서비스</td><td colspan="2">**1동 주민센터
무한돌봄 및 수급권 진입에 대한 상담과 푸드뱅크 연결 외</td></tr>
<tr><td>의뢰기관</td><td>시소와그네
**센터</td><td>의뢰
날짜</td><td>20**. 4. 23</td><td>담당자</td><td>***</td><td>연락처</td><td>***-1234</td></tr>
<tr><td>첨부내용</td><td colspan="7">초기 사정지</td></tr>
</table>

본 기관의 대상자에게 전문적 서비스 제공을 통해 효과적인 문제해결을 지원하고자 위와 같이 의뢰하오니 협조하여 주시기 바랍니다.

20**년 4월 21일

대상자 의뢰서

<table>
<tr><td>작성 일자</td><td colspan="3">20**. 4. 21 (화)</td><td colspan="2">사례관리자</td><td colspan="2">사회복지사 *** (인)</td></tr>
<tr><td>영유아성명</td><td colspan="3">임00</td><td colspan="2">보호자 연락처</td><td colspan="2"></td></tr>
<tr><td>주 소</td><td colspan="7">**도 **시 **1동</td></tr>
<tr><td>의뢰사유</td><td colspan="4">복잡한 가구 구조(전처의 자녀와 동거, 모의 주민등록 말소로 현재 임신 6개월이나 다른 보건의료 서비스를 받는 것조차 어려움)로 인해 수급권 등록조차 되지 못하며, 낮은 경제력과 부모의 불화로 ct의 현저한 발달 지연 및 불안감을 보이고 있음

또래관계 형성이 어려우며, 가족의 긴급지원 또한 이뤄져야 할 필요가 있음</td><td>의뢰 서비스</td><td colspan="2">수급권 또는 차상위 제도권 진입여부에 대한 상담, 가정방문 요청</td></tr>
<tr><td>의뢰기관</td><td>시소와그네 **센터</td><td>의뢰 날짜</td><td>20**. 4. 21</td><td>담당자</td><td>***</td><td>연락처</td><td>***-1234</td></tr>
<tr><td>첨부내용</td><td colspan="7">초기사정지</td></tr>
</table>

본 기관의 대상자에게 전문적 서비스 제공을 통해 효과적인 문제해결을 지원하고자 위와 같이 의뢰하오니 협조하여 주시기 바랍니다.

20**년 4월 21일

대상자 의뢰서

<table>
<tr><th>작성 일자</th><td colspan="3">20**. 6. 11 (목)</td><th>사례관리자</th><td colspan="3">사회복지사 *** (인)</td></tr>
<tr><th>영유아성명</th><td colspan="3">임00</td><th>보호자 연락처</th><td colspan="3"></td></tr>
<tr><th>주 소</th><td colspan="7">**도 **시 **1동</td></tr>
<tr><th>의뢰사유</th><td colspan="4">복잡한 가구 구조(전처의 자녀와 동거, 모의 주민등록 말소로 인해 수급권 등록조차 되지 못하며, 낮은 경제력과 부모의 불화로 ct의 현저한 발달 지연 및 불안감을 보이고 있음)

거주환경 매우 불량함
(채광 부족 / 곰팡이균 전염 / 높은 습도로 장판, 벽지 불량으로 교체 요함)</td><th>의뢰 서비스</th><td colspan="2">** 도립 의료원

공공사업과 과장 ***

내용 : 봉사단의 도배, 장판 교체 서비스</td></tr>
<tr><th>의뢰기관</th><td>시소와그네 **센터</td><th>의뢰 날짜</th><td>20**. 6. 11</td><th>담당자</th><td>***</td><th>연락처</th><td>***-1234</td></tr>
<tr><th>첨부내용</th><td colspan="7">초기 사정지</td></tr>
</table>

본 기관의 대상자에게 전문적 서비스 제공을 통해 효과적인 문제해결을 지원하고자 위와 같이 의뢰하오니 협조하여 주시기 바랍니다.

20**년 6월 11일

사례관리 모니터링표

점검일자	임00	사례관리자	***
접촉장소	□ 기관 ■ 클라이언트 집 □ 기타장소 : (필요하다면: 입소날짜 : 퇴소날짜 :)		
접촉형태	■ 대면 □ 전화관리 □ 미접촉(미접촉 사유:)		
접촉대상자 성명: 최00 (관계母)			

	점검문항	매우 동의	동의	보통	동의하지 않음	전혀 동의하지 않음
서비스 제공 측면	제공되는 서비스 양은 충분한가?	V				
	제공되는 서비스 내용은 적절한가?	V				
	제공되는 서비스 질은 양호한가?	V				
	제공되는 서비스 제공방법은 적절한가?	V				
	제공되는 서비스를 제공하는 기관 사이의 협력은 적절한가?	V				
	더 필요한 서비스가 있는가? (■ 없다 □ 있다. 있다면 무엇인가?)					
클라이언트 측면	클라이언트는 제공되는 서비스에 만족하는가?	V				
	클라이언트에게서 기대되는 의미있는 변화가 나타나고 있는가?	V				

사례관리 진행 사항 점검

서비스 목표	서비스 제공 내용	서비스 제공에 대한 점검	클라이언트 변화에 대한 점검
언어 / 놀이 / 사회성 증진	언어, 놀이치료 / 장난감지원 문화지원 나들이	전문상담기관과의 사례관리 통합적 접근에 대한 협력	언어표현증진 / 또래관계형성의 증진
긍정적 양육태도변화	부모교육, 교육중재	지리적 접근성 및 전문상담자 고려한 상담기관 연계	교육중재 참석 등 양육태도 변화에 대한 의지 확인
법률상의 개입을 통한 경제적 자립구조구축	경찰서 이관처리 정보제공 및 동행서비스	사기사건 고소인과의 대질에 따른 제반행정절차에 대한 사전안내, 형사입건 외 변호 절차	모는 자신이 잘못한 과거일에 대한 반성과 양육자로서의 올바른 인생관에 대한 재정립
다음 모니터링 날짜:			

재사정 필요	□ 예 이유:	서비스 계획 수정 필요	□ 예 이유:	평가 필요	□ 예 이유:	종결 필요	□ 예 이유:

사례관리 평가표

작성일자	20**. 12. 31	사례관리자	***

서비스 측면 평가

서비스명	이용개요	기관명 또는 서비스 담당자	㉠서비스 양은 충분하였는가?	㉡서비스 내용은 적절하였는가?	㉢서비스 질은 양호하였는가?	㉣서비스 제공방법은 적절하였는가?	㉤ct는 만족하였는가?
ct 발달 지원	언어치료	**언어치료센터	①	①	①	①	①
	놀이치료 연계	**도**보육 정보센터	①	①	①	①	①
부모양육능력 지원	부모교육지원	시소와그네	①	①	①	①	①
	교육중재지원	000어린이집	①	①	①	①	①
부모경제력지원	지역자활센터 근로	**시지역자활 센터	①	①	①	①	①
	희망근로 지원	**시청	①	①	①	①	①

㉥ 서비스를 제공하는 팀간의 협력은 적절한가?

질문의 ㉠~㉥은 ① 매우 동의, ② 약간 동의, ③ 보통, ④ 대체로 동의하지 않음, ⑤ 전혀 동의하지 않음으로 표기

서비스 측면에 대한 사례관리자 의견:

클라이언트 측면 평가

목표달성 수준	목표1: 모의 양육태도개선 (①가중치 점수 : 0.4)		목표2: ct 사회성발달 (가중치 점수 : 0.4)		목표3: 부모의 경제력 증진 (가중치 점수 : 0.4)	
	점수	구체적 상황 기록	점수	구체적 상황 기록	점수	구체적 상황 기록
최적의 향상(1.0)	1	모의 사기죄 기소중지해결	1	언어치료를 통한 언어발달 세분화	1	모의 지역자활센터 참여
기대이상으로 향상(0.75)						
기대한 정도의 향상(0.5)						
기대이하의 성과(0.25)						
전혀 성과가 없음(0.00)						

※ 전반적인 목표달성의 수준: 총점 (1.2)
= (목표1가중치×목표달성수준) + (목표2가중치×목표달성수준) + (목표3가중치×목표달성수준) 점수

위험사정 작성

구분	개입 전		개입 후	
	위험 점수	판정결과	위험 점수	판정결과
위험도	11	■ 집중형(월 2회 대면접촉) □ 일반형(월 1회 또는 격월대면접촉)	5	□ 집중형(월 2회 대면접촉) ■ 일반형(월 1회 또는 격월 대면접촉)

평가 결과 및 이유	□ 종결 ■ 유지(□ 재사정 ■ 사례관리계획 수정) □ 의뢰

사례관리 평가표

작성일자	20**. 12. 31	사례관리자	***					
만족도조사			6 매우 동의	5 동의	4 조금 동의	3 조금 동의 안함	2 동의 하지 않음	1 전혀 동의 하지 않음
1. 사례관리자는 나를 한 명의 인간으로서 보호해 준다.			V					
2. 사례관리자의 설명은 신뢰할 수 있다.			V					
3. 사례관리 기관을 통해 받은 서비스는 내가 원하는 서비스이다.			V					
4. 사례관리서비스를 이용한 이후로, 삶에 대한 나의 태도가 개선되고 있다.			V					
5. 사례관리자는 나를 인격체로 존중해주고 있다.			V					
6. 내 친구가 이 기관에 도움을 요청한다면, 적극 추천해 줄 것이다.			V					
7. 사례관리자는 나의 욕구를 충족시켜주기 위해서 매우 열심히 노력한다.			V					
8. 사례관리 서비스를 이용한 이후로 나는 문제 해결을 위해 열심히 노력하고 있다.			V					
9. 내게 문제가 생기면 도움을 받기 위해 다시 이 기관으로 올 것이다.			V					
10. 사례관리자는 나의 견해를 들어주는 데 신중하다.			V					
11. 사례관리 기관으로 갈 때, 나는 늘 긴장하고 있다고 느낀다.								V
12. 나의 사례관리자는 도움이 필요할 때, 늘 이용 가능하다.			V					
13. 나의 사례관리자는 적극적으로 나를 도우려고 한다.			V					
14. 내가 받은 사례관리 서비스는 내가 자립할 수 있도록 돕는다.			V					
기타 의견 : 너무 감사해서 **시청 홈페이지와 청와대 홈페이지 칭찬합시다에 칭찬의 글을 올립니다. 너무 감당이 안 되는 상황이 벌어질 때마다 " 왜 나한테 이런 일만 생기나?"하고 고민될 때 휴대폰도 끊기고 막막할 때 콜렉트콜로도 받아주셔서 죄송하고 감사한지 모릅니다. 감사합니다.								

※ 11번 문항은 역점수로 계산.

사례회의 기록표

<table>
<tr><th>주조정자</th><td>사회복지사 ***</td><th>사례회의 일시</th><td>20**. 5. 11 (월)</td></tr>
<tr><th>참여자</th><td colspan="3">시소와그네 **센터 팀장, 담당사회복지사
주요패널 : **시청복지지원과 생활지원계 계장, **시청 주민생활지원과 주사,
보건소 간호사, 00어린이집 원장, **시복지협의체 팀장</td></tr>
</table>

사례회의결과

1. 서비스 지원 체계별 업무 분장

체 계	기관명	담당자	역할
사회복지 안전망 구축	**1동주민센터	박00	수급권 등록 제반 행정절차
	**시 주민생활지원과	이00	수급권 등록 절차
	**시복지지원과 생활지원계	정00	무한돌봄 지원 /생계지원비/ 의료비
	**시지역사회 복지협의체	이00	파산 처리 및 생활 법률 상담 연계기관 정보제공
의료 보건	**시 보건소	전00	절주 및 금연 프로그램 대상 여부확인 영유아 건강 플러스 (영양제 및 식품영양 사업 대상자 선정 의뢰)
	신여성병원	김00	태아 건강 관리
	시소와그네** 센터	이00	임산부 교육 / 라마즈 호흡법 등
		이00	사례관리 모니터링 / 주조정자 (안경사협회, **경찰서 이관확인)
영유아 발달	****보육정보 센터	문00	놀이치료 치료사 / 모니터링
	**언어치료센터	미정	언어치료 및 모니터링
	000어린이집	황00	발달 체크 / 모니터링

<table>
<tr><th>주사례관리변경</th><th>변경된 가구</th><td></td><th>변경 경위 및 사유</th><td></td></tr>
<tr><th>평가 후 위험사정</th><th>위험사정 변경된 가구</th><td></td><th>위험사정 변경 경위 및 사유</th><td></td></tr>
<tr><th>차기 사례회의 예정 일시</th><td colspan="4">20**. 6. 5 (금) 16시</td></tr>
</table>

사례회의 기록표

주조정자	사회복지사 ***	사례회의 일시	20**. 6. 5 (금)
참여자	시소와그네 **센터 팀장, 담당사회복지사 주요패널 : **시청 복지지원과 생활지원계 계장, **시청 주민생활지원과 주사, 보건소 간호사, 00어린이집 황00원장, **시지역사회복지협의체 팀장, **도공동모금회 **지회 대리, **언어치료센터 상담실장, 권00치료사 **도**보육정보센터 상담팀장		

사례회의결과

서비스 지원 체계별 업무 분장

체 계	기관명	담당자	역할
사회복지 안전망 구축	**1동주민센터	박00	차상위 의료급여 -> 수급권 등록행정 절차 안내 및 상담 : 자활근로 신청
	**시 주민생활지원과	이00	조건부 수급권 등록 절차 안내 및 수급권 임대주택, 전기세 감면 상담
	**시복지지원과 생활지원계	정00	무한돌봄 지원 /생계지원비/ 의료비 지원
	**시지역사회 복지협의체	이00	파산 처리 및 생활 법률 상담 연계기관 정보제공
의료 보건	**시 보건소	전00	절주 및 금연 프로그램 대상 여부확인 영유아 건강 플러스 (영양제 및 식품영양 사업 대상자 선정 의뢰)
	**병원	김00	건강관리
	시소와그네** 센터	이00	부모교육
		이00	사례관리 모니터링 / 주조정자 (안경사협회, **경찰서 이관확인)
영유아 발달	****보육정보 센터	문00	놀이치료 및 모니터링
	**언어치료센터	권00	언어치료 및 모니터링
	00어린이집	황00	발달 체크 및 가정환경, 양육태도 모니터링
가족 및 환경	**도립병원 공공사업과 과장 <**봉사단>	서00	도배 및 장판/ 전기조명 교체 지원

주사례관리변경	변경된 가구		변경 경위 및 사유	
평가후 위험사정	위험사정 변경된 가구		위험사정 변경 경위 및 사유	
차기 사례회의 예정 일시	사회복지서비스 지원 체계별 지원 내용 실시 - 모니터링 1개월 후 통합사례회의 개최 필요시 소집 계획			

서비스 진행 기록표

일시	목적	내용	비고
20**-04-17	인테이크	초기상담/ 덴버, 바인랜드검사지원	
20**-04-22	안전키트 및 구급책자지원	안전키트 및 구급책자(삐뽀삐뽀 119)지원 생활에 대한 모니터	
20**-04-23	놀이치료 서비스 연계	주민등록말소 해제 및 재등록 긴급지원비용 지원 ****보육정보센터 놀이치료실 서비스 연계 의뢰서 발송	
	생계지원	20Kg 쌀, 반찬 지급	동주민센터
20**-04-28	의뢰인 안내	*** 어린이집 원장 전화상담	의뢰기관
20**-05-11	부모교육	부모교육 프로그램 1차/ 2차 (주 1회 7회기)	본 센터내 서비스
	통합사례회의	통합사례회의 진행	
20**-06-05	2차 통합사례회의	사례회의 진행 : 서비스 점검	
20**-06-08	영양플러스사업 지원 모니터링	영양플러스 사업 서비스 수혜 모니터링	**시 보건소
20**-06-10	ct 서비스 모니터링	언어치료모니터링 (**언어치료센터 언어치료사) 놀이치료모니터링 (****보육정보센터 놀이치료사)	**언어 치료센터
20**-06-15	의료혜택에 대한 개입	의료보험 체납구제 상담 지원 / 차상위 의료혜택	건강보험공단 동주민센터
20**-06-30	생활사모니터링	000 어린이집에서의 생활보고 상담 (ct언어발화 및 놀이형태 증진상황)	
20**-07-10	난방공급 중단	도시가스 끊김 정보교류 - 난방비지원협의 제공예정 (7. 25 이후)	동주민센터 지역사회복지협의체
20**-07-26	주거환경개선	도배장판 교체 (예정)	헌병가족봉사대
20**-08-03	가정방문 건강관리	간호사 가정방문/ 영아건강관리 <임00>	
20**-08-05	긴급지원	긴급지원 도시가스 체납분 412,650원 대납 (가능동 한진도시가스 사례관리자 ***, 팀장 강혜련 동행 방문) ct 모의 동의로 가구 부담금 190,000 잔액으로 남겨 둠	
20**-08-15	위생용품지원	기저귀 분유지원, 월 1회 지원 지속지원	
20**-09-25	가정방문 생활사모니터링	수급권 생활비 조정에 대한 상담	
20**-10-01	긴급지원	명절선물지원 (추석명절 사과 1박스 지원)	
20**-10-09	애착형성 프로그램확인	엄마하고 나하고 함께하는 교육프로그램 1차 참여	

일시	목적	내용	비고
20**-11-06	애착형성 프로그램확인	엄마하고 나하고 함께하는 교육프로그램 3차 참여	
20**-11-07	문화지원	문화체험 리틀동키 관람	
20**-11-28	애착형성 프로그램 확인	엄마하고 나하고 함께하는 교육프로그램 4차 참여 프로그램 사전 사후 전화 상담을 통한 모니터링	
20**-12-07	후원물품연계 김장김치지원	김장김치 20KG 지원	
20**-01-09	가정방문	모는 자활센터 퇴근 후 일식집에서 서빙일을 구했다고 말함	
20**-02-12	설 명절 인사	명절인사설명절 문자메시지 전송 : 담당자 또한 새해에도 건강하라는 답신확인	
20**-04-01	서비스 욕구확인	모는 놀이치료 및 언어치료를 재개하고 싶지만, 자활프로그램 등 경제적 사정으로 우선 경제활동에 집중해야 함을 표현함	
20**-04-04	모와의 라포형성 확인	모는 자활근로 월급을 받았다고 하며, 오후 7시에 전화를 걸어옴. 담당자에게 식사대접을 하고 싶은 마음을 표현하는 데에 대한 고마움을 전하고, 말씀만으로도 고맙고 감사하다고 전하고 상담을 마침	
20**-04-20	생활사모니터링	어린이집 이용에 대한 모니터링을 하면서 모는 야간보육에 대한 질적 부분에도 만족한다고 이야기함	
20**-04-23	생활사모니터링	지역자활센터 자체적으로 ** YMCA 바자회 참석했다는 모의 보고. 사회생활을 통해 여러 기관이 있다는 것을 알게 되는 것 자체에 고마움을 표현함	
20**-05-14	기저귀 지원	모는 센터 내방하여 기저귀 중형 4팩 수령	
20**-05-22	ct와 라포형성 확인	휴일 ct가 담당자에게 전화를 걸어달라고 해서 전화를 하게 되었다고 모가 이야기함 언어발화가 상당히 정확하였고, 담당자를 보고 싶다고 표현함	
20**-05-26	모의 번호변경알림	전화번호가 다시 바뀌었다는 알림 밑반찬 서비스에 대한 욕구 파악	
20**-06-01	학습지원서비스 안내	모는 밑반찬봉사센터에서 대상자 선정에 대한 연락이 없었다고 얘기함. 학습지 금주 금요일 6시 방문할 것을 안내함	
20**-06-04	학습자원 봉사자 연계	모는 ct만 어린이집에서 먼저 데려와 자원봉사자와 만나게 함. 모의 ct 학업(대학을 꼭 보내겠다는)에 대한 높은 의지를 표현함	
20**-06-11	학습지도 서비스연기 요청	학습지 (자원봉사자) 프로그램 연계 : 자원봉사자 연기 요청	

부록 1

영유아 문제행동 사정을 위한 선별도구-무료

내면화 문제인 우울·불안, 외현화 문제인 과잉행동, 혼합문제인 주의력 집중의 문제는 다음과 같은 도구를 사용하면 선별 가능하다.

1. 내면화 문제: 불안 선별도구

- RCMAS(Revised Children's Manifest Anxiety Scale; RCMAS, Reynolds & Richmond, 1978, 1985)

(1) 선별도구 설명

내면화 문제를 선별하기 위한 불안 선별도구(RCMAS)는 0~19세 아동·청소년 대상 불안장애 평가에 가장 널리 이용되는 자기보고형 척도이다. 이 척도는 검사 대상자 스스로 자신의 상태에 대해 묻는 항목들에 '예,' '아니오'로 대답하는 방식으로, 다양한 불안 증상을 37개 문항을 통해 검사한다.

본 척도는 4의 배수 이외의 각 문항에서 '예'를 1점, '아니오'를 0점으로 환산하고, 4의 배수에 해당하는 문항들(즉, 4, 8, 12, 15, 20, 24, 28, 32, 36)은 '예'를 0점, '아니오'를 1점으로 역채점하여 환산하는 방법으로 채점한다. 위의 방법으로 환산된 점수를 합산하여 총점을 산출하며, 점수가 높을수록 불안 증상이 심하다는 것을 나타낸다.

(2) 선별도구

다음 각 문항을 자세히 읽고 본인에게 맞는다고 생각되면 '예'에 V 표시를 하고, 맞지 않는다면 '아니오'에 V 표시를 해 주세요.

	내용	예	아니오
1	나는 마음을 결정하기가 어렵다.	0	1
2	나는 일이 마음대로 되지 않으면 신경이 날카로워진다.	0	1
3	다른 사람들은 나보다 일을 쉽게 해내는 것 같다.	0	1
4	나는 내가 알고 있는 사람은 모두 다 좋아한다.	0	1
5	나는 숨쉬기가 어려울 때가 자주 있다.	0	1
6	나는 걱정을 많이 한다.	0	1
7	나는 겁나는 일들이 많다.	0	1
8	나는 언제나 친절하다.	0	1
9	나는 쉽게 화를 낸다.	0	1
10	나는 부모님께서 나에게 무어라고 하실까를 걱정한다.	0	1
11	다른 사람들은 내가 일하는 식을 못마땅하게 생각하는 눈치다.	0	1
12	나는 항상 남에게 좋은 태도로 대한다.	0	1
13	나는 밤에 잠들기가 어렵다.	0	1
14	나는 다른 사람들이 나를 어떻게 생각할까 걱정한다.	0	1
15	나는 다른 사람들과 함께 있을 때에도 혼자 있는 기분이다.	0	1
16	나는 항상 착하다.	0	1
17	나는 속이 자주 메슥거린다.	0	1
18	나는 쉽게 마음이 상한다.	0	1
19	내 손이 땀에 젖어 있다.	0	1
20	나는 모든 사람에게 항상 친절하다.	0	1
21	나는 자주 피곤하다.	0	1
22	나는 다음에 무슨 일이 일어날까 걱정한다.	0	1
23	다른 사람들은 나보다 행복하다.	0	1
24	나는 어떤 경우에도 진실만을 얘기한다.	0	1
25	나는 무서운 꿈을 꾼다.	0	1
26	나는 남들이 간섭하면 쉽게 마음이 상한다.	0	1
27	누군가가 나에게 일을 잘못한다고 말할 것 같다.	0	1
28	나는 절대로 화를 내지 않는다.	0	1
29	나는 가끔 놀라서 잠을 깬다.	0	1

30	나는 밤에 잠자리에 들 때가 무섭다.	0	1
31	나는 학교 공부에 마음을 두기가 어렵다.	0	1
32	나는 해서는 안 되는 말을 결코 하지 않는다.	0	1
33	나는 얌전히 앉아있지 못하고, 꼼지락거린다.	0	1
34	나는 예민하다.	0	1
35	내 편이 아닌 사람들이 많다.	0	1
36	나는 절대로 거짓말을 하지 않는다.	0	1
37	나는 나에게 나쁜 일이 일어나지 않을까봐 자주 걱정한다.	0	1

2. 외현화 및 혼합문제: 행동 및 주의력 (주의력결핍과잉행동장애) 선별도구

- ADHD 평정척도 4판(ADHD Rating Scaqle-Ⅳ; Dupaul, 1998)

(1) 선별도구 설명

행동 및 주의력(주의력결핍과잉행동장애) 선별도구인 ADHD 평정척도 4판은 DSM-Ⅳ(1994)를 기본으로 총 18문항으로 구성되어 있다. 이 척도는 부모용과 교사용 각각에 대해 설명과 연령에 따른 기준이 산출되어 있어서 임상분야에서 ADHD 진단이나 치료효과 평가에 유용하다고 판단된다. 본 척도의 홀수문항의 총점은 주의력 결핍증상을, 짝수 문항의 총점은 과잉행동이나 충동성 증상을 측정하며, 부모와 교사가 0점에서 3점까지의 4점 척도로 평정하는데, 각 문항의 스케일을 0~3까지로 평정한 뒤 각 문항의 점수를 합산하여 총점을 구하며, 부모평가 13점 이상, 교사평가 18점 이상일 경우에 ADHD가 의심된다(서울시 소아청소년 광역정신보건센터 선별조사 가이드북, 2007).

(2) 선별도구

(당사자)가 지난 한 달 동안(오늘을 포함해서) 아래의 문제들 때문에 힘들어했던 정도를 나타내는 문항입니다. (당사자)를 가장 잘 나타내주는 점에 V표를

해 주세요.

	내 용	전혀 그렇지 않다	때때로 그렇다	자주 그렇다	매우 자주 그렇다
1	세부적인 면에 대해 꼼꼼하게 주의를 기울이지 못하거나 학업에서 부주의한 실수를 한다.	0	1	2	3
2	손발을 가만히 두지 못하거나 의자에 앉아서도 몸을 꼼지락거린다.	0	1	2	3
3	일을 하거나 놀이를 할 때 지속적으로 주의를 집중하는 데 어려움이 있다.	0	1	2	3
4	자리에 앉아 있어야 하는 교실이나 다른 상황에서 앉아있지 못한다.	0	1	2	3
5	다른 사람이 마주보고 이야기할 때 경청하지 않는 것처럼 보인다.	0	1	2	3
6	그렇게 하면 안 되는 상황에서 지나치게 뛰어다니거나 기어오른다.	0	1	2	3
7	지시를 따르지 않고 일을 끝내지 못한다.	0	1	2	3
8	여가활동이나 재미있는 일에 조용히 참여하기가 어렵다.	0	1	2	3
9	과제와 일을 체계적으로 하지 못한다.	0	1	2	3
10	끊임없이 무엇인가를 하거나 마치 모터가 돌아가듯 움직인다.	0	1	2	3
11	지속적인 노력이 요구되는 과제(학교공부나 숙제)를 하지 않으려 한다.	0	1	2	3
12	지나치게 말을 많이 한다.	0	1	2	3
13	과제나 일을 하는 데 필요한 물건들을 잃어버린다.	0	1	2	3
14	질문이 채 끝나기도 전에 성급하게 대답한다.	0	1	2	3
15	쉽게 산만해진다.	0	1	2	3
16	다음 차례를 기다리는 데 어려움이 있다.	0	1	2	3
17	일상적으로 하는 일을 잊어버린다.	0	1	2	3
18	다른 사람을 방해하거나 간섭한다.	0	1	2	3

3. 조기 정신증 검사(Eppendorf Schizophrenia Inventory: ESI)

(1) 척도내용

독일의 Mass(2000)가 정신분열증의 주관적 경험을 강조하여 개발한 척도이다. 정신분열증을 우울증이나 강박증과 같은 다른 정신장애와 정상범위와의 구별을 해주는 진단적 타당도가 입증되었으며, 병의 첫 주관적 징후를 느낀 나이와 연관성이 고려되어 일반 인구에서 정신병의 조기발견을 위해 사용할 수 있는 가능성이 보이고 있다(권준수 외, 2006; Mass, 2000).

(2) 실시방법

- 자기보고식. 해당사항을 4점 척도상에 표시
  0. 전혀 그렇지 않다
  1. 때때로 그렇다
  2. 자주 그렇다
  3. 매우 자주 그렇다

(3) 척도의 구성 및 하위요인

1) 주의 및 언어 결핍(Attention and Speech impairment: AS)
   1, 5, 10, 14, 19, 24, 34, 35, 38, 39
2) 모호한 청각(Auditory Uncertainty: AU)
   2, 6, 11, 15, 20, 25, 29, 30
3) 이상 지각(Deviant Perception: DP)
   3, 7, 12, 13, 16, 21, 26, 31, 36

4) 관계사고(Idea of Reference: IR)
   4, 8, 17, 22, 27, 32, 37
5) 솔직성(Frankness: FR)
   9, 18, 23, 28, 33

(4) 채점방법(점수를 환산하고 자료 분석에 사용하는 규칙)

솔직성(FR)항목과 40번 문항을 제외한 나머지 4개 항목(AS, AU, DP, IR)의 점수를 합산한다. 솔직성 점수가 0점 또는 1점이거나 40번 문항에 '전혀 그렇지 않다'로 답하였으면 신뢰성이 떨어진다고 판단하여 자료분석에 제외한다.

(5) 해석지침

AS, AU, DP, IR 항목의 합산 점수를 사용하여 초기 정신병 상태 또는 고위험군을 선별하는 절단점은 여러 목적에 따라 달리 사용될 수 있다. 1차적 선별도구로서 절단점은 29점이 적합한 것으로 보고되었다(권준수, 2006). 즉, 4개 항목의 합산점수가 29점 이상인 경우 정밀검사가 요구된다.

(6) 척 도

최근 4주(한 달 전부터 현재까지) 내에 자신에게 해당이 된다고 생각되면, '매우 그렇다,' '상당히 그렇다,' '약간 그렇다,' 중에서 하나를 골라 V표를 해주세요. 그러나 최근 4주(한 달 전부터 현재까지) 동안 그런 적이 없다면 '전혀 그렇지 않다'에 V표를 해주세요. 복용중인 약이나 술의 영향이 아닌 실제 자신의 최근 상태에 맞는지 생각한 후 답을 해주세요. 자신의 경험에 맞지 않더라도 빈칸으로 남겨 놓으시면 안 됩니다.

	내 용	전혀 그렇지 않다	때때로 그렇다	자주 그렇다	매우 자주 그렇다
1	주변에서 일어나는 일을 확실하고 명료하게 이해하기가 어렵다.	0	1	2	3
2	가끔 내 청력이 너무 민감해지면서 보통 소리가 매우 크고 날카롭게 들릴 때가 있다.	0	1	2	3
3	나는 가끔 다른 사람들에게는 안 보이는 어떤 것들을 눈으로 볼 수 있다.	0	1	2	3
4	그럴 리가 없는데 가끔 어떤 사건이나 방송들이 나와 연관이 있는 것 같다.	0	1	2	3
5	사람들이 말을 길게 하면 말뜻을 정확히 이해하기 어렵다.	0	1	2	3
6	뭔가를 분명히 들었는 데도 내가 혹시 상상한 것이 아닌가 하는 의심이 가끔 든다.	0	1	2	3
7	테이블이나 의자 같은 평범한 물체가 가끔 이상하게 보일 때가 있다.	0	1	2	3
8	가끔 나에 대한 음모(모함)가 있다는 느낌이 든다.	0	1	2	3
9	나는 가끔 다른 사람들에 대한 못된 평을 한다.	0	1	2	3
10	나는 종종 매우 평범한 말의 의미를 곰곰이 생각해야 한다.	0	1	2	3
11	때때로 내 생각, 감정 또는 행동이 다른 존재에 의해 지배되는 것 같다.	0	1	2	3
12	때때로 내가 움직일 때 내 사지를 제대로 느낄 수 없다.	0	1	2	3
13	내 생각을 누가 지켜보는 것 같다.	0	1	2	3
14	텔레비전을 볼 때 화면과 대화를 따라가면서 동시에 줄거리를 이해하기가 어렵다.	0	1	2	3
15	종종 나는 나도 모르게 어떤 소리를 목소리로 여긴다.	0	1	2	3
16	가끔 내 몸의 일부가 실제 크기보다 작게 보인다.	0	1	2	3
17	주변의 물건들이 어떤 특별한 의미가 있는 것처럼 놓아져 있을 때가 있다.	0	1	2	3
18	나는 때때로 약간 나쁜 마음을 먹을 때가 있다.	0	1	2	3
19	평범한 말들이 가끔 특별하고 이상한 의미를 가질 때가 있다.	0	1	2	3
20	가끔 존재하지 않는 사람이나 영적 존재(신, 천사, 악마)의 목소리를 내면적으로 들을 때가 있다.	0	1	2	3
21	작은 부분이 전체보다 더 두드러지게 보일 때가 있다. (예: 손에서 손가락이 두드러지게 보임)	0	1	2	3
22	다른 사람은 인식할 수 없는 특별한 사인이 내게 은밀히 전달될 때가 있다.	0	1	2	3

23	어쩌다가 내가 거짓말을 하게 되는 때가 있다.	0	1	2	3
24	나의 습관 중 많은 것들을 잊어버렸다.	0	1	2	3
25	내 내면의 목소리를 마치 다른 사람이 내게 이야기하듯이 뚜렷이 들을 때가 있다.	0	1	2	3
26	잠시 동안 내 신체가 변형되는 느낌이 들었다.	0	1	2	3
27	종종 내 주변에 뭔가 이상하고 심상치 않은 일들이 벌어지고 있다는 느낌이 든다.	0	1	2	3
28	때로 나는 당장 해야 할 어떤 일들을 미룬다.	0	1	2	3
29	가끔 내가 만난 사람들을 나중에야 내가 잘 알고 있는 사람이라는 것을 깨닫게 된다.	0	1	2	3
30	때로는 다른 사람이 내 생각을 빼앗아가는 것 같다.	0	1	2	3
31	주변 사람들이 바쁘거나 말을 하면 나는 이미 내 내면의 평정을 종종 잃어버린다.	0	1	2	3
32	어떤 사람들은 내 생각을 특별한 방식으로 읽을 수 있다.	0	1	2	3
33	어떤 일들이 내 생각대로 되지 않으면 나는 가끔 기분이 나빠진다.	0	1	2	3
34	내가 대화에 적극적으로 참여해서 내 생각을 반영하는 것은 무척이나 힘들다.	0	1	2	3
35	흔하고 친숙한 소리들이 가끔은 이상한 방식으로 변해서 들린다.	0	1	2	3
36	어떤 특수한 상황에서 나는 다른 사람들의 생각을 읽을 수 있다(예: 텔레파시를 통해).	0	1	2	3
37	나는 이미 어떤 의미 있는 폭로가 시작되고 있음을 느낀다.	0	1	2	3
38	사람들이 내게 말을 할 때 나는 그 말의 의미를 정확히 파악하는 데 종종 어려움이 있다.	0	1	2	3
39	가끔 나는 기억상실이 있는데 그 순간에 내 주변에 무슨 일이 일어났는지 모른다.	0	1	2	3
40	나는 위의 모든 질문들에 가능한 한 정확하게 대답하였다.	0	1	2	3

부록 2

영유아 문제행동 사정을 위한 선별도구-유료

1. CBCL 1.5-5 유아행동평가척도

(1) 이론적 기초

Achenbach와 Edelbrock(1983)이 제작한 아동청소년 행동평가척도(Child Behavior Checklist: CBCL)는 아동, 청소년기의 사회적 적응 및 정서, 행동문제를 부모가 평가하는 것으로 여러 가지 정서, 행동문제의 빈도를 조사하는 기초역학조사 도구의 차원을 넘어 아동, 청소년의 심리장애 진단을 위해서도 유용한 임상적 도구이다. 우리나라에서는 1차로 미국의 1983년 CBCL에서 제시한 구성 양상과 국내의 CBCL 자료를 분석하여 얻어진 자료를 비교한 후 국내 아동청소년의 문제행동증후군 척도양상을 성별, 연령별로 표준화하였다(오경자 · 이혜련, 1990). 1차 표준화 이후 1997년 2차 표준화 단계에서는 실제로 행동평가척도를 사용한 임상가들의 의견을 들어 표현이 애매하거나 이해가 어려운 내용들을 수정하여 최종 번역판을 완성하였다(오경자 · 이혜련 · 홍강의 · 하은혜, 1997).

CBCL 1.5-5는 Achenbach가 개발한 ASEBA(Achenbach System of Empirically Based Assessment)에 포함된 유아용 행동평가척도로, 유아들은 자신의 문제를 스스로 보고하지 못하여 성인의 보고에 의존해야 하는 특성이 학령기 아동보다 더 크기 때문에, 유아들의 문제행동을 체계적으로 평가할 수 있는 도구의 필요성이 대두됨에 따라 개발되었다.

근래에 아동행동 평가척도인 CBCL의 연장선상에 있는 행동평가척도들이 전 연령대를 포괄하는 평가시스템인 ASEBA로 통합되면서, 기존에 있던 CBCL

2-3이 CBCL 1.5-5로 개편되었는데, 이 과정에서 대상 아동의 연령대가 조정되는 것 이외에도 일부 변별력이 낮은 문항이 수정되었으며, 증후군 척도와 더불어 DSM 기준을 활용한 척도가 추가되었고, 언어발달검사(Language Development Survey: LDS)가 포함되는 등 임상적 활용도가 보강되었다(오경자 · 김영아, 2009).

한국판 CBCL 1.5-5의 증후군 소척도 및 내면화, 외현화 총점 척도의 경우 내적합치도 Cronbach's α의 범위는 .56에서 .88 수준이었으며, 전체 문항을 포괄하는 총점 척도의 경우 α=.74 수준으로 나타났다. 이는 미국판 CBCL 1.5-5와 비교해보면 전반적으로 다소 낮은 경향이 있으나, 신뢰도 수준은 대체로 양호한 것으로 볼 수 있다(오경자 외, 2009).

CBCL 1.5-5 유아 행동평가척도의 특징은 <표 1>에 자세히 제시되어 있다.

표 1 CBCL 1.5-5 유아 행동평가척도의 특징

- CBCL 1.5-5 유아 행동평가척도는 현재 유아의 어휘와 단어 조합이 18~36개월 규준과 비교하여 지체되었는가를 보여주는 언어발달조사(Language Development Survey)를 포함한다.
- CBCL 1.5-5 유아 행동평가척도는 광범위한 정상집단의 자료를 체계적으로 수집, 분석하여 규준이 작성되어 이를 토대로 유아의 행동을 평가하는 데 중요한 지침을 마련해 준다(오경자 외, 2009).
- 동일한 아동의 행동을 응답자에 따라 달리 평가할 수 있으며, 아동 또한 상황에 따라 다른 행동양상을 보일 수 있다. 따라서 가급적 다양한 상황에서 여러 보고자의 검사결과를 참고하는 것이 아동을 정확히 이해하는 데 도움이 된다.
- CBCL 1.5-5는 두 명의 부모가 각각 실시한 내용을 비교할 수 있으며, 또한 교사용 평가척도 C-TRF(Caregiver-Teacher Report Form for 1½-5ages)와 공통된 항목을 체계적으로 비교할 수 있게 설계되어 아동에게 효율적인 개입을 제공할 수 있도록 고안되었다(오경자 외, 2009).
- CBCL 1.5-5가 통계적인 접근을 통해 나타나는 문제들로 구성된 증후군 척도이기 때문에 이론적 진단체계인 DSM의 진단 기준을 보완하는 경험적 평가 체계라고 볼 수 있다.

(2) CBCL 1.5-5의 구성

CBCL 1.5-5의 구성은 행동평가척도와 언어발달검사(LDS)로 크게 나누어 볼 수 있다. 행동평가척도는 각 문항에 대하여 지난 6개월 이내에 유아가 그 행동을 보였는지 판단하여, '전혀 아니다' 0점, '가끔 그렇다' 1점, '자주 그렇다'

2점의 3점 척도로 평가하게 되어 있다. 또한, 개방형 한 문항을 추가하여 다른 문항에서 제시된 내용 이외에 유아가 보이는 문제행동이 있을 경우 이를 직접 기록하고 역시 0-1-2의 3점 척도로 평정하게 되어 있다. 행동평가척도에는 전통적인 심리장애 진단체계인 DSM 분류 기준을 활용하여, DSM 진단기준에 따라 문제행동 문항을 분류한 DSM 진단 방식의 척도 5개가 추가되었다.

18개월부터 만 3세까지의 유아의 경우에는 언어발달검사가 추가로 포함된다. 언어발달검사는 어휘력과 문장길이로 구성되어 있는데, 어휘력은 동물, 장소, 수식어 등 14개 영역의 단어 310개 어휘를 평가하는 것으로 단어목록이 문항을 구성한다. 또한, 유아가 문장에 사용하는 단어 수를 평가하여 문장길이를 검사한다.

각 척도의 구성 내용은 다음과 같다.

1) 문제행동 증후군 척도

① 내면화 문제 척도(internalizing problems)

소극적이고 위축된 행동, 정서불안, 신체증상 등 내면화되고 지나치게 통제된(over-controlled) 행동을 반영하는 척도로, 정서적 반응성, 불안/우울, 신체증상, 위축 증후군 척도의 합을 통해 평가한다.

가. 정서적 반응성(emotionally reactive)

"별다른 이유 없이 크게 겁에 질린다," "슬퍼했다가 신나했다가 기분이 빨리 변한다," "늘 하던 일과에 조금이라도 변화가 생기면 불안해지고 어찌할 바를 모른다"와 같이 낯선 상황에 대한 불안, 일상생활의 변화에 대한 저항, 짜증, 걱정 등 정서적 안정성과 관련된 문항으로 구성된다.

나. 우울/불안(anxious/depressed)

"부모로부터 떨어지는 것을 매우 불안해한다," "지나치게 겁이 많거나 불안해한다," "마음이 쉽게 상한다" 등 날카롭게 곤두선 기분, 긴장, 스스로의 행동이나 감정표현에 대해 지나치게 의식하며 불안해하는 등 부정적인 감정과 관련된 문항들로 구성된다.

다. 신체증상(somatic complaints)

"뚜렷한 의학적 원인 없이 몸이 여기저기 아프다," "잘 안 먹는다" 등 분명한 의학적 원인이 없이 나타나는 배변곤란, 설사, 두통, 메스꺼움, 배앓이, 구토와 같은 신체적 불편감, 불분명한 예민감과 관련된 11개의 문항으로 구성된다.

라. 위축(withdrawn)

"상대방의 눈을 쳐다보는 것을 피한다," "사람들이 말을 걸어도 대답을 잘 안 한다" 등 연령대에 기대되는 것보다 위축되고 어린 행동, 애정 표현이나 주변의 즐거운 놀이에 대한 무관심과 관련된 문항들로 구성되어 있다.

② 외현화 문제 척도(externalizing problems)

주의력문제, 공격적인 행동 등 통제가 부족한(under-controlled) 행동문제를 반영하는 척도로 주의집중문제와 공격행동 소척도의 합을 통해 평가한다.

가. 주의집중문제(attention problems)

"집중력이 없고, 어떤 일에 오래 주의를 기울이지 못 한다," "이것하다 저것하다 행동이 금방 바뀐다" 등 안절부절하고 부산하게 움직이는 과잉행동, 운동신경이 둔한 것 등과 관련된 문항들로 구성된다.

나. 공격행동(aggressive behavior)

"싸움을 많이 한다," "고함을 많이 지른다" 등 타인에 대한 신체적인 공격과 기물파괴 등의 행동적인 측면, 그리고 자신의 요구를 이기적이고 고집스럽게 주장하고 여의치 않을 경우 쉽게 좌절하며 반항적이 되거나 분노발작을 하는 등의 정서적 측면과 관련된 문항들로 구성된다.

③ 기타 문제 척도

가. 수면문제

"잠들기가 어렵다," "보통 아이들보다 낮이나 밤에 잠을 적게 잔다" 등 혼자 자려하지 않고 연속적인 수면을 이루지 못하며 악몽, 잠꼬대 등으로 수면의 질이 좋지 않은 것과 관련된 문항들로 구성된다.

나. 기타 문제(other problems)

증후군으로 포함되지 않은 기타 문항들이다. 예를 들어, "먹을 수 없는 것을 씹는다," "잘 운다" 등 다른 요인들에는 포함되지 않지만 유의미한 수준의 빈도로 나타나는 문제행동으로 새로운 것을 겁낸다든가 끊임없이 도움을 요구하기, 애어른처럼 행동하기, 샘내기, 이유 없이 잘 다침, 과식 등의 내용이 포함된다.

④ 총문제행동 척도(total score)

전체 문제행동 문항을 합한 것으로 전반적인 문제행동의 정도를 평가한다.

2) DSM 방식 척도(DSM oriented scales)

① DSM 정서문제(DSM affective problems)

"잘 운다," "잘 안 먹는다," "잠들기가 어렵다" 등 정서문제를 가진 유아에게서 흔히 관찰되는 증상으로 구성된다. 외견상 전반적으로 부정적 정서가 나타나는 등 직접적으로 정서적 문제가 관찰될 수도 있지만, 주변에 무관심하고 피곤해 보이거나 움직임이 적고 느리다거나 과식을 하는 등 정서와 직접 관련이 없는 것 같은 증상에서 유아의 정서문제가 나타날 수 있다.

② DSM 불안문제(DSM anxiety problems)

"특정한 동물이나 상황, 장소를 두려워한다," "별다른 이유 없이 크게 겁에 질린다" 등 전반적인 혹은 특정한 상황에서의 불안을 평가한다. 전반적으로 긴장되어 있고 어른에게서 떨어질 때 불안 수준이 증가하거나, 어른에게 의지하려는 경향이 강하고 혼자 자려하지 않는 등의 의존적인 모습을 보이기도 한다.

③ DSM 전반적 발달문제(DSM pervasive developmental problems)

"늘 하던 일에 조금이라도 변화가 생기면 불안해하고 어찌할 바를 모른다," "다른 아이들과 잘 어울려 지내지 못 한다," "머리나 몸을 반복적으로 흔든다" 등 사회성과 언어를 비롯한 전반적인 영역에서의 발달 지연을 평가한다. 눈 맞춤을 피하고 또래 관계가 제한적이며, 애정 표현에 무관심하거나 물건이 제자리에 있지 않으면 못 견디는 등 일상의 작은 변화를 받아들이지 못하는 경직성을 보이는 모습과 관련된다.

④ DSM 주의력결핍/과잉행동문제(DSM attention deficit/hyperactivity problems)

"모든 것을 당장 들어줘야 하고 기다릴 줄 모른다," "이것하다 저것하다 행동이 금방 바뀐다" 등 부산하거나 일관성 없는 행동을 보이거나 한 가지 일에 주의를 집중하지 못하고, 즉각적인 욕구 충족을 원하며 만약 뜻대로 안 되면 심한 스트레스를 받는 모습으로 나타날 수 있다.

⑤ DSM 반항행동문제(DSM oppositional defiant problems)

"반항적이다," "말을 안 듣는다" 등 행동으로 표현되는 적극적 폭력성, 소극적인 비협조적 행동, 전반적으로 부정적인 정서 등으로 발현될 수 있다. 성인이나 주도권을 가진 타인에 대해서 비협조적이고 반항적인 행동을 보이기도 하며, 물건을 부수거나 주변 사람들에 대해 적대적 행동을 하고 이기적인 행동을 하는 등의 모습으로 나타날 수 있다.

3) 언어발달 검사 LDS(Language Development Survey)

① 어휘력

동물, 장소, 수식어 등 14개 영역의 총 310개의 문항 중에서 유아가 알고 사용하는 단어의 수를 말한다. 유아가 어휘의 의미를 알고 사용할 수 있다고 부모가 보고한 단어 숫자가 어휘력 원점수가 되며, 월령 기준에 따라 환산점수로 전환된다.

② 문장길이

유아가 실제로 사용하는 문장 중 가장 우수한 문장 5개 예시를 부모가 적고, 이를 각 문장에 사용된 조사 외의 단어 수의 평균으로 산출하는 점수로, 유아가 몇 단어의 문장을 만들 수 있는지 평가한다.

(3) 검사의 실시

CBCL 1.5-5는 유아의 적응문제를 부모가 평가하여 측정하는 검사이다. 초등학교 5학년 수준 이상의 읽기능력을 갖춘 성인으로, 유아가 생활하는 집에서 유아를 관찰할 수 있는 위치에 있는 사람이라면 검사지를 사용하여 유아를 평가하는 데에 무리가 없다. 보통은 유아를 가장 잘 아는 부모, 특히 어머니가 작성하게 되는데, 가능하다면 아버지 혹은 그 밖의 다른 양육자도 함께 작성하고 그 자료를 비교하여 해석한다면 더욱 좋은 자료를 얻을 수 있다.

CBCL 1.5-5를 완성하는 데에는 보통 15분에서 25분 정도가 소요된다. 어떤 항목은 대상 유아에게는 해당되지 않을 수 있으나 그런 경우에도 빈도에 표시하고 이유를 옆에 쓰도록 한다. 예를 들어, 유아가 그런 행동을 했는지 관찰할 기회가 없었던 경우 0(전혀 아니다)에 표시하고 '관찰할 기회가 없었음'이라고 쓰면 된다.

또한, 유아를 평가할 때에는 같은 연령대에서 일반적으로 기대할 수 있는 모습을 기준으로 하여 판단을 내리면 된다.

(4) 검사지 입력과 결과

부모가 기록한 검사지의 내용을 홈페이지(www.aseba.or.kr)의 검사입력화면에 입력하면 바로 결과지를 확인하고 출력할 수 있다. 행동평가문항 중 구체적 예를 적는 문항, 언어검사 중 유아가 사용하는 문장의 예를 적고 사용된 단어 수를 적는 문항의 점수는 기록되어 있는 문항을 보고 사용자가 다시 판단하여 입력할 수도 있다. 사용자의 편의를 돕기 위하여 입력화면은 현재 결과지에 제공되는 결과 값을 산출하는 데 꼭 필요한 항목과 그렇지 않은 항목이 색으로 구분되어 있다. 따라서 결과지를 빨리 확인하기 원할 경우에는 결과 산출에 반드시 필요한 항목만 선택하여 입력할 수도 있다.

결과지에는 문제행동 증후군 척도와 DSM 방식 척도의 점수 및 그래프, 문제가 있는 것으로 표시된 문항들, 그리고 18~36개월 유아의 언어발달 검사 결과가 표시된다.

(5) 검사의 해석

① CBCL 1.5-5의 결과지 이해

CBCL 1.5-5의 결과지는 모두 세 페이지로 이루어져 있다. 첫 페이지에는 CBCL 1.5-5의 행동평가문항으로 산출되는 모든 척도의 점수가 제시된다. 두 번째 페이지에는 첫 페이지에서 부모가 응답한 CBCL 1.5-5의 문항들이 요약되어 표시되고, 제시된 소척도의 점수를 상승시킨 개별 문항들을 임상전문가가 직접 보고 확인할 수 있도록 "자주 그렇다(2)"와 "가끔 그렇다(1)"에 표시한 문항을 하위요인별로 나누어 제시된다. 세 번째 페이지에는 어휘력 총점이 제시되고, 영역별 백분위 및 문장길이에 관한 내용이 표시되어 유아의 언어발달과 관련한 정보를 얻을 수 있도록 하였다.

② 등급에 대한 해석

척도별로 원점수, 백분위 점수, T 점수가 제시되며, T 점수가 그래프로 표시된다. 원점수는 각 소척도 문항들에 0-1-2로 응답한 것을 합친 점수이며, 이 점수들이 규준집단 내에서 얼마나 높거나 낮은 점수인지 상대적 위치를 파악하여 의미를 부여하기 위해 환산한 점수가 T 점수와 백분위 점수이다.

위의 점수들로 임상범위를 판단하게 되는데, 결과지의 그래프를 보면, 두 개의 가로선으로 각 증후군의 심각성을 평가하기 위한 가이드라인이 제시된다. 즉, T 점수로 표시되는 그래프가 점선 이하이면 정상범위 수준이고, 실선 이상이면 임상적으로 문제가 될 만한 수준이라는 것이다. 또한, 두 선 사이에 있으면 경계선에 있다고 볼 수 있는데, 이 경우 결과지에 준 임상 범위로 표현된다.

문제행동증후군 척도

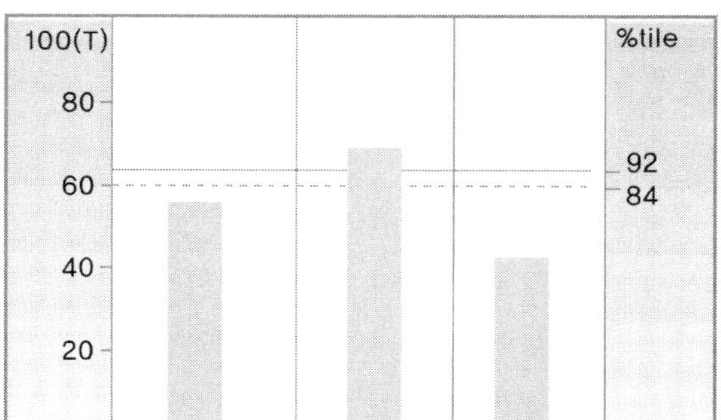

T 점수	55	68	42
백분위	69	96	21
원점수	39	22	5
척도명	문제행동총점	내재화	외현화

문제행동 총점에 대한 임상범위 기준은 T 점수 64(백분위 점수 92) 이상이며, 준 임상범위 기준은 T 점수 60(백분위 점수 84) 이상 T 점수 64 미만이다. 증후군 소척도와 DSM 진단척도의 임상범위 기준은 T 점수 70(백분위 점수 98) 이상이며, 준 임상범위 기준은 T 점수 65(백분위 점수 93) 이상 T 점수 70 미만이다. 또한, LDS 어휘력은 15%tile보다 낮을 경우, 문장길이는 20%tile보다 낮을 경우 임상군으로 간주할 수 있다.

본 척도에서 실시한 검사들은 간단한 조기 선별을 위해 실시한 것으로 이 결과를 통해 아동을 전체적으로 판단하기에는 어려움이 있을 수 있다. 그러나 CBCL 1.5-5 결과지에 제시되는 증후군과 DSM방식 진단척도의 객관적인 수치는 행동관찰, 기타 진단검사 결과, 임상가의 소견 등 다른 정보들과 함께 진단적 근거로 활용될 수 있다.

2. KPRC

한국 아동인성검사(Korean Personality Inventory for Children: KPI-C)는 임상장면에서 아동의 정신과적 문제를 선별 진단하고 학교장면에서 심리적인 도움을 필요로 하는 아동들을 조기에 발견하여 도움을 주기 위한 목적으로 고안된 검사로, 한국 가이던스에서 이를 부분적으로 수정하여 제작한 것이 한국아동인성평정척도(Korean Personality Rating Scale for Children: KPRC)이다(조선미 외, 2006).

KPI-C는 개발된 이래로 여러 장면에서 사용되며 아동의 정신과적 장애를 선별 및 진단하고 인지와 정서・행동 특성을 다차원적으로 평가할 수 있는 검사라는 것이 밝혀졌지만, 사용 과정에서 몇 가지 제한점이 지적되어 왔다. 예컨대, 응답자 입장에서 검사 문항 수가 너무 많아 작성하는 데 많은 시간이 소요되며, "예/아니오"로 판단하기 어려운 내용이 많고 특정 측정영역에서의 차이를 반영하기에 2점 척도가 부적합하다는 지적 등이 있었다(조선미 외, 2006). 이러한 KPI-C의 몇 가지 문제점을 수정하여 KPRC에 반영한 내용은 다음 표에 정리되어 있다.

	KPI-C	KPRC
척도수	16개	15개
문항수	255문항	177문항
대상연령	4~15세	3~17세
응답방법	2점 척도	4점 척도
개선점	자폐증(AUT; Autism) 척도는 자폐증을 진단하고 감별하는 척도라기보다는 사회적 관계에서 소외된 정도를 측정하는 척도로 나타남	자폐증 척도를 제외시킨 대신 사회관계 척도를 보완 · 수정
	임상척도 변별 문항 부족	변별력있는 문항 추가하고 중복문항을 줄임. 의미를 보다 구체적으로 표현
	실시 시간이 길었음	문항 단축으로 실시 시간 줄임
	해석적으로 의미가 불분명하거나 중의적 문항 존재	문항 삭제 또는 수정하여 척도 해석의 명확화
	2점 척도의 단순성	4점 척도의 평가로 명확화 원점수 폭 감소효과 상쇄

KPRC는 검사-재검사 척도(T-R; Test-Retest), 허구 척도(L; Lie), 빈도 척도(F; Frequency)의 타당성 척도와 자아탄력성 척도(ERS; Ego-resilience) 및 10개의 임상 척도로 구성되어 있으며, 총 177개의 문항 수로 구성되어 있다. 임상척도는 언어발달 척도(VDL; Verbal Development), 동작발달 척도(PDL; Physical Development), 불안 척도(ANX; Anxiety), 우울 척도(DEP; Depression), 신체화 척도(SOM; Somatic Concern), 비행 척도(DLQ; Delinquency), 과잉행동 척도(HPR; Hyperactivity), 정신증 척도(PSY; Psychoticism), 가족관계 척도(FAM; Family Dysfunction), 사회관계 척도(SOC; Social Dysfunction) 등으로 구성되어 있으며, 각 문항은 0점(전혀 그렇지 않다), 1점(별로 그렇지 않다), 2점(다소 그렇다), 3점(매우 그렇다)의 4점 척도로 평정하도록 되어있다(조선미 외, 2006).

자아탄력성 척도 및 임상 척도별 측정내용은 다음과 같다.

① **자아탄력성 척도(Ego-resilience: ERS)** : 여러 가지 심리적인 문제에 대한 아동들의 대처능력이나 적응 잠재력을 측정한다. 이를 위하여 자아탄력성 척도에서는 자신감과 여유, 원만하고 친밀한 대인관계, 인내심, 집중력, 포용력 등을 측정한다.

② **언어발달 척도(Verbal Development: VDL)** : 언어발달 척도에서는 언어

적 능력이나 발달의 지체 또는 기능상의 손실을 측정한다.

③ 동작발달 척도(Physical Development: PDL) : 동작발달 척도에서는 정신운동기능이나 동작성 능력에서 발달의 지체나 기능상의 손상을 측정한다.

④ 불안 척도(Anxiety: ANX) : 자연 현상이나 동물, 대인관계, 사회관계에서의 두려움, 불안 또는 긴장을 측정한다.

⑤ 우울 척도(Depression: DEP) : 우울 척도에서는 아동기의 우울을 측정한다.

⑥ 신체화 척도(Somatic Concern: SOM) : 신체화 척도에서는 심리적인 문제를 신체증상으로 나타내는 신체화의 경향을 측정한다.

⑦ 비행 척도(Delinquency: DLQ) : 아동의 비행 성향을 측정하고 품행장애가 있는 아동들을 가려내기 위하여 반항과 불복종, 공격성과 적대감, 거짓말, 도벽 등 비행이나 품행 상의 문제를 측정한다.

⑧ 과잉행동 척도(Hyperactivity: HPR) : 주의력결핍 과잉행동장애(ADHD)의 특징을 보이는 아동들을 가려내기 위해 주의산만, 과잉행동, 충동성과 아울러 이에 수반되는 학습이나 대인관계에서의 어려움, 우울 등을 측정한다.

⑨ 정신증 척도(Psychoticism: PSY) : 정신증 척도에서는 정신병적인 증상이 있는 아동들을 가려내기 위해 상동적인 행동, 부적절하고 특이한 언행, 망상과 환각, 비현실감 등 언어, 사고, 행동에서의 특이함이나 현실접촉의 어려움을 측정한다.

⑩ 가족관계 척도(Family Dysfunction: FAM) : 가족 내의 역동이 아동의 부적응이나 정신 병리에 영향을 미치는 정도를 평가하기 위하여 가정불화와 가정 내의 긴장, 부모와 자녀와의 관계, 부부관계의 위기, 자녀에 대한 무관심 등을 측정한다.

⑪ 사회관계 척도(Social Dysfunction: SOC) : 또래 관계나 어른들과의 관계 등 아동의 사회관계에서의 어려움을 측정하기 위하여 또래 관계에서의 소외, 리더십과 자신감의 부재, 대인관계에서의 불안이나 수줍음, 제한된 인내력과 포용력을 측정한다.

한국 아동인성평정척도(Korean Personality Rating Scale for Children: KPRC)의 활용도는 다음과 같다. 첫째, KPRC는 임상 및 상담 장면에서 부모와의 최초

면담과정에 활용할 수 있다. 둘째, KPRC는 보호자의 보고를 토대로 특정 아동의 장단점에 대해 전체적인 상을 제시함으로써 쉽게 자신의 문제를 표현하지 않으려는 아동의 문제의 핵심에 접근할 수 있도록 해주는 객관적인 증거를 제공해 준다. 셋째, KPRC 프로파일은 발달, 정서, 행동, 대인관계 그리고 현실접촉의 영역에서 아동의 현재 위치를 표준점수로 나타내주므로 의뢰가 적합한지, 그리고 중점적으로나 우선적으로 평가되어야 하는 것이 무엇인지를 결정하고 대략적인 진단적 윤곽을 형성하여 앞으로의 치료방향을 설정하는 데 도움이 된다. 넷째, 부모 모두에게 검사를 하는 경우 양친으로부터 각각 얻어진 프로파일은 아동의 현재 문제의 전망과 이해에 대한 부모들의 시각 차이를 보여주므로, 아동의 실정에 맞도록 치료 계획을 수립할 수 있게 한다. 다섯째, KPRC는 전후의 검사결과를 비교하여 치료 방법의 효과를 평가하는 도구로 사용할 수 있다. 여섯째, KPRC는 학교장면에서 심리적인 평가와 치료가 필요한 아동을 변별하는 데 활용할 수 있다.

3. K-WISC-Ⅳ(Korean-Wechsler Intelligence Scale for Children; 한국 웩슬러 아동 지능검사 4판)[1)]

K-WISC-Ⅳ 검사는 6세 0개월에서 16세 11개월까지의 아동의 인지적 능력을 평가하기 위한 개별 검사도구로서, 기존의 K-WISC-Ⅲ, 즉 한국판 웩슬러 아동용 지능검사 3판을 개정한 것이다.

본 검사는 K-WISC-Ⅲ와 동일한 10개의 소검사(토막짜기, 공통성, 숫자, 기호쓰기, 어휘, 이해, 동형찾기, 빠진 곳 찾기, 상식, 산수)와 새로 추가된 5개의 소검사(공통그림찾기, 순차처리, 행렬추리, 선택, 단어추리)로 구성되어 있으며, 각각의 소검사에 대한 설명은 아래와 같다.

① **빠진 곳 찾기** : 여러 색상의 그림으로 된 물건이나 장면 그림마다 아동들이 구별할 수 있는 중요한 부분이 빠져 있으며, 아동은 그림을 보고 제한시

1) 학지사 심리검사 연구소 http://www.kops.co.kr.

간 내에 빠져 있는 부분을 찾아낸다.

② **상식** : 일상적인 사건, 물건, 장소, 사람들에 대한 아동들의 지식을 알아보기 위한 것이며, 정해진 일련의 질문들을 말(구두)로 제시한다.

③ **기호쓰기** : 일련의 간단한 형태(기호쓰기 A형)나 숫자(기호쓰기 B형)가 단순한 기호와 짝지어 있다. 아동은 대응하는 형태나 숫자 아래의 설명에 따라 기호를 그려 넣는 방법으로 수행한다.

④ **공통성** : 공통적인 사물이나 개념을 나타내는 두 개의 단어를 듣고, 아동이 그 두 단어가 어떻게 유사한지 말한다.

⑤ **공통그림찾기** : 아동에게 두 줄 또는 세 줄로 이루어진 그림들을 제시하면, 아동은 공통된 특성으로 묶일 수 있는 그림을 각 줄에서 한 가지씩 고른다.

⑥ **산수** : 일련의 산수문제로 아동이 암산으로 풀어 구두로 대답한다.

⑦ **토막짜기** : 모양이 있거나 두 가지 차원의 기하학적 형태가 제시되고, 아동은 두 가지 색상의 정육면체를 사용하여 똑같은 형태를 만들어낸다.

⑧ **어휘** : 그림문항에서 아동은 소책자에 있는 그림의 이름을 말하고, 말하기 문항에서는 아동은 검사자가 읽어주는 단어의 정의를 말한다.

⑨ **순차연결** : 아동에게 연속되는 숫자와 글자를 읽어주고, 숫자가 많아지는 순서와 한글의 가나다 순서대로 암기하도록 한다.

⑩ **이해** : 구두로 제시되는 질문에 답하는 방식으로, 아동의 일상생활에서의 문제해결 능력과 사회적 규칙 및 개념에 대한 이해 능력을 검사한다.

⑪ **동형찾기** : 목표집단과 탐색집단으로 구성된 일련의 쌍으로 이루어진 기호들로, 아동은 두 개의 집단을 훑어보고 목표 기호가 탐색 집단에 있는지 여부를 지적하는 방식이다.

⑫ **숫자** : 숫자 바로 따라하기에서는 검사자가 큰 소리로 읽어 준 것과 같은 순서로 아동이 따라하며, 숫자 거꾸로 따라하기에서는 검사자가 읽어준 것과 반대 방향으로 따라한다.

⑬ **행렬 추리** : 아동은 불완전한 행렬을 보고, 다섯 개의 반응 선택지에서 제시된 행렬의 빠진 부분을 찾아낸다.

⑭ **선택** : 아동이 무선으로 배열된 그림과 일렬로 배열된 그림을 훑어본 후, 제한 시간 안에 표적 그림들에 표시한다.

⑮ 단어추리 : 아동이 일련의 단서에서 공통된 개념을 찾아내어 단어로 말한다.

K-WISC-Ⅳ는 다섯 가지 합성점수를 얻을 수 있으며, 아동의 전체적인 인지능력을 나타내는 전체검사 IQ를 제공하며, 3개의 소검사(토막짜기, 숫자, 선택)에서 7개의 처리점수를 제공한다. 이러한 점수들은 아동의 소검사 수행에 기여하는 인지적 능력에 보다 자세한 정보를 제공하도록 고안되었는데, 처리점수는 다른 소검사 점수로 대체할 수 없으며, 합성 점수에도 포함되지 않는다.

K-WISC-Ⅳ는 전반적인 인지적 기능에 대한 포괄적인 평가를 할 때 사용 가능하고, 지적 영역에서의 영재, 정신지체, 그리고 인지적 감정과 약점을 확인하기 위한 평가의 일부분으로도 사용이 가능하다. 또한, 인지능력이 평균 이하로 추정되는 아동, 아동의 인지기능을 재평가해야 하는 아동, 낮은 지적 능력이 아닌 신체적·언어적·감각적 제한이 있는 아동, 청각장애아 또는 듣는 데 어려움이 있는 아동의 평가 등이 가능하다.

K-WISC-Ⅳ의 채점방식 역시 기존의 수기채점방식에서 자동채점방식으로 전환되어, 기록용지와 함께 제공되는 채점코드를 이용하여 검사결과를 확인할 수 있으나, 검사에 소요되는 시간이 약 65분에서 80분 정도이다. 따라서 검사의 정확성에 비해 시간과 비용이 많이 든다는 단점이 언급되고 있다(이신동·박춘성·윤미·최병연, 2009).

4. 종합 심리 평가

종합 심리 평가는 벤더 도형 검사(Bender-Gestalt Test: BGT), 동적가족화 검사, 집-나무-사람 그림검사, 로샤 검사, K-WISC-III 검사를 기본으로 KPRC나 KCBCL 등의 검사를 추가하여 구성될 수 있는 검사이다. 이러한 종합 심리 평가를 하여 내면화, 외현화, 주의력상의 문제나 장애 등록이 가능할 정도로 심하지는 않은 발달상의 문제(발달의 문제인 경우 7세 이상)를 가진 것으로 판별

할 수 있다.

(1) 벤더 도형 검사(Bender-Gestalt Test: BGT)[2]

BGT는 "Bender Gestalt Test"의 약자로, 원래의 명칭은 "Bender Visual Motor Gestalt Test"이다. 벤더 도형 검사는 언어적 의사소통이 가능하지만, 방어가 너무 강하여 표면적인 의사소통을 하는 사람, 꾀병을 부리는 사람, 다양한 이유로 언어표현이 자유롭지 못한 사람, 뇌장애가 있는 사람, 외국인 등 언어적 의사소통에 지장이 있는 사람들에게 적용 가능하다. 이러한 사람들에게는 문화와 상관없이 전 세계에서 사용할 수 있으면서 동일한 규준으로 비교할 수 있는 검사로 그들의 지능이나 인성을 평가해야 하는데, 이 경우 BGT를 사용할 수 있다.

BGT는 내담자의 수검공포와 상담자와 관계형성을 위한 완충검사(buffer test)로 유용하며, 전체평가에서 언어적 행동이 지나치게 강조되지 않도록 평가절차를 원만하게 해주는 보충적인 방안으로 활용할 수 있으며, 상담자와 내담자간 최소한의 상호작용이 요구될 때 유용하게 사용할 수 있다.

벤더 도형 검사를 위해서는 BGT 도형과 종이, 지우개와 연필이 필요하다. 벤더 도형은 모두 9장으로 도형 A, 도형1에서 도형8로 구성되어 있다. 실시 단계는 통상적으로 모사 단계(copy phase), 변용 묘사 단계(elaboration phase), 연합 단계(association phase)에 따라 실시하고, 기질적 장애가 의심될 경우에는 순간 노출 단계(tachistoscopic phase), 모사 단계(copy phase), 회상 단계(recall phase)로 실시하고 마지막으로 한계 음미 단계(testing the limits phase)를 거친다.

BGT는 크게 5개의 항목으로 채점되는데, 평가 항목에는 조직(organization), 크기의 일탈(deviation in size), 형태의 일탈(deviation of form), 형태의 왜곡(distortion of the gestalt), 운동과 묘사(movement and drawing)가 있다.

2) 오상우(2001). 벤더 도형 검사(BGT). 『대학생활연구』. 19. 41-65.

(2) 동적가족화 검사(KFD)

동적가족화 검사(KFD)는 Burns와 Kaufman이 개발한 그림검사로 가족 성원의 상호작용 및 가족지각을 파악할 수 있는 투사기법이다(정진숙 · 김갑숙, 2011). 동적가족화 검사를 위해 아동에게 21×29인치의 흰 종이(A4)와 연필을 제공하며, 아동이 가능한 자유롭게 작업할 수 있도록 동적가족화를 그리도록 요청하는 것 외에는 다른 지시사항을 주지 않는다(고연진 · 정현희, 2010).

동적가족화의 척도로는 창조성, 행복감, 상처받기 쉬움, 정서적인 거리, 긴장 · 불안/화남, 역할 전환, 괴이함, 포괄적인 평가 등 8개로 구분할 수 있다. 각각의 척도에 대한 설명은 다음과 같다.

① 창조성은 창조적인가에 중점을 두는 것으로, 평가기준은 독특(상징), 세밀, 구별, 노력, 완성, 대충, 활기, 창조성, 힘, 상상력, 개별화, 정교/세밀화(옷, 외모) 등으로 측정할 수 있다.

② 행복감은 가족에 대한 만족과 편안함을 살피면서 가족으로서 행복해 보이는지를 통해 측정하는데, 인간간 크기와 거리, 세밀, 조화, 활동성, 표정, 감정 등으로 평가한다.

③ 상처받기 쉬움은 자신이 상처를 받는지 살펴보는 것으로, 크기나 위치, 과장, 미성숙 표현, 생략, 종이 크기의 균형, 양가감정, 조화, 상처받기 쉬움 등으로 측정한다.

④ 정서적인 거리는 심리적으로 얼마나 가까운가의 표현을 봄으로써 판단한다. 이를 위해 거리, 크기, 관계, 표정, 활동적인 표현 등을 평가한다.

⑤ 긴장이나 불안/화남은 안정됨을 느끼는지 아니면 긴장이나 불안 상태인지를 살펴보는 것으로, 인물상 위치나 왜곡, 긴장, 불안, 격리, 미완성 등을 평가기준으로 삼는다.

⑥ 역할 전환은 자신의 가족 내의 역할에 맞는 크기, 의복, 자세를 취하고 있는지 살펴본다. 이를 위하여 크기, 거리, 자세, 세밀, 감정, 보호, 역할 정도 등을 평가한다.

⑦ 괴이함은 왜곡이나 과장, 이상하거나 연관 없는 사고를 보이는가를 살펴보는 것으로, 왜곡, 과장, 위장, 불안, 독특성, 미완성 등이 나타나는지 평가한다.

⑧ 또한, 가족 병리가 보이는지 전반적인 가족 체계를 살펴봄으로써 포괄적인 평가를 하게 되는데, 이에 대한 평가기준으로는 가족 분열, 부조화, 비애, 경계, 행복, 균형 등이 있다.

(3) 집-나무-사람 그림검사(House-Tree-Person Test)

Buck(1948), Buck과 Hammer(1969)가 개발한 집-나무-사람 그림검사(H-T-P 검사)는 사람의 그림에 사람과 관련지어 보기에 적합한 집과 나무를 첨가하여 그리는 검사이다. H-T-P 검사에서 그리는 집, 나무, 사람은 나이가 어린 피검사자에게도 친숙하며 다른 것을 그리는 것보다 그린 것에 대해 솔직하고 자유롭게 이야기할 수 있다는 점, 그리고 이 그림들은 개인의 무의식과 관련하여 풍부한 상징을 나타내준다는 점에서 연령과 상관없이 폭넓게 적용할 수 있는 검사이다(박경 · 최순영, 2009).

(4) 로샤 검사(Rorschach Inkblot test)

로샤 검사는 1921년 Rorschach(1942)가 개발한 대표적인 투사적 검사로서 10장의 잉크반점 카드로 구성되어 있다(최윤경 · 김종남 · 채정민, 2009). 아동을 대상으로 하는 로샤 검사는 지각, 사고, 인지, 정서 등 전반적인 성격 요인의 특징과 함께 환경에의 적응방식 및 발달단계 수준을 알아보는 데에 도움이 된다. 그러나 아동 피험자인 경우에 검사 실시 과정과 해석상의 어려움 때문에 그 유용성을 충분히 활용하기에는 제한이 따른다(박진희 · 조선미, 2001).

참 고 문 헌

강명순 외(2008). 『빈곤아동 · 가족과 함께하는 찾아가는 사례관리』. 서울: 학지사.

고연진 · 정현희(2010). "동적가족화의 평가기준 개발." 『미술치료연구』 17(3): 649－665.

곽금주 · 박혜원 · 김청택(2001). "한국 웩슬러 아동지능검사(K－WISC－Ⅲ) 표준화를 위한 예비연구." 『한국심리학회지: 발달』 14(3): 43－59.

권준수 · 이영문(2006). 『정신병의 조기발견 및 예방시스템 구축을 위한 집단검사의 도구에 관한 연구』. 보건복지부 · 한국과학기술정보연구원.

권진숙 · 박지영(2008). 『사례관리의 이론과 실제』. 서울: 학지사.

권진숙 (역)(2004). 『사례관리』. Frankle & Jellman의 Case management. 서울: 학지사.

권채령 (역)(2008). 『멘토링, 황금법칙』. B. Johnson & C. Ridley의 The element of mentoring. 서울: 웅진윙스.

김대일(2004). "빈곤의 정의와 규모." 유경준 · 심상달 편. 『취약계층 보호정책의 방향과 과제』. 한국개발연구원.

김현용(1994). "아동복지 증진을 위한 새로운 방향." 『1994년 한국아동복지학회 춘계학술대회 자료집』.

문선화(2002). "우리나라 아동복지정책의 연대별 평가: 정부와 정당의 정책을 중심으로." 『2002년 한국아동복지학회 춘계학술대회 자료집』.

민소영(2010). "사례관리기법." 홍현미라 · 김가율 · 민소영 · 이은정 · 심선경 · 이민영 · 윤민화 공저. 『지역사회복지론』.

박경 · 최순영(2009). 『심리검사의 이론과 활용』. 서울: 학지사.

박보희(2002). "한국 아동정책의 회고와 전망." 『2002년 한국아동복지학회 춘계학술대회 자료집』.

박진희 · 조선미(2001). "아동 로샤 검사에 있어 표준화된 방식과 수정된 방식의 비교연구." 『한국심리학회지: 임상』 20(2): 287－298.

백선희(2003). "노무현 참여정부시대 아동복지정책의 방향." 『2003년 한국아동복지학회 춘계학술대회 자료집』.

빈부격차 · 차별시정위원회(2004). 『빈곤대물림차단을 위한 희망투자전략』.

사랑의 열매(2010). 『사례관리 매뉴얼』. 사랑의 열매 영유아통합지원사업전문위원회.

서문희 · 조애저 · 박세경 · 안현애(2004). 『어린이 보호육성 종합계획 평가 및 아동백서 발간에 관한 연구』. 보건복지부 · 한국보건사회연구원.

서울시 소아청소년 광역정신보건센터(2007). 『서울시 소아청소년 광역정신보건센터 선별조사 가이드 북』.

안상훈 외(2007). 『지속가능한 한국의 복지국가 비전과 전략』. 보건복지부 · 서울대학교 사회과학연구원.

여성가족부(2006). 『보육통계』.

오경자 · 김영아(2009). 『CBCL 1.5－5 매뉴얼 개정판』. 서울: (주)휴노컨설팅.

오경자 · 이혜련(1990). "아동 · 청소년 문제 행동 평가 척도의 개발을 위한 예비연구." 『신경정신의학』 29, 452－462.

오경자 · 이혜련 · 홍강의 · 하은혜(1997). 『K－CBCL 아동 · 청소년 행동평가검사』 서울: 중앙적성출판사.

오상우(2001). "벤더 도형 검사(BGT)." 『대학생활연구』 19: 41－65.

오정수 · 이혜원 · 정익중(2006). 『세계의 아동복지서비스』. 서울: 나눔의 집.

위스타트운동본부(2010). 『We Start 통합사례관리 매뉴얼』.

이봉주(2003). "통합적 한국 아동복지 서비스 전달체계 모델의 모색: 범주화된 전달체계를 넘어서." 『2003년 한국아동복지학회 추계학술대회 자료집』.

이봉주 · 김경륜 · 황옥경(2006). "한국의 중장기 아동정책 방안." 『중장기 아동정책과 국가행동계획』. 보건복지부 · 서울대학교 사회복지연구소.

이시연 · 박은미(2004). "청소년 자활지원관에서의 사례관리 적용과정에 관한 연구." 『청소년복지연구』 6(2): 69－85.

이신동 · 박춘성 · 윤미 · 최병연(2009). "영재판별을 위한 지능검사로서의 K－WISC－Ⅲ와 K－RPM의 관계 분석." 『영재와 영재교육』 8(1): 69－81.

이용철 (역)(2005). 『멘토링, 오래된 지혜의 현대적 적용』. M. Murray의 Beyond the myths and magic of mentoring. 서울: 김영사.

장인협 · 우국희(2001). 『케어 · 케이스 매니지먼트』. 서울: 서울대학교 출판

장혜림(2010). "시소와그네 사업소개." 『시소와그네 영유아통합지원사업 성과보고대회 자료집』. 사회복지공동모금회.

정순둘(2005). 『사례관리 실천의 이해: 한국적 경험』. 서울: 학지사.

정익중(2006). "새로운 아동복지서비스의 수요와 전문인력 개발의 과제." 『사회과학연구』 12: 95－115.

______(2007). "생명존중, 아동존중을 위한 정책제언." 『미래사회가 요구하는 국가정

책: 2007 대선주자들에게 바란다』. (사)미래포럼 정책특별 공개포럼.
______(2008). "참여정부 아동정책 평가와 차기 정부의 정책과제." 『한국사회정책』 14(2): 282-313.
조선미 · 박혜연 · 김지혜 · 홍창의 · 황순택(2006). "한국 아동 인성 평정 척도(Korean Personality Rating Scale for Children; KPRC)의 표준화 연구." 『한국심리학회지: 임상』 25(3): 825-848.
최윤경 · 김종남 · 채정민(2009). 로샤 검사에 나타난 북한이탈주민의 대처와 방어. 『한국심리학회지: 사회문제』 15(4): 507-528.
한승호 · 한성열 (역)(1998). 『카운슬링의 이론과 실제』 K. Rogers의 Counselling and psychotherapy: new concepts in practice. 서울: 학지사.
허남순 · 오정수 · 홍순혜 · 김혜란 · 박은미 · 정익중(2005). 『빈곤아동과 삶의 질』. 서울: 학지사.
홍선미(2004). "자활사업에서의 사례관리 적용에 관한 탐색적 연구." 『한국사회복지학』 56(2): 311-326.
______(2006) "자활지원 사례관리 모형과 운영방안 연구." 『사회복지연구』 29, 133-165.
______(2010). "무한돌봄센터 사례관리의 이해." 『무한돌봄센터 사례관리 교육교재』. 경기복지재단.
홍순혜(1996). "사례관리의 모델과 적용." 『서울여대 사회사업학과 학술세미나 자료집』. 1-14.
황성철(1995). "사례관리 실천을 위한 모형개발과 한국적 적용에 관한 연구." 『한국사회복지학』 27: 275-304.
황옥경(2005). "아동정책 전달체계분석: 전담부서의 체계화 방안을 중심으로." 『2005년 한국아동권리학회 춘계학술대회 자료집』.
Garces, E., Thomas, D., and Currie, J.(2002). "Longer-term effects of Head Start." *American Economic Review, 92*(4): 999-1012.
Gursansky, D., Harvey, J., & Kennedy, R. 2003. *Case management, policy, practice and professional business,* NY: Columbia University Press.
Lynch, L. M.(2005). "Reorienting training policies to meet the challenge of information and communication technologies." In L. Paganetto(ed.) *The knowledge economy, information technologies and growth.* Aldershot, UK: Ashgate Publishing.
Mass R.(2000). "Characteristic subjective experiences of schizophrenia". *Schizophr Bull,* 26(4): 921-931.

Miller, C.(2005). "Stability and change in child care and employment: Evidence from three states." *Next Generation Working Paper* No. 17. New York: MDRC.

Moxley, D. 1989. *The practice of case management,* CA: Sage.

Noel, P. E. 2000. *Case management in treatment for adolescent substance use.* Ph.D. Dissertion, Department of Maternal and Child Health, University of North Carolina at Chaper Hill.

Powell, S., & Tahan, H. 2008. *CMSA core curriculum for case management,* PA: Wolters Kluwer, Lippincott, Williams & Wilkins.

Rubin, A. 1987. Case management, in A. Minahan et al. eds., *Encyclopedia of social work.* Silver Spring, MD: NASW.

Summers, N. 2006. *Fundamentals of case management practice: skills for the human services, 2nd ed.* CA: Thomson.

Vourlekis, B. 1992. "The policy and professional context of case management practice," In B. Vourlekis & R. Greene(ed.) *Social work case management,* NY: Aldine de Gruyter.

Weil, M. 1985. Adapting case mansgement to specific program and needs. In M. Weil & J. Karls, *Case management in human service practice.* San Francisco: Jossey－Bass.

Weil, M., & Karls, J. 1985. *Case management in human service practice.* San Francisco: Jossey－Bass.

Woodside, M., & McClam, T. 2006. *Generalist case management: a mathod of human service delivery.* CA: Brooks/Cole.

Zastrow, C. 2004. *Introduction to social work and social welfare,* Thomson.

ASEBA 홈페이지. http://www.aseba.or.kr/

학지사 심리검사 연구소 홈페이지. http://www.kops.co.kr/

시소와그네 홈페이지. http://www.seesawing.org/

색 인

ㄱ

ㅂ

ㅅ

ㅇ

ㅎ

공저자소개

박은미

연세대학교에서 아동학 학사, 사회사업학 석사, 사회복지학 박사학위를 받았으며, 동방사회복지회와 어린이재단에서 사회복지사로 일한 바 있고, 현재 서울장신대학교 사회복지학과 부교수로 재직중이다. 광주시청소년지원센터 (비상근) 소장, 삼성복지재단의 포괄적 보육서비스 슈퍼바이저, SBS TV 세상에서 가장 아름다운 여행의 기금운영위원장과 솔루션위원, 광주시 행복나눔센터 솔루션위원으로 활동하고 있으며, 아동복지학회, 아동학회, 청소년복지학회 등에 이사로 참여하고 있다. 저서로는 「아동복지론」, 「청소년복지론」 등이 있고, 지역아동센터 사례관리 업무매뉴얼, 전문가정위탁부모 교육 매뉴얼 등을 집필하였다.

정익중

서울대학교에서 사회복지학 학사, 석사, 미국 University of Washington에서 박사학위를 받았으며 현재 이화여자대학교 사회복지전문대학원 부교수로 재직중이다. 2004년 위스타트운동이 처음 출발할 때부터 참여하여 한국형 빈곤아동 조기지원 포괄적 서비스가 자리잡는 데 기여하였다. 이후 보건복지부가 위스타트모형을 국가정책화한 드림스타트의 홍보평가사업단 단장을 역임하는 등 빈곤아동의 삶의 질을 높이는 데 기여하고 있다. 더불어 지역아동센터중앙지원단 자문위원, 전국지역아동센터협의회 이사 등으로 활동하면서 빈곤아동의 최일선 사례관리기관인 지역아동센터의 내실화와 전문화에 힘쓰고 있다. 또한 가정내에서 보호할 수 없는 가정외 보호아동의 복지를 위해 중앙아동보호전문기관, 중앙가정위탁지원센터, 한국아동청소년그룹홈협의회 등의 자문위원으로 활동하고 있으며 그와 관련된 다양한 연구를 진행하고 있다. 저서로는 「아동복지론」(공저), 「지역아동센터의 이해와 실제」(공저), 「아동청소년 방과후 서비스의 현황과 과제」(공저), 「아동청소년복지네트워크의 이론과 실제」(공저), 「빈곤아동과 삶의 질」(공저) 등이 있다.

사례관리의 이해 –영유아보육과 사회복지의 통합적 접근

2012년 4월 10일 초판인쇄
2012년 4월 20일 초판발행

공저자 박은미 · 정익중
발행인 안 종 만
발행처 (주) 박영사
서울특별시 종로구 13-31번지
전화 (733)6771 FAX (736)4818
등록 1959. 3. 11. 제300-1959-1호(倫)

저자와 협의하여 인지첩부를 생략함

www.pybook.co.kr e-mail: pys@pybook.co.kr

정 가 15,000원 ISBN 978-89-6454-239-2